Martin Robbe

Dschihad – Heiliger Krieg

Martin Robbe

Dschihad – Heiliger Krieg

Der Islam in Konfliktsituationen der Gegenwart

Militärverlag
der Deutschen Demokratischen
Republik

ISBN 3-327-00678-4

Inhalt

3. Kapitel

4. Kapitel

Schlußbetrachtung

Vorbemerkung

«Dutch, wir haben verloren»

Stuttgart, BRD, 4. Januar 1979, 2 Uhr morgens. General Robert E. «Dutch» Huyser, Stellvertreter des Kommandierenden der USA-Streitkräfte in Europa, lag in tiefem Schlaf. Das schrille Klingeln des Telefons weckte ihn. Huyser nahm den Hörer ab. Am anderen Ende der Leitung meldete sich sein Chef, General Alexander M. Haig, zugleich Oberkommandierender der Alliierten NATO-Streitkräfte in Europa. Was dieser zu sagen hatte, war knapp und bestimmt: «Dutch, wir haben verloren. Sie gehen in den Iran.»

Huyser, 54 Jahre, war ein erfahrener Soldat. Seit April 1943 diente er in der US Army. Im zweiten Weltkrieg war er Bomberpilot. Nach dem Krieg gehörte er dem Strategischen Luftkommando (Strategic Air Command) an, das die USA im Zeichen des kalten Krieges aufbauten, und nahm am Koreakrieg (1950–1953) teil. Zunächst war er Reserve-, dann, ab 1957, Berufsoffizier. Er kommandierte zwei Jahre ein Geschwader. Danach war er im Hauptquartier des Strategischen Luftkommandos als Planungschef bzw. Stellvertretender Leiter des Planungs- und Einsatzstabes tätig. 1975 ernannte Präsident Gerald Ford ihn zum Viersterne-General. Im selben Jahr übernahm Huyser seinen Posten in Stuttgart.

Dem Kommando der USA-Streitkräfte in Europa unterstanden 320 000 Amerikaner. Ferner war es für die Lieferung von Rüstungsgütern ins Ausland sowie für «militärische Hilfsprogramme» in 44 Ländern verantwortlich.

Im Rahmen seiner Aufgaben hatte Huyser den Iran kennengelernt. Das Land war für die USA hochinteressant: Es kaufte für Milliarden Dollar Rüstungsgüter, und ihm war für die Wahrnehmung US-amerikanischer Interessen in Nah- und Mittelost eine Schlüsselfunktion zugewiesen. Henry A. Kissinger nannte den Iran den «östlichen Anker» der amerikanischen Nahostpolitik. Das Land hatte mit dafür zu sorgen, daß die Regierungen der Staaten am Persischen Golf stabil blieben.[1] Huyser reiste häufig nach Teheran, um ein umfangreiches amerikanisch-iranisches Militärprogramm aufzustellen. Er verhandelte dort mit den militärischen Führern. Auch hatte er Audienzen beim Schah, die, wie er schreibt, «zu gegenseitigem Respekt und Vertrauen führten»[2]. Mitte April 1978 übernahm er die Aufgabe, für die iranischen Streitkräfte ein Kommandokontrollsystem einzurichten und im Zusammenhang damit Instruktions- und Einsatzkonzepte für ihre Reorganisation zu entwickeln. Ende Juli war die Arbeit daran erledigt, und die iranische Führung akzeptierte ihr Ergebnis.

Jetzt war im Iran ein Volk gegen das USA-hörige Schahregime in Bewegung geraten. Muslims wollten im Zusammenhang damit ihre Religion nicht länger so akzeptieren, wie sie sich im Verlauf der Jahrhunderte in der Gesellschaft etabliert hatte, sondern zurückkehren zu den reinen Quellen ihres Ursprungs. Von hier aus – dafür steht der Begriff «islamischer Fundamentalismus» – wollten sie die bestehenden Zustände gründlich umgestalten. Sie verstanden das als Revolution. Von «islamischer Revolution» war die Rede.

Welche Konsequenzen hatte das, was sich da anbahnte? Geriet der Islam zur Weltmacht, befähigt und willens, die USA herauszufordern?

Huyser sollte angesichts der Ereignisse im Iran die USA vor Schaden bewahren oder diesen zumindest so gering wie möglich halten. Wie das zu geschehen hatte? Huyser selbst standen dazu keine einschlägigen Erfahrungen zur Verfügung, und die Meinungen der anderen waren, wie er berichtet, gespalten. «Präsident Carter hoffte noch Ende Dezember (1978 – M. R.), der Schah könnte gerettet werden. Andere waren weniger optimistisch. Aber das Undenkbare mußte gedacht werden. An erster Stelle stand die Aufrechterhaltung stabiler amerikanisch-iranischer Beziehungen, komme was da wolle.»[3]

Der Islam, dies war unübersehbar geworden, gehört zu den Realitäten der heutigen Welt. Er war im 7. Jahrhundert auf der Arabischen Halbinsel entstanden. In seiner Zeitrechnung beginnt 1989 das Jahr 1410. Seinem Ursprung nach ist der Islam arabisch. Doch schon bald überschritt er die Grenzen seines Ursprungsgebietes und wurde zur Weltreligion. Heute zählt er ungefähr 800 Millionen Anhänger. (Einige islamische Institutionen sprechen auch von einer Milliarde.) Er steht damit, was die Verbreitung betrifft, unter den Weltreligionen an zweiter Stelle. Der arabische Raum blieb in gewisser Weise das «Kerngebiet» des Islam. Des Arabischen muß mächtig sein, wer sein heiliges Buch, den Koran, in der Originalsprache lesen will. Doch die meisten Muslims leben heute in nichtarabischen Staaten, in Indonesien allein ungefähr 150 Millionen, d. h. fast genauso viele, wie in allen arabischen Staaten zusammen.

Die «islamische Revolution» im Iran markierte, einem Paukenschlag vergleichbar, einen umfassenderen Vorgang: eine Reaktivierung des Islam in weiten Gebieten seiner Verbreitung. Von «islamischer Renaissance» war die Rede, auch von einem «islamischen Erwachen». Inzwischen hat sich weithin der Begriff «Reislamisierung» eingebürgert. Sie blieb seit den Ereignissen im Iran ein stets wiederkehrendes Thema in Presse, Rundfunk und Fernsehen. 1979 noch besetzten muslimische Rebellen die Moschee der Kaaba in Mekka. Zwei Jahre später töteten Verschwörer, die sich auf den Islam beriefen, in Kairo während einer Militärparade den ägyptischen Präsidenten Anwar al-Sadat. In Libanon verübten radikale Muslims Attentate gegen die USA-Militärpräsenz und nahmen Geiseln.

Muslims schritten hier im Zeichen der Reislamisierung zur Tat. Das ist kein Zufall. Denn der Islam nahm in einem revolutionären Prozeß Gestalt an, im

Übergang nämlich der Stämme der Arabischen Halbinsel zur Feudalgesellschaft. Von hier aus birgt er eine eminente soziale Gestaltungskraft in sich. Wozu diese dient, hängt von den jeweiligen konkreten Umständen und Zielsetzungen ab. Insgesamt wächst in den Reihen der Muslims das Bestreben – mit unterschiedlicher Konsequenz verfochten –, als Alternative zum Kapitalismuus wie zum Sozialismus Eigenständiges hervorzubringen.

Eine Geschichte der Reislamisierung im allgemeinen und ihrer radikalen Äußerungen im besonderen wäre verfrüht; schließlich ist alles noch im Fluß. Deshalb der Versuch, sich einem Gesamtbild in Einzelbildern anzunähern. Das erste Kapitel ist dem «Schlüsselereignis» der Reislamisierung gewidmet: der «islamischen Revolution» im Iran. Es folgt der Versuch, seine neuerliche Reaktivierung in die Gesamtentwicklung des Islam einzuordnen. Mit Ägypten findet nicht nur das größte arabische Land Beachtung; der islamische Fundamentalismus wie seine Gegner blicken in ihm auf eine lange Tradition zurück. In Libanon ist das Mit- bzw. Gegeneinander religiös-ethnischer Gemeinschaften ohnehin von hoher politischer Brisanz. Radikalisierungen in den Hauptlagern haben seine Instabilität in dramatischer Weise verstärkt.

1. Kapitel

«Islamische Revolution» im Iran

Es war das Jahr 1971. Vor ungefähr zweieinhalb Jahrtausenden hatte König Kyros II. das altpersische Reich gegründet. Der iranische Schah Mohammad Resa Pahlawi, dessen Staat bis 1935 Persien hieß, feierte dieses Jubiläum – und sich selbst. Die Kosten für diese «größte Feier des Jahrhunderts»: 2,6 Milliarden Mark. Vor den Ruinen der alten Residenzstadt Persepolis war eine prächtige Zeltstadt errichtet worden. Zu den Gästen gehörten ein Kaiser, 13 Könige und Königinnen, 18 Prinzen und Prinzessinnen, 14 Herzöge, Fürsten, Emire und Sultane sowie 14 Präsidenten. Das Festmahl dauerte vier Stunden. Die Kellner servierten u. a. Wachteleier mit Kaviar und gebratene Pfauen, denen man das Federkleid wieder übergezogen hatte.[1]

Macht und Ohnmacht des Schahregimes

Der Iran zählte zu Beginn der siebziger Jahre etwa 30 Millionen Einwohner (inzwischen stieg ihre Zahl auf 50 Millionen). Der schiitische Islam fungierte als Staatsreligion; über 90 Prozent der Bevölkerung bekannten bzw. bekennen sich zu ihm. Die Herausbildung kapitalistischer Verhältnisse – der bürgerliche Revolutionszyklus hatte mit der Konstitutionellen Revolution von 1905 bis 1911 eingesetzt – war relativ weit gediehen. Zugleich war das Land vom Imperialismus abhängig. Unterentwicklung charakterisierte alle Bereiche der Gesellschaft. Die Erdölförderung, die vor dem ersten Weltkrieg eingesetzt hatte, gewann entscheidende Bedeutung für das wirtschaftliche und politische Leben. Auf die Sozialstruktur wirkte sich das nur begrenzt aus. Ein Drittel der Bevölkerung war noch in der Landwirtschaft tätig, in der Großgrundbesitz dominierte. Für die Pächter verblieb oftmals nicht einmal die Hälfte der Ernte.[2] Für viele Familien gehörten Hunger und Krankheiten zum Alltag.

Der Schah, 1919 geboren, seit 1941 auf dem Thron, herrschte als absoluter Monarch. Opposition ließ er nicht gelten. Wer sie dennoch wagte, bekam es mit dem SAVAK, seinem Geheimdienst, zu tun, der Regimegegner zu Hause wie im Ausland erbarmungslos verfolgte, folterte und ermordete.

Der Schah wähnte sich auf dem Höhepunkt seiner Macht.

Doch bargen die Verhältnisse eines abhängigen Kapitalismus sozialen Sprengstoff in sich. Zu Beginn der sechziger Jahre sah es besonders kritisch aus.

Ladenstraße in Teheran

Schah Resa Pahlawi
1967 als gekrönter Herrscher

Den Korrespondenten der britischen Zeitung «Evening Standard» erinnerte die Lage im Iran «stark an die letzten Tage des zaristischen Rußlands»[3]. Der Schah hatte deshalb auf Anraten der USA 1963 damit begonnen, eine Reihe von Reformen durchzuführen. Eine Agrarreform betraf 85 Prozent der landwirtschaftlichen Nutzfläche, wobei die enteigneten Großgrundbesitzer eine Entschädigung erhielten. Ferner erfolgten u. a. die Nationalisierung der Wälder sowie der Verkauf staatlicher Betriebe und die Verwendung der Erlöse für die Finanzierung der Agrarreform. Der Schah pries sein Reformwerk als «Weiße Revolution» bzw. «Revolution von Schah und Volk». Mit ihm wollte er einer «roten Revolution», d. h. einer Revolution «von unten», zuvorkommen. Die in den siebziger Jahren sprunghaft steigenden Erdölpreise mehrten die Einnahmen des Landes aus dem Erdölexport beträchtlich; sie erhöhten sich von 3,6 Milliarden Dollar im Jahre 1973 auf 23 Milliarden Dollar im Jahre 1976. Das spornte den Schah zu noch ehrgeizigeren Plänen an. Bis in die achtziger Jahre wollte er sein Land aus der Unterentwicklung heraus zur «Großen Zivilisation» führen und in den Rang einer Weltmacht erheben.

War die «Weiße Revolution» ein Erfolg? Die Gegenfrage wäre zu stellen: Erfolg für wen? Mit seinen Reformen forcierte der Schah die Entwicklung kapitalistischer Verhältnisse. Die Industrie im produzierenden Bereich erreichte 1970 bis 1977 eine durchschnittliche jährliche Zuwachsrate von 16,7 Prozent. Einige überkommene Widersprüche schwächten sich ab. Doch verschärften sich andere. Und neue bildeten sich heraus, wie sie für einen abhängigen Kapitalismus charakteristisch sind. Eine kleine, um den Schah gescharte Gruppe bereicherte sich schamlos, u. a. durch Korruption, die den Gesellschaftskörper, einem Krebsgeschwür vergleichbar, zerfraß. Alle übrigen Iraner hatten mehr oder weniger unter den Verhältnissen zu leiden. Bauern erhielten zwar begrenzt Boden, doch fehlten ihnen die Mittel, diesen effektiv zu nutzen. Eine Landflucht setzte ein. Die ohnehin überfüllten Städte, vor allem Teheran, schwollen weiter an. Viele Menschen führten Tag für Tag einen aufreibenden Existenzkampf. 30 Prozent der Arbeitsfähigen hatten keine oder keine ihrer Qualifikation angemessene Arbeit. Familien gaben häufig 40 bis 50 Prozent ihres Einkommens oder mehr für Miete aus. Die Inflationsrate schwankte 1976 zwischen 20 und 30 Prozent.[4] Unzufriedenheit breitete sich aus. Die wirtschaftlich erstarkende Bourgeoisie – sie setzte sich zu einem großen Teil aus ehemaligen Großgrundbesitzern zusammen, die das vom Staat als Entschädigung erhaltene Geld investierten – forderte politisches Mitspracherecht. Die Arbeiterklasse gewann an Selbstbewußtsein und verlangte Reformen.

Mit der «Weißen Revolution», d. h. mit der friedlichen Offensive des Kapitalismus, sägte der Schah – bildlich gesprochen – an dem Ast, auf dem er saß. Je stärker sich kapitalistische Verhältnisse durchsetzten, desto fragwürdiger mußte sein feudalabsolutistischer Herrschaftsanspruch werden. Es war die Spezifik seiner Macht, die letztlich die Ohnmacht des Schahregimes gebar.

Hinzu kam, daß sich das Regime außenpolitisch übernommen hatte. Der britische Premierminister Harold Wilson hatte 1968 angekündigt, sein Land wolle seine militärische Präsenz «östlich von Suez» abbauen. Der Iran, seit 1955 Mitglied des proimperialistischen Bagdadpaktes bzw. der CENTO (Central Treaty Organization), übernahm es, als «Gendarm am Golf» für die Aufrechterhaltung des Status quo in der Region zu sorgen. In Oman etwa beteiligte er sich am Kampf gegen die oppositionelle Volksfront (PFLO). Zu den USA stellte er besonders enge Beziehungen her. «Unter der Führung des Schah war die Landbrücke zwischen Asien und Europa, auf der so oft das Schicksal der Welt entschieden worden war, unbestreitbar proamerikanisch und prowestlich», schreibt Henry A. Kissinger in seinen Memoiren. «Der Iran war – mit Ausnahme Israels – das einzige Land in dieser Region, für das die Freundschaft zu den Vereinigten Staaten den Ausgangspunkt seiner ganzen Außenpolitik bildete ... Der Iran hat sich immer wieder auf unsere Seite gestellt; er hat uns sogar bei weit entfernten Unternehmungen unterstützt und etwa 1973 zur Zeit der Pariser Vereinbarungen Südvietnam geholfen, er hat sich während der Wirtschaftskrise in den 70er Jahren auf die Seite Westeuropas gestellt ... und später in der Nahost-Politik Präsident Sadat unterstützt.»[5] Kissinger bestätigte auch, daß der Iran konterrevolutionären Kräften in Afrika den Rücken gestärkt hatte.

Der Iran war sogar bereit, sein proimperialistisches Engagement selbst zu finanzieren. USA-Präsident Richard Nixon hatte 1969 gefordert – daraus wurde eine nach ihm benannte Doktrin –, daß sich die seinem Land verbündeten asiatischen Staaten stärker engagieren sollten, um eigene wie gesamtimperialistische Interessen wahrzunehmen. Zunächst ging es Nixon um Vietnam. Über eine halbe Million US-amerikanischer Soldaten versuchten dort vergeblich, die nationale Befreiungsrevolution im Süden und den Sozialismus im Norden niederzuringen. Ihr schmutziger Krieg stieß in ihrer Heimat wie weltweit zunehmend auf Widerstand. Die USA wollten deshalb ihre Soldaten zurückziehen und an ihrer Stelle Vietnamesen kämpfen lassen. Zugleich handelte es sich für die USA um ein grundsätzliches Anliegen. Der Schah kam ihm bereitwillig nach. Die Armee war ohnehin sein Lieblingskind. Zwischen 1972 und 1978 gab er 20 Milliarden Dollar für ihre Aufrüstung aus. 500 000 Mann stark, besaß sie nahezu alles Kriegsgerät, das unterhalb der atomaren Schwelle modern und kostspielig war. Manches wurde, Korruption war da im Spiel, überteuert eingekauft.

Die USA waren unmittelbar im Iran präsent. USA-Bürger – Anfang Oktober 1978 befanden sich fast 58 000 im Lande – hatten einflußreiche Positionen in Verwaltung, Wirtschaft und Armee inne. Im öffentlichen Leben griffen eine Verwestlichung und Amerikanisierung um sich; Kritiker nannten als Erscheinungsformen «Agenten, Aufrüstung, Pornographie und Coca-Cola». Eigene Traditionen gerieten in den Hintergrund, oder es erfolgte – wie mit der spektakulären Feier des Jahres 1971 – programmatisch eine Rückbesinnung auf den vorislamischen Iran. So wurde z. B. die islamische Zeitrechnung vorübergehend durch den sogenannten Persischen Königskalender abgelöst, der die iranische Geschichte mit dem Regierungsantritt von Kyros II. im Jahre 559 v. u. Z. beginnen ließ.

Seine enge Bindung an die USA schadete dem Schah beträchtlich. Mit dem Ausgang des zweiten Weltkrieges war in Asien eine «antikoloniale Weltrevolution» in Gang gekommen. Völker, einst kolonial oder halbkolonial beherrscht, erlangten die Eigenstaatlichkeit bzw. festigten diese und bauten sie aus. Die meisten wiesen das Ansinnen imperialistischer Staaten, antikommunistischen Militärpakten beizutreten, zurück. Ambitionen des antikolonialen Kampfes führten sie – Indien spielte hier eine Pionierrolle – in der Politik der Nichtpaktgebundenheit weiter. Das entsprach dem Zeitgeist. Der Schah verfolgte eine entgegengesetzte Linie. Immer mehr Iraner sahen in ihm eine amerikanische Marionette, die ihr Land verriet.

Allerdings gab es in der iranischen Außenpolitik auch andere Momente. Zur Sowjetunion pflegte das Land gutnachbarliche Beziehungen. Angesichts einer 2 500 km langen gemeinsamen Grenze war das bedeutsam. Anderen sozialistischen Staaten gegenüber praktizierte der Iran gleichfalls friedliche Koexistenz.

In der Weltöffentlichkeit war das Schahregime höchst umstritten.

Für die Boulevardpresse in kapitalistischen Ländern bot das Leben am Hof ein unerschöpfliches Thema. Wo sonst noch gab es eine solche Prachtentfaltung? Bei naiven Lesern stellte sich Bewunderung ein. Und Mitgefühl. Denn in seiner zweiten Ehe mit Soraja Esfandiari blieb der Schah kinderlos. Er brauchte aber einen Thronfolger. Seine dritte Frau, Farah Diba, gebar ihm den erwarteten Sohn. Aus Anlaß der 2 500-Jahr-Feier ernannte der Vater ihn zum Brigadegeneral.

Linke Kräfte kritisierten die Despotie des Schahs. Sie prangerten an, daß für Millionen Iraner Armut, Hunger, Analphabetentum und Krankheit zum Alltag gehörten. Als im Frühjahr 1967 der Schah Westberlin besuchte, protestierte die Neue Linke, die sich in Auseinandersetzung mit der USA-Aggression in Vietnam und Mißständen im eigenen Lande formiert hatte. Während einer Anti-Schah-Demonstration in Westberlin gingen Polizisten mit Gummiknüppeln gegen die Demonstranten vor. Schahtreue Jubelperser schlugen mit langen Latten wild um sich. In einer Nebenstraße erschoß Kriminalobermeister Karl-Heinz Kurras den sechsundzwanzigjährigen Studenten Benno Ohnesorg. Bei den Gefährten des Opfers löste dies nicht nur Trauer, sondern auch Erkenntnisprozesse aus. Bei manchen schwanden Illusionen über den Charakter der eigenen Staatsmacht.

Khomeini: Anti-Schah-Symbol

Im Ergebnis einer Zuspitzung der gesellschaftlichen Widersprüche bildete sich im Iran eine revolutionäre Krise heraus. Menschen aus nahezu allen sozialen und politischen Lagern begehrten gegen den Schah auf: Arbeiter wie Angehörige der Bourgeoisie, bis in Kreise der Großbourgeoisie hinein, Kommunisten und Linksradikale – darunter die Mudschahedin des iranischen Volkes – ebenso wie bürgerliche Liberale und konservative Muslims. Da die Opposition keine legalen politischen Wirkungsmöglichkeiten hatte, machten sich muslimische Geistliche zu ihren Wortführern. Sie waren eine relativ eigenständige, zudem ziemlich breite Schicht und hatten sich einen gewissen Bewegungsraum bewahren können. Ihre Gegnerschaft zum Schahregime war zwiespältig motiviert. Durch die forcierte kapitalistische Entwicklung sahen sie eigene soziale Interessen wie die Möglichkeiten einer Einflußnahme auf die Bevölkerung gefährdet. Zugleich waren sie von ihrem Beruf her eng mit dem einfachen Volk verbunden und nahmen sich bis zu einem gewissen Grade dessen Nöte und Sorgen an.

Ajatollah Ruhollah al-Mussawi al-Khomeini, 1902 in Khomein im Iran geboren, Lehrer im Wallfahrtszentrum Ghom, hatte bereits zu Beginn der sechziger Jahre u. a. den Ausverkauf des Landes an die USA sowie Übergriffe der Geheimdienste und der Polizei angeprangert. Das Schahregime ließ ihn wiederholt verhaften bzw. unter Hausarrest stellen. Als er gegen ein Gesetz Stellung nahm, das den im Dienst der iranischen Streitkräfte stehenden US-amerikanischen Militärberatern diplomatische Sonderrechte gewährte, wurde er 1964 in die Türkei deportiert. Bald darauf ließ er sich in Nadschaf im Irak nieder, in unmittelbarer Nachbarschaft des Grabes von Ali ibn Abi Talib, Schwiegersohn Muhammads und vierter Kalif, den die Schiiten als ersten und heiligsten Imam verehren.

Der Ajatollah war zu diesem Zeitpunkt 63 Jahre alt. Er litt unter Herzschwäche, Nierenbeschwerden und chronischer Migräne. Faktisch war er mittellos. Der SAVAK überwachte ihn. Dessen Chef, M. Nassiri, berichtete dem Schah, dem «alten Hai» seien «die Zähne gezogen»[6].

Khomeini war zunächst neben religiösen auch säkularen Zielstellungen verpflichtet. Schrittweise nahm er fundamentalistische Positionen ein, das bedeutete: Er wollte die iranische Gesellschaft auf der Grundlage eines in seiner ursprünglichen Reinheit wiederhergestellten Islam umgestaltet wissen. Damit reagierte Khomeini zum einen auf den prowestlichen Reformkurs des Schahs, zum anderen auf Alternativvorstellungen, die Linkskräfte – auch im Islam – entwickelten. Anfang 1970 erklärte er in Vorlesungen, die im folgenden Jahr in Buchform unter dem Titel «Der islamische Staat» erschienen: «Fremde» drängten den Islam im Iran an den Rand der Gesellschaft; doch allein das Gesetzeswerk Gottes, im Koran und in der Sunna überliefert, ist für die Muslims verbindlich, weshalb das illegitime Regime des Schahs zu stürzen und ein «islamischer Staat» zu errichten ist, in dem die Macht in den Händen der foghaha, der muslimischen Rechtsgelehrten, liegt. Wir sind verpflichtet, forderte Khomeini, uns für einen islamischen Staat einzusetzen. Zunächst sei dazu Propaganda vonnöten – dann komme man schon weiter. Das sei immer so gewesen.[7]

Im Dezember 1977 ließ Khomeini ein von ihm verfaßtes Rechtsgutachten *(fatwa)* veröffentlichen. Kraft seiner religiösen Autorität habe er den Schah abgesetzt und der Verfassung abgeschworen, erklärte er darin. Den Muslims befahl er, keine Steuern zu zahlen und keine Gesetze zu befolgen, die der Usurpator erlassen habe.[8]

Die offiziöse Zeitung «Ettela'at» griff am 7. Januar 1978 die Opposition als Koalition von «Roten und Schwarzen» an. Sie bezeichnete Khomeini als «Vertreter der dogmatischsten und reaktionärsten Elemente des Kolonialismus». Möglicherweise war das als Provokation gedacht. Jedenfalls entluden sich danach die angestauten Kräfte der Opposition. Es kam zu Demonstrationen in der «heiligen Stadt» Ghom. Dann an anderen Orten. Der Schah versuchte, brutal durchzugreifen. Am 8. September 1978, dem «Blutigen» oder auch «Schwarzen Freitag», ermordeten seine Militärs zahlreiche Zivilisten. Er setzte aber auch auf Zugeständnisse, als «Liberalisierung» gepriesen. Doch nichts vermochte die in Gang gekommene Revolution, die antimonarchische und antiimperialistische Züge annahm, aufzuhalten. Die Gewalt des Schahs provozierte Gegengewalt. Die Zugeständnisse, die er anbot, deuteten seine Gegner als Zeichen seiner Schwäche.

Im Herbst 1978 mußte Khomeini – der Schah hatte die irakische Regierung darum ersucht – den Irak verlassen. Am 6. Oktober 1978 ließ er sich in Neauphle-le-Château nahe Paris nieder, wo er mit engen Gefährten ein kleines, bescheidenes Haus bezog. Seine Popularität wuchs sprunghaft, und leichter als vom Irak aus – dies hatte der Schah nicht bedacht – konnte er sich mit seinen Anhängern in Verbindung setzen. «Ganze Pilgerzüge, vor allem aus der Bundesrepublik, setzten sich in Richtung Neauphle-le-Château in Bewegung», berichtet Peter Scholl-Latour. «Die Weltpresse war alarmiert und stritt sich um die Interviews mit dem Ajatollah. Über den Rundfunk und zahllose geheime Kanäle gelangte die Kunde nach Persien, daß dem Schah ein heiliger Gegner erwachsen sei, daß das Ende der Pahlawi geschlagen habe und daß der schiitische Gottesstaat sich auf dem Marsch befinde. Ein paar Wochen genügten, und schon entstand im persischen Volksglauben ein Kreis von Legenden um den Propheten von Neauphle-le-Château.»[9] Scholl-Latour traf mit Khomeini zusammen. Er berichtete über seine Eindrücke: «Plötzlich spürte ich, daß ich hier keiner mittelalterlichen Persönlichkeit gegenübersaß, wie immer wieder geschrieben und behauptet worden war. Hier begegnete ich einem Mann von biblischer Dimension, der den Richtern und Propheten des Alten Testaments verwandt war. Diese Versetzung in eine ferne, mystische Phase der Menschheit ist bis zuletzt mein faszinierendstes Erlebnis im Umgang mit Khomeini und seiner schiitischen Revolution geblieben.»[10]

Sein Ziel, das Schahregime durch einen islamischen Staat zu ersetzen, verstand Khomeini als Gebot seines Glaubens. «Wir wollen eine islamische Regierung, eine Islamische Republik Iran», erklärte er im November 1978 in einem Interview. «Eine demokratische Regierung, die auf den Prinzipien islamischer Gerechtigkeit aufbaut und den Kriterien des Islam folgt. Wir wollen einen Staat, der unabhängig ist, in dem die Würde des Menschen respektiert und gesichert ist.»[11]

Wollten die Iraner mehrheitlich den von Khomeini geforderten «islamischen Staat»? Diese Frage stand vorerst noch gar nicht zur Diskussion. Es ging um das Schicksal des Schahregimes. Und da profilierte sich Khomeini zum «Anti-Schah-Symbol»[12]. Seine Botschaft war zunächst und vor allem eine Absage an das Schahregime und die USA-Präsenz im Lande, verbunden mit der Aufforderung, sich auf das «Eigene» zu besinnen. Dadurch war es möglich, daß sich durchaus heterogene Kräfte auf ihn als gemeinsamen Führer bezogen.

Die Revolution weitete sich in der Folgezeit und gewann an Durchschlagskraft. Streiks legten das gesellschaftliche Leben lahm. Eine Million öffentliche Bedienstete traten in den Ausstand. Erdölarbeiter bekundeten im Januar 1979 ihre Entschlossenheit, die Ziele der islamischen Bewegung zu unterstützen. «Wir können erst dann mit Gewißheit den Sieg feiern», erklärte die Allgemeine Gewerkschaft der Beschäftigten der iranischen Erdölindustrie, «wenn wir die tiefen Wurzeln des Imperialismus abgeschnitten und in völliger Freiheit die gerechte islamische Republik errichtet haben.»[13] Die Einnahmen aus dem Erdöl machten normalerweise 40 Prozent des Bruttosozialprodukts und 95 Prozent der Exporterlöse von insgesamt 20,7 Milliarden Dollar jährlich aus: Die Streiks der Erdölarbeiter trafen so den wirtschaftlichen Lebensnerv des Landes. Eine Kapitalflucht setzte ein; allein innerhalb von zwei Monaten machten die «Fluchtgelder» annähernd zweieinhalb Milliarden Dollar aus. Ein Erdbeben am 16. September – das schwerste in der iranischen Geschichte –, bei dem über 25 000 Menschen den Tod fanden, komplizierte die Situation zusätzlich. Die Losung «Tod dem Schah!» war an den Wänden zu lesen und wurde von demonstrierenden Gruppen intoniert. Selbst die Armee, vom Regime privilegiert, zeigte Auflösungserscheinungen, wenngleich sich ihre Hauptkräfte – mit Ausnahme einiger Einheiten der Luftstreitkräfte – aufgrund einer fortgeschrittenen Amerikanisierung des Offizierskorps nicht der Revolution anschlossen.

Die Ministerpräsidenten wechselten einander rasch ab. Am 5. November 1978 übernahm Gholam-Resa As'hari, der Generalstabschef, dieses Amt. Nach noch nicht einmal zwei Monaten folgte ihm Schapur Bachtiar, geboren 1916, ein ehemaliger Oppositionspolitiker, der sich selbst als Sozialdemokrat bezeichnete.

«Putschen Sie, Herr General!»

Die USA wie andere kapitalistische Staaten waren vom Gang der Ereignisse überrascht. Noch im Frühjahr 1978 glaubten ihre Experten, es handle sich um die üblichen Komplikationen, die sich beim Übergang von einer «traditionellen», landwirtschaftlich orientierten zu einer «modernen», sich auf Industrie gründenden Gesellschaft einstellen. Lediglich ein junger Geheimdienstoffizier in der französischen Botschaft habe vorausgesagt, wie William H. Sullivan, von Juni 1977 bis April 1979 USA-Botschafter in Teheran, berichtet, daß der Schah innerhalb eines Jahres gestürzt werde. Doch seine eigene – d. h. die US-amerikanische – Botschaft, so Sullivan, habe diese Auffassung nicht geteilt. Zwar hätten er und seine Leute gespürt, daß der Schah aufgrund seines Wirtschaftsplanes und seiner forcierten Industrialisierung in ernsthafte politische Schwierigkeiten geraten war, doch habe niemand diese als Beginn einer Revolution gedeutet.[14] Noch im August 1978 beruhigte die CIA: «Der Iran befindet sich nicht in einer revolutionären oder auch nur vorrevolutionären Situation.»[15]

Die USA suchten angesichts der sich anbahnenden Revolution zu retten, was zu retten war. Nach Möglichkeit wollten sie das Schahregime erhalten. Ließ sich das nicht bewerkstelligen, sollte zumindest eine Regierung an seine Stelle treten, die die engen Bindungen zu den USA aufrechterhielt.

General Robert E. Huyser sollte durch seine Mission dies sicherstellen helfen. Seine Instruktion: Die USA brauchen dringend eine starke, stabile und amerikafreundliche Regierung im Iran. Der Schlüssel dazu war, wie er selbst meinte, die iranische militärische Führung. «Solange der Schah blieb, konnte man sich auf sie verlassen. Aber wie würde sie sich verhalten, wenn er das Land verließe? Da die Militärs sich mit der kaiserlichen Sache identifiziert hatten, wären sie die ersten Ziele oppositioneller Racheakte, sobald der Schutz des Schahs fehlte. Einige würden sich höchstwahrscheinlich aus dem Staub machen – und damit Khomeini die Tore öffnen. Andere mochten sich vielleicht zur Wehr setzen, indem sie einen Militärputsch inszenierten ... In Washington dachten einige tatsächlich daran. Die Lage war so düster, daß das Spektrum der öffentlichen Meinungen von der Entsendung eines Marineeinsatzkommandos bis zur unverzüglichen Einigung mit dem Ajatollah reichte. Aber solange es noch eine Regierung gab, hielt Präsident Carter es für dringend notwendig, die Militärs dazu zu bewegen, ihr den Rücken zu stärken, nachdem der Schah das Land verlassen hatte.»[16]

Noch am 4. Januar 1979 traf Huyser in Teheran ein. Die Fahrt durch die Stadt nannte er einen «ungeheuren Schock». Er fuhr fort: «Die einst betriebsame, pulsierende Hauptstadt befand sich im Zustand völliger Lähmung. Die Straßen waren leer; kein Auto, Bus oder auch nur Motorrad war zu sehen. Vom Schahjad-Platz bis zum anderen Ende der Stadt schien alles geschlossen zu haben. Ladenbesitzer hatten ihre Türen verrammelt, Zeitungen ihre Pressen angehalten; die Marktplätze waren leer, die Gehsteige verödet, Tankstellen zugekettet. In allen Fenstern sah man das Porträt von Ajatollah Khomeini. Oppositionelle Kräfte hatten die Kontrolle über die lebenswichtigen Einrichtungen des Landes übernommen. Eine angsterregende Spannung lag in der Luft. Vor Tankstellen standen die Menschen mit kleinen Kanistern in der Hand Schlange. Sie warteten auf eine Brennstoffzuteilung zum Heizen oder Kochen. Die Schlangen schienen sich überhaupt nicht vorwärts zu bewegen.»[17]

Als die Nacht begann, waren Rufe «Allah ist der Größte» und Maschinengewehrsalven zu vernehmen.

Huyser stellte Kontakte zu den höchsten Militärs her. Die Schwierigkeiten im Lande seien den Kommunisten zuzuschreiben, ließen ihn seine Gesprächspartner wissen. Huyser teilte diese Auffassung nicht, bekam sie in Zukunft jedoch noch oft zu hören, was, wie er annahm, «offenbar dem ausgeprägten persischen Nationalstolz entsprang – der Weigerung zuzugeben, daß sich die eigenen Landsleute gegen seine Majestät erheben könnten»[18]. Die Generale waren ziemlich deprimiert. Die USA, verlangten sie, sollten dem Schahregime stärker helfen. Sie könnten etwas gegen Khomeini unternehmen. Von den Briten sollten sie erwirken, daß BBC seine Kritik am Iran unterlasse. Falls der Schah das Land verlasse, wollten die Generale ihm folgen. Huyser versuchte, ihnen das auszureden. Das Militär habe die Aufgabe, dem Schah, auch wenn dieser sich im Ausland befinde, Macht und Land zu erhalten. Deshalb müsse es die Regierung Bachtiar unterstützen. Huyser suchte herauszufinden, ob zur Stabilisierung der Lage ein Militärputsch geplant sei. Für den Fall, daß die Regierung versage oder ein militärisches Eingreifen aus anderen Gründen notwendig erscheine, brauche man unbedingt Pläne. Auch sollten der Generalstabschef und die Befehlshaber der Teilstreitkräfte zusammenwirken. Bis dahin hatten sie dienstlich kaum etwas miteinander zu tun. Jeder war dem Schah unmittelbar unterstellt, gewohnt, von diesem Befehle zu empfangen. In den Unterredungen unter vier Augen suchten sie einander auszustechen.

USA-Botschafter Sullivan traute im Unterschied zu Huyser der iranischen Armee nicht viel zu. Sie habe ihren Kampfgeist verloren, befürchtete er. Im Notfall müßten die Soldaten ihre Waffen gegen ihre Söhne, Brüder und andere enge Verwandte gebrauchen. Deshalb sei auf sie kein Verlaß, wenn es darum gehe, der Revolution entgegenzutreten.[19]

Von seiner Regierung erhielt Sullivan den Auftrag, dem Schah nahezulegen, sein Land zu verlassen. Das erinnerte an Zeiten des «klassischen» Kolonialismus, in denen ein Gouverneur – oder wie immer er sich nennen mochte – in einer Kolonie nach Belieben schaltete und waltete. Sullivan selbst kommentierte: Eigentlich sei es nicht üblich, daß ein Botschafter ein Staatsoberhaupt um derartig Einschneidendes ersuche. Doch hätten die Beziehungen zwischen beiden Seiten in den letzten Monaten einen so außergewöhnlichen Charakter angenommen, daß das nicht mehr aus dem Rahmen gefallen sei. Der Schah, so Sullivan, sei überrascht gewesen. «Wo soll ich hingehen?» habe er hilflos gefragt. Sullivan hatte dazu keine Instruktionen. Er empfahl dem Schah, seinen Schweizer Wohnsitz aufzusuchen. Doch sein Gesprächspartner winkte ab. Die Sicherheitsvorkehrungen in der Schweiz seien nicht gut genug. Auch nach Großbritannien, wo er gleichfalls einen Wohnsitz hatte, wollte er nicht. Das Wetter sei dort zu schlecht. Das Gespräch war festgefahren. Daraufhin Sullivan: «Soll ich versuchen, für Sie eine Einladung in die Vereinigten Staaten zu erwirken?» Der Schah erleichtert: «Würden Sie das wirklich für mich tun?»[20]

Der Besuch Huysers gab dem Schah Rätsel auf. Was wollte der Amerikaner? Auch seine Generale waren nicht auskunftsfähig. Seine Offiziere, argwöhnte der Schah, seien der Verfassung und der Krone verpflichtet: Vielleicht wollten die USA für den Fall, daß beides bedroht sei, die Armee neutralisieren.[21]

Huyser, formell lediglich ein Berater, traf wichtige Entscheidungen. Er brachte fünf Kommandeure so weit, daß sie sich zur Zusammenarbeit bereit erklärten. Mit Unterstützung amerikanischer Offiziere machte sich die Fünfergruppe daran, Pläne für die iranische Armee zu erarbeiten, sei es, um die Regierung Bachtiar zu unterstützen, sei es – falls dies mißlänge –, um selbst die Macht zu übernehmen.

Die iranischen und amerikanischen Militärs sahen sich unter Zeitdruck gesetzt. Mit zwei Ereignissen vor allem glaubten sie fertig werden zu müssen: mit der Abreise des Schahs, über die sich Nachrichten und Gerüchte mehrten, und mit der danach erwarteten Rückkehr Khomeinis. Vielerlei Fragen tauchten auf. Ließ sich die Abreise des Schahs vielleicht doch noch verhindern, zumindest verschieben? Könnte man Khomeini fernhalten? Würde die Armee auseinanderlaufen, wenn der Schah, auf den sie eingeschworen war, das Land verlassen hatte? Könnte man sich möglicherweise mit Khomeini und seinen Leuten verständigen? Die USA hatten noch ihre speziellen Sorgen. Ließen sich langfristige Abmachungen über Waffenlieferungen an den Iran vielleicht doch noch unter Dach und Fach bringen? Angesichts des Niedergangs des Schahregimes mutete dies manchem Amerikaner, der damit zu tun hatte, makaber an. Doch es ging um Milliardenbeträge, und die Regierung hatte der Rüstungsindustrie gegenüber Bürgschaften übernommen.

Machtwechsel

Am 16. Januar 1979 verließ ein demoralisierter Schah das Land. Zeitweilig, um sich zu erholen, wie vorerst offiziell verlautete.

Für den Iran war es ein denkwürdiger Tag. Der Schah und seine Eskorte begaben sich in sechs Hubschraubern vom Niawaran-Palast zum Flughafen Mehrabad. Die Kaiserliche Garde, die Elitetruppe der iranischen Armee, riegelte den Flughafen ab. «Überall in der Stadt hatten sich gewaltige Menschenansammlungen gebildet, und als das Flugzeug des Schahs sich in die Luft erhob, war es, als hätte man einen gigantischen Startschuß abgegeben», schildert Huyser das Ereignis. «Alle schienen sie auf diesen Augenblick gewartet zu haben. Hupen ertönten, Demonstrationen formierten sich. In der ganzen Stadt erhob sich Jubelgeschrei. Ein einziger unbeschreiblicher, spontaner Freudentaumel, der zwei oder drei Stunden anhielt und noch an Lautstärke und Begeisterung zunahm, Berichte trafen ein, nach denen die Menge alle Denkmäler des Schahs und seiner Familie niederriß.»[22]

Bachtiar, seit zwei Wochen Ministerpräsident, blieb zurück. Er sollte dem Schah sein Land erhalten.

Zurück blieb vorerst auch Huyser. Der Schah glaubte rückschauend, damit einem Kontrahenten das Feld überlassen zu haben.[23]

Khomeini erklärte am Tage, als der Schah Teheran verließ: «Der Sieg ist noch nicht vollständig.» In der Tat gab es noch Iraner, die bereit waren, das Schahregime zu verteidigen. Am 24. Januar 1979 veröffentlichte das «Teheran Journal» einen Artikel mit der Überschrift «Königliche Unsterbliche halten noch Wacht». In ihm hieß es: «Wenn Ajatollah Khomeini meint, er brauche nur in den Iran hineinzuspazieren und die Zügel der Macht zu übernehmen, als schlüpfe er in seine schwarze Kutte, hat er nicht mit der Unsterblichen Brigade der Kaiserlichen Garde gerechnet. Das war zumindest der Eindruck, den sie ausländischen Pressevertretern gestern morgen auf dem schneeumwehten Militärgelände Lavizan mit allem Nachdruck zu vermitteln versuchte. Ihr Wahlspruch, der ihnen in Monaten und Jahren härtester Ausbildung eingeimpft wurde, lautet ‹Javid Schah› gleich ‹Lang lebe der Schah›. Er ertönte gestern immer wieder rings um die Kaserne, als 1500 Mann der iranischen Elitetruppen vor den Augen der Auslandspresse exerzierten. Von Männern, die dafür ausgebildet wurden, ohne Zögern ihr Leben für den Schah zu lassen, kann man nichts anderes erwarten. Für sie hat der Schah nur eine Urlaubsreise angetreten, und wer anders darüber denkt, macht sich besser auf etwas gefaßt.»[24]

Ende Januar 1979 erreichte die Stimmung in Teheran ihren Höhepunkt. Jeden Tag Demonstrationen, Schießereien, Tote, Verletzte. Termine kursierten, wann Khomeini zurückkehren werde. Bachtiar ließ den Flughafen Mehrabad sperren. Er erklärte sich bereit, mit Khomeini in Paris zusammenzutreffen. Letzterer stimmte zu, nannte indessen eine Bedingung: Der Ministerpräsident müsse zuvor zurücktreten. Bachtiar ließ den Flughafen wieder öffnen.

Am 1. Februar 1979 war es soweit. Eine Sondermaschine der Air France vom Typ Boeing 747 landete auf dem Flughafen Mehrabad, der von Militär gesichert war. Khomeini kehrte nach vierzehnjährigem Exil in den Iran zurück. In einer kurzen Rede nach seiner Ankunft erklärte er, die jetzige Regierung sei ungesetzlich; er wolle sie durch eine wahre islamische Regierung ersetzen. Millionen Iraner waren auf den Beinen, ihn zu begrüßen. Auf dem

Iraner jubeln am 1. Februar 1979
dem aus dem Exil zurückkehrenden Ajatollah Khomeini entgegen

Friedhof Beheschte-e Sahra hielt er eine Ansprache. Die Pahlawi-Dynastie nannte er illegal. Erneut kündigte er an, die jetzige Regierung sei durch eine andere zu ersetzen. Dies werde in den nächsten beiden Tagen geschehen. Khomeini war von einer dichten Menschenmenge umgeben. Ein Hubschrauber mußte ihn herausholen.

Die Militärs, die sich vorgenommen hatten, das Schahregime zu verteidigen, wurden von den Ereignissen überrollt. Die iranische Opposition reagierte immer entschiedener gegen die US-amerikanische Einmischung in die inneren Angelegenheiten ihres Landes, wie sie sich provokativ in der gar nicht mehr geheimen Mission Huysers kundtat. Am 3. Februar verließ der amerikanische General den Iran. Seine Vorgesetzten waren um seine persönliche Sicherheit besorgt. Doch fanden sich die USA noch immer nicht damit ab, daß ihre Pläne gescheitert waren. Charles Duncan, stellvertretender Verteidigungsminister, fragte am 11. Februar Huyser – dieser war nach Stuttgart zurückgekehrt –, ob er bereit sei, sich erneut nach Teheran zu begeben, um einen Militärputsch zu leiten. Der USA-Sicherheitsberater Zbigniew Brzezinski wollte am selben Tag von Sullivan wissen, ob die iranischen Streitkräfte nicht einen Staatsstreich durchführen könnten. Als die Beteiligten indessen genauer eruierten, was alles dazu erforderlich sei – Huyser nannte unbeschränkte Mittel, zehn bis zwölf Generale seiner Wahl, ungefähr 10 000 Mann der besten US-amerikanischen

Ajatollah Khomeini
empfängt im Hauptquartier
Berater und Anhänger

Bewaffnete Zivilisten und gepanzerte Fahrzeuge beziehen vor dem Palast des Schahs Posten

Einheiten und uneingeschränkte nationale Unterstützung –, verwarfen sie ihre Projekte als nicht machbar.

Khomeini beauftragte am 4. Februar Mehdi Basargan, Jahrgang 1908, eine Gegenregierung zu bilden. Wenige Tage gab es, zumindest formal, eine Doppelherrschaft. Einheiten der kaiserlichen Garde überfielen am 9. Februar einen Luftwaffenstützpunkt bei Teheran, um die mit der Revolution sympathisierenden Luftwaffentechniker dort zu disziplinieren. Die Kämpfe eskalierten an den beiden folgenden Tagen zu einem Volksaufstand. Drohte ein Bürgerkrieg? Das Schahregime war bereits geschlagen. Ein «Armeerat», ein aus hohen Offizieren einberufenes Gremium, erklärte die politische Neutralität der Streitkräfte. Die Aufständischen versorgten sich aus den Kasernen mit Waffen. Bachtiar trat zurück. Khomeini und die Regierung Basargan übernahmen offiziell die Amtsgeschäfte.

Die Revolution hatte gesiegt – zumindest in ihrer ersten Etappe. Am 11. März 1979 verließ der Iran die CENTO. Tags darauf schied Pakistan aus diesem Pakt aus, am 16. März die Türkei. Damit war, nach der SEATO, innerhalb weniger Jahre ein zweiter imperialistischer Militärblock zusammengebrochen. Der Iran trat der Bewegung der Nichtpaktgebundenen bei. Die USA mußten in ihm Schlüsselpositionen aufgeben. Am 1. April 1979 proklamierte Khomeini, nachdem sich in einer Volksabstimmung 99,3 Prozent der abgegebenen Stimmen dafür ausgesprochen hatten, die «Islamische Republik Iran» (IRI). Geheime Revolutionsgerichte traten zusammen, um über Repräsentanten des alten Regimes zu urteilen. Bis August 1979 fällten sie über 500 Todesurteile, die sofort vollstreckt wurden. Der Prozeß begann jeweils um Mitternacht und endete mit der Hinrichtung durch Erschießungspelotons bei Sonnenaufgang. Zu denen, die hingerichtet wurden, gehörten hohe Militärs.

Der Sieg der iranischen Revolution war von historischer Bedeutung. Seit der algerischen Befreiungsrevolution 1954 bis 1962 hatte es in Nahost und Nordafrika keine Volksbewegung mit ähnlicher Durchschlagskraft gegeben. Es erwies sich die «relative Unfähigkeit der westlichen Mächte ...», wie Fred Halliday schreibt, «den Gang der Dinge in einem Land zu kontrollieren, in dem sie jahrzehntelang einen so großen Einfluß ausgeübt haben. Wie bei anderen scheinbar sicheren westlichen Verbündeten – etwa Portugal oder Äthiopien – haben die Ereignisse im Iran gezeigt, daß immer noch der interne Klassenkampf über den Einfluß des Imperialismus siegen kann, wenn eine Oppositionsbewegung einmal in Gang kommt ... Das verhaßte System einer politischen Diktatur, die vom Westen bewaffnet und unterstützt wurde, ist durch eine heroisch und beharrlich kämpfende Volksbewegung vernichtet worden.»[25]

Für die USA war das schmerzlich. Durch ihre einseitige Bindung an Israel hatten sie in den letzten Jahrzehnten in arabischen Staaten drastisch an Einfluß verloren und waren gerade darangegangen, dies wettzumachen. In Anwar al-Sadat, seit dem Tode von Gamal Abdel Nasser 1970 ägyptischer Staatspräsi-

Hunderttausende Iraner
demonstrieren am 6. Februar 1979
für die von Ajatollah Khomeini
eingesetzte
Provisorische Regierung

Ajatollah Ruhollah al-Mussawi al-Khomeini und Mehdi Basargan

dent, hatten sie den dazu geeigneten Partner gefunden. USA-Präsident Carter traf sich vom 5. bis 17. September 1978 mit ihm sowie dem israelischen Ministerpräsidenten Menachem Begin in Camp David (USA) auf einer Konferenz. Es war ihm gelungen, Ägypten aus der Front der mit Israel konfrontierten arabischen Staaten herauszubrechen, auf Kosten der Palästinenser, denen, darin waren sich die Camp-David-Teilnehmer einig, ihre Eigenstaatlichkeit auf Dauer vorenthalten werden sollte. Eine proamerikanische Achse Teheran – Kairo – Tel Aviv stand offenbar kurz vor der Vollendung. Und nun dies! Zwar hatten die USA in Ägypten einen neuen Bundesgenossen gewonnen, dafür mit dem Schahregime einen alten und zuverlässigen verloren. Der Ägypten-Zugewinn erwies sich zudem als fragwürdig; statt Brücke des amerikanischen Einflusses in der arabischen Welt zu sein, geriet Ägypten selbst – fast alle arabischen Staaten brachen die diplomatischen Beziehungen zu ihm ab – in die Isolierung. Es bewahrheitete sich auch die das Kommerzielle betreffende Befürchtung der USA-Regierung: Der Iran stornierte Waffenbestellungen in Höhe von 8 bis 10 Milliarden Dollar.

Israel war gleichfalls betroffen. Die neue iranische Regierung beendete die politischen und wirtschaftlichen Beziehungen zu ihm, was einen Stopp der Erdöllieferungen einschloß. Der Iran hörte ferner auf, die arabische Reaktion im Kampf gegen Befreiungsbewegungen zu unterstützen. Er zog seine Truppen aus Oman ab. Statt dessen solidarisierte sich die neue iranische Regierung mit der palästinensischen Nationalbewegung und übergab das Gebäude der ehemaligen israelischen Botschaft der PLO.

Besetzung der USA-Botschaft

Der Schah begab sich vom Iran aus nach Ägypten. Dort blieb er länger als geplant. Rechnete er damit, die Revolution werde in seinem Lande doch noch eine Niederlage erleiden und er könne auf seinen Thron zurückkehren?

Hegte der Schah Hoffnungen dieser Art – sie gingen nicht auf. Er mußte sich im Exil einrichten. Von Ägypten aus gelangte er über Marokko und die Bahamas nach Mexiko. Am 22. Oktober traf er mit einer Privatmaschine David Rockefellers in den USA ein, die ihm, nach innenpolitischen Auseinandersetzungen zu dieser Frage, Asyl gewährten.

Iranische Studenten besetzten daraufhin am 4. November 1979 die USA-Botschaft in Teheran und nahmen 62 Botschaftsangehörige gefangen. Drei weitere amerikanische Diplomaten internierten sie im Außenministerium. Die Studenten argumentierten, die USA-Botschaft sei ein «Agentennest» und ein «Zentrum von Intrigen». Ihre Forderung, die in ihrer Heimat ein weites Echo fand: Der Schah soll ausgeliefert werden, damit er für seine Verbrechen abgeurteilt werden kann. Ferner sollte das Vermögen des Schahs, es handelte sich immerhin um ungefähr 50 Milliarden Dollar, dem Land und damit seinem rechtmäßigen Eigentümer zurückgegeben werden.

Die USA-Regierung lehnte die Forderungen der iranischen Studenten ab. Statt dessen versuchte sie, den Iran mit Drohungen und Wirtschaftssanktionen einzuschüchtern. So stoppte sie die Ölimporte und ließ die Guthaben der iranischen Regierung auf USA-Banken in Höhe von acht Milliarden Dollar sperren. Doch die USA blieben erfolglos. Ihr Versuch, mit Hilfe des UN-Sicherheitsrates eine Wirtschaftsblockade gegen den Iran zu verhängen, scheiterte ebenfalls. Die Sowjetunion vor allem widersetzte sich dem amerikanischen Erpressungsversuch, ohne damit das konkrete Vorgehen der Botschafts-Besetzer in Teheran zu billigen.

Am 24. April 1980 starteten die USA ein militärisches Kommandounternehmen – die Operation «Blue Light» –, um die gefangengehaltenen Botschaftsangehörigen zu befreien. Daraus wurde ein Fiasko. Nachdem die Beteiligten einen Teil ihrer Kampftechnik, darunter eine Transportmaschine C-130 «Hercules» und vier Hubschrauber, selbst außer Gefecht gesetzt und dabei acht amerikanische Soldaten den Tod gefunden hatten, zogen sie unverrichteterdinge ab. In den Hubschraubern ließen sie höchst geheime Unterlagen zurück. Eine sechsköpfige Untersuchungskommission unter Ex-Admiral James Holloway stellte später fest, daß das Unternehmen u. a. an einer «übermäßigen Geheimnistuerei» gescheitert sei. So habe die Planungsgruppe Daten über die Häufigkeit und Lokalisation von Sandstürmen im Iran besessen, sie aber aus Gründen der Geheimhaltung nicht an die Piloten weitergegeben. Die iranische Seite verteilte die Botschaftsangehörigen, um die USA von ähnlichen Aktionen abzuhalten, auf verschiedene Städte.

Anfang 1981 gelangten die USA und der Iran in der Geiselfrage zu einem Kompromiß. Er sah vor, daß die USA dem Iran die 8 Milliarden Dollar, die sie zurückhielten, zur Verfügung stellten. Davon sollten allerdings 5 Milliarden Dollar für bereits von Banken kapitalistischer Staaten gewährte Kredite abgezogen werden, so daß faktisch nur 2,9 Milliarden Dollar verblieben. Weitere Gelder sollten später fällig werden. Die USA verpflichteten sich ferner, bei der Auffindung des Schah-Vermögens zu helfen. Auch erklärten sie, sich künftig nicht mehr in inneriranische Angelegenheiten einzumischen. Am 20. Januar 1981 konnten die 52 noch festgehaltenen amerikanischen Bürger – andere waren schon zuvor freigelassen worden – den Iran verlassen. Carter reiste ihnen entgegen, um sie in der BRD zu begrüßen. Er brüstete sich, die iranische Seite übervorteilt zu haben: «Als die Botschaft besetzt wurde, habe ich zwischen 11 und 12 Milliarden Dollar eingefroren, und gestern haben wir Iran weniger als 3 Milliarden Dollar seines eigenen Geldes zurückgegeben.»[26]

Iraner hatten die USA-Botschaft 444 Tage besetzt gehalten. Khomeini sprach von einer «zweiten islamischen Revolution». Tatsächlich handelte es sich um ein Abenteuer, das dem Iran und der Sache der Revolution schadete. Die fortgesetzte Gefangenhaltung der Geiseln sei von den USA genutzt worden, so der ägyptische Publizist Muhammad Hassanein Heikal, um den Iran zu isolieren und seine Führer als grausam und unfähig hinzustellen. Auf seine Vorhaltung, die Geiselnahme verstoße gegen das Völkerrecht – er hatte sich in Vermittlungsversuche eingeschaltet –, habe Khomeini ihm entgegengehalten, dieses Recht habe dem Iran noch nie Vorteile gebracht. Es habe den Schah nicht gehindert, seine Hände auf die Reichtümer des Landes zu legen. Es habe die Amerikaner nicht davon abgehalten, gewaltsam eine verfassungsmäßige iranische Regierung zu stürzen und ihre Führer zu töten. «Niemand respektierte das Völkerrecht, wenn es Iran betraf. Wir sehen nicht ein, warum wir es respektieren sollen.» Eine solche Argumentation, so Heikal, sei bis zu einem gewissen Grad einleuchtend gewesen, doch die Welt habe sie nicht verstanden.[27]

Die Geiselnahme beeinflußte die Präsidentschaftswahlen 1980 in den USA. Seine Gegner warfen Carter, weil er die Geiseln nicht frei bekam, Inkompetenz und Ohnmacht vor. Das half Ronald Reagan, aus den Wahlen als Sieger hervorzugehen.

Ex-Schah Resa Pahlawi endete glücklos. Die USA, deren treuer Gefolgsmann er zeitlebens gewesen war, wollten ihn schließlich nicht mehr; nachdem er Land und Macht verloren hatte, bereitete er ihnen nur noch politische Schwierigkeiten. Sein Versuch, sich wegen einer Krebserkrankung in einer USA-Klinik oder zumindest doch von USA-Spezialisten behandeln zu lassen, beschwor Komplikationen herauf. Am 24. März 1980 ging Resa Pahlawi nach Ägypten, wo ihm Sadat Asyl auf Lebenszeit angeboten hatte. In Kairo unterzog er sich der anstehenden Operation. Dort auch starb er am 27. Juli 1980. Farah Diba, seine Witwe, haderte im Exil mit ihrem Schicksal. Noch Ende 1982 bezeichnete sie in einem Interview das Verhältnis zwischen ihrem Mann und dem iranischen Volk als «einmalig». Leider habe dann «religiöser Fanatismus» eine «kollektive Hysterie» erzeugt, «in der man das Volk gar nicht wiedererkennen konnte.»[28]

Steinigung bei Ehebruch: Rückkehr zur Scharia?

Die islamische Bewegung trat, solange es gegen das Schahregime ging, einheitlich auf. Ajatollah Mahmud Taleghani suchte ihre Einheit auch nach ihrem Siege zu bewahren. Die Revolution müsse allen Muslims Freiheit und Demokratie bringen und dürfe nicht eine Gewaltherrschaft durch eine andere ersetzen, forderte er. Die in der Volkspartei des Iran (Tudeh-Partei) organisierten Kommunisten sollten, da sie an der Revolution teilgenommen hatten, frei ihre Meinung äußern dürfen.[29] Doch Taleghani – er starb im September 1979 – setzte sich nicht durch; die Einheit der muslimischen Bewegung zerbrach. Das konnte nicht verwundern. Solange es gegen das Schahregime ging, war eine

Verständigung relativ leicht zu erreichen. Jetzt war eine konstruktive Alternative gefragt. Da hatten die verschiedenen sozialen, politischen und ideologischen Kräfte jeweils eigene Interessen und Vorstellungen, die sie durchzusetzen trachteten. In Auseinandersetzungen profilierten sie ihre Positionen. Mehdi Basargan, der erste Ministerpräsident des neuen Regimes, unterscheidet demgemäß in der islamischen Revolution zwei Etappen: die der «Einheit» und die der «Zersplitterung».[30]

Da waren die Fundamentalisten mit Khomeini an der Spitze. Sie hatten sich maßgeblich daran beteiligt, das Schahregime zu beseitigen und die USA-Präsenz im Lande einzuschränken. Jetzt wurde die Frage akut: Sollte der Iran, wie fundamentalistische Programmatik dies vorsah, wirklich auf der Grundlage eines in seiner ursprünglichen Reinheit wiederhergestellten Islam umgestaltet werden?

Basargan repräsentierte ein bürgerlich-liberales Islamverständnis. Er plädierte für eine kapitalistische Entwicklung. Auftretenden sozialen Konflikten wollte er durch Wohlfahrtstätigkeit begegnen. «Der Kapitalismus – in bedingtem und legitimem Sinn – ist im Islam nicht verboten», behauptete er. «Der Prophet selbst war ursprünglich Geschäftsmann von Beruf ... Im Grunde genommen ist der Kapitalismus und die Anlage von Kapital – wenn auch mit Einschränkungen und bedingt – im Islam vorgesehen.»[31]

Ajatollah Khomeini vereidigt am 4. Februar 1980
Sejjed Abol-Hassan Bani Sadr als ersten Präsidenten der Islamischen Republik Iran

Sejjed Abol-Hassan Bani Sadr, Jahrgang 1934, am 25. Januar 1980 zum Präsidenten gewählt, und seine Gefährten verfochten kleinbürgerlich-demokratische Prinzipien. Der Islam zeichnete ihrer Meinung nach einen eigenen Weg der gesellschaftlichen Entwicklung vor, in der Arbeit Eigentum begründe, so daß niemand das Recht habe, sich das Arbeitsprodukt anderer anzueignen. Überall sollten nur Freude und Einmütigkeit herrschen.[32]

Ali Schariati hatte sich dem algerischen Revolutionär Frantz Fanon verbunden gefühlt. Im Jahre 1977 war er unerwartet in Großbritannien verstorben, doch war sein Bemühen lebendig geblieben, die islamische Lehre als geistige Waffe im Kampf gegen den Imperialismus und für Freiheit, Gleichheit und Glück zu handhaben.

Die Mudschahedin des iranischen Volkes gingen vom Linksradikalismus zu einem revolutionären Demokratismus über und sprachen sich für einen «monotheistisch-antiausbeuterischen Entwicklungsweg» aus. Dem Marxismus standen sie aufgeschlossen gegenüber, was bürgerliche Publizisten veranlaßte, sie «islamische Marxisten» zu nennen. «Die Wahrheit ist, daß ein Muslim revolutionär sein muß», bekundeten die Mudschahedin.[33] Eine Demokratisierung des Staates war in ihren Augen eine entscheidende Voraussetzung, um den Imperialismus wirksam zu bekämpfen.

Khomeini und die Fundamentalisten setzten sich mit der von ihnen geschaffenen Partei der Islamischen Republik gegen bürgerlich-liberale wie gegen linke Kräfte in der islamischen Bewegung durch. Die Verfassung, am 15. November 1979 von einer Expertenversammlung verabschiedet und in einem Referendum am 2./3. Dezember 1979 von der großen Mehrheit der Wähler gebilligt, charakterisiert den Iran als islamischen Staat, der den muslimischen Rechtsgelehrten anvertraut ist und in dem das islamische Recht gilt.[34] Sie leitete mit der islamischen Geistlichkeit als der neuen führenden Schicht und Ajatollah Khomeini als Imam, d. h. als überragenden Führer, eine umfassende Islamisierung des gesellschaftlichen Lebens ein. Basargan verlor im November 1979 sein Amt. Bani Sadr ereilte dasselbe Schicksal im Juni 1981, nachdem die Islamische Versammlung, eine Art Parlament, ihn zuvor für «politisch inkompetent» erklärt hatte. An der Macht, hatte er sich zum bürgerlichen Liberalen entwickelt. Mit den Fundamentalisten geriet er in Konflikt, weil ihm die Theokratisierung des Staatswesens zu weit ging. Mohammad Ali Radscha'i, Jahrgang 1933, trat die Nachfolge von Bani Sadr an.

Dem Islam gebührt nach der Überzeugung der Fundamentalisten der absolute Vorrang; der Iran hat ihm zu dienen – nicht umgekehrt. Die «islamische Revolution» gilt in diesem Sinne als «nach-national»; sie hat nicht nur die Pahlawi-Dynastie gestürzt, sondern auch den iranischen «Nationalstaat» abgeschafft.[35] Allein der Islam, so die Fundamentalisten, hält Antworten auf alle Fragen bereit, die das Leben stellt. Er ist deshalb die radikale Alternative zu allen «ismen» – zum Faschismus, Rassismus, Liberalismus, Kapitalismus, Existentialismus, Sozialismus, Marxismus usw. Damit verbunden ist eine manichäische Weltsicht: Es gibt nur das Gute, das von Gott kommt, und das Böse, das der Satan in die Welt setzt. Der Muslim ist verpflichtet, für den Sieg des Guten zu kämpfen.

Wie sieht die Islamisierung des Iran konkret aus?

Da war der Vorsatz, eine «monotheistische Wirtschaft» zu schaffen. Praktisch handelte es sich darum, den vom Schah übernommenen und ohnehin großen Staatssektor zu erweitern und einige Reformen im Interesse der Werktätigen durchzuführen. Sonst blieb alles mehr oder weniger beim alten. Laut Verfassung existieren ein öffentlicher, ein genossenschaftlicher und ein privater Sektor nebeneinander. Der öffentliche Sektor umfaßt alle «Großindustrie, den Außenhandel, große Bergbauunternehmen, das Bank- und Versicherungswesen, die Energieerzeugung, die Stauwerke und große Wasserversorgungsnetze, Radio und Fernsehen, Post, Telegraf, Telefon, Luftfahrt, Schiffahrt, Straßen, Eisenbahn und ähnliche Bereiche ...» Eine «Stiftung der Entrechteten» übernahm die Vermögen der Schah-Familie sowie der geflüchteten Repräsentanten des alten Regimes. Dazu gehörten u. a. 9 Fluggesellschaften, Hunderte von Bau- und Handelsgesellschaften, 200 Betriebe, 50 Bergbauminen, 20 000 Häuser und Grundstücke.[36] Daneben werden Produktions- und Vertriebseinrichtungen genossenschaftlich betrieben. Und Privateigentum an Produktionsmitteln gibt es in der Landwirtschaft, der Viehzucht, der Industrie sowie im Handel und im Dienstleistungswesen. Doch ist dies, wie Verantwortliche versichern, noch nicht das letzte Wort. «Der Aufbau einer islamischen Wirtschaft ist ein Versuch besonderer Art, der das Vorhandensein besonderer Menschen erfordert»[37], so Sejjed Ali Khamene'i, Jahrgang 1939, seit Oktober 1981 Präsident des Iran.

In der Außenpolitik proklamierte die iranische Führung einen eigenständigen, islamischen Kurs, für den die Formel steht «Weder Ost noch West, sondern Islamische Republik». Sie grenzte sich damit klar gegenüber der proamerikanischen Orientierung des Schahregimes ab. Darüber hinaus sah sie sich verpflichtet, die «islamische Revolution» zu exportieren. Solange der Ruf «Es gibt nur einen Gott, und Muhammad ist sein Prophet» nicht auf der ganzen Welt gehört werde, so Khomeini, gehe der Kampf weiter.[38] Einer konstruktiven Gestaltung der Beziehungen zu sozialistischen Staaten stand das nicht im Wege.

Weitgehend war die Islamisierung im Rechtswesen. Khomeini hatte nach der Machtergreifung erklärt: «Wenn eine der von Gott vorgesehenen Strafen *(hadd)* vollzogen wird, verbessert man die Gesellschaft. Wenn einigen Dieben öffentlich die Hände abgehackt werden, hört der Diebstahl auf. Wenn einige Prostituierte ausgepeitscht werden, verschwindet die Prostitution aus der Gesellschaft.»[39] 1982 traten neue Strafgesetze in Kraft, die Normen der *scharia*, des altislamischen Rechts, reaktivierten. Eine Strafart ist *ghesas*, d. h. Vergeltung oder Blutrache. Danach kann – nach dem alttestamentlichen Prinzip «Auge um

Auge, Zahn um Zahn, Hand um Hand, Fuß um Fuß» (2. Mose 21, 24) – derjenige, der sich des Mordes oder der Körperverletzung schuldig macht, getötet, verletzt oder verstümmelt werden. Der jeweilige Vorgang wird im einzelnen geregelt. So muß *ghesas* für Körperverletzung an der gleichen Stelle vollzogen werden, «für einen rechten Körperteil ... an dem entsprechenden rechten Körperteil, für einen linken Körperteil an dem entsprechenden linken Körperteil des Täters».[40] Ferner gibt es als Strafart *hadd* (Plural: *hodud* – «Grenze»), die als «Recht Gottes» gilt. In den entsprechenden Schriften des Islam sind für Vergehen die entsprechenden Strafen – etwa eine bestimmte Anzahl von Peitschenhieben, das Abhacken von Händen und Füßen oder die Steinigung – vorgesehen. Die Steinigung wird als Todesstrafe öffentlich bei «Unzucht» vorgenommen, was bedeutet: bei unerlaubtem Geschlechtsverkehr eines Mannes mit einer Frau. Dazu wird ein Mann bis zur Taille und eine Frau bis zur Brust in die Erde eingegraben. Die verwendeten Steine «dürfen nicht so groß sein, daß der Verurteilte schon durch ein oder zwei Steinwürfe getötet wird; auch dürfen die Steine nicht so klein sein, daß man sie nicht als Steine bezeichnen kann».[41] Ihre detaillierte Regelung soll sicherstellen, daß die Steinigung einige Zeit dauert und auf einen Zuschauer, der sich möglicherweise schon als sündhaft zu verurteilenden Vorstellungen hingibt, abschreckend wirkt. Wieder eine andere Strafart ist *ta'sir*. In ihr urteilt der Richter nach persönlichem Ermessen. In ihren Bereich fällt beispielsweise, wenn ein unverheirateter Mann eine unverheiratete Frau vergewaltigt.

Sinnliche Genüsse, darunter der Genuß von Alkohol, die Pflege der Erotik oder das Musikhören, sind weithin verpönt. «Der Islam verbietet», so Khomeini, «daß die Leute nackt ins Meer steigen und schwimmen. Er duldet nicht, daß Männer und Frauen gemeinsam schwimmen gehen. Die Massen in unserem Land werden ein solches Verhalten nicht dulden.» «Wenn junge Menschen ein paarmal ins Kino gehen, gewöhnen sie sich daran und können leicht auf Irrwege geraten ... Auch Musik gehört zu diesen listigen Mitteln der Verführung. Sie ist dazu geeignet, das menschliche Gehirn zu lähmen ... Zwischen Musik und Opium besteht kein Unterschied. Opium führt zu einer Art Lähmung der Gefühle, Musik erzielt dieselbe Wirkung. Wir müssen die Musik aus den Fernseh- und Rundfunkprogrammen streichen ... Musik ist ein Verbrechen gegen das Volk, ein Verbrechen gegen die Jugend. Wir müssen die Musik vollständig abschaffen.»[42]

Frauen büßten Positionen ein, die sie auf dem Wege zur Gleichberechtigung bereits errungen hatten. Die Polygamie, zuvor grundsätzlich statthaft, erfuhr eine Erleichterung. Die Verschleierung, vor dem Sturz des Schahregimes vielfach als Protest gegen die «Verwestlichung» vorgenommen, wurde zur Pflicht. Die institutionell genormte öffentliche Meinung dringt darauf, daß Frauen nicht mehr ohne Schleier oder große Kopftücher, lange Kleider und undurchsichtige Strümpfe ihre Wohnung verlassen. Die Konturen ihres Körpers sollen möglichst nicht erkennbar sein. Parolen an den Hauswänden mahnen bzw. drohen: «Entweder Tuch oder Schlag auf den Kopf»; «Schwester, die *hedschab* (islamische Kleidung) ist meine Ehre»; «Hedschablosigkeit ist Prostitution». Schon das Geräusch hoher Schuhabsätze, die Begrüßung eines Mannes durch Handschlag oder die Benutzung eines Parfüms können, befürchten muslimische Geistliche, Männer betören und sie zu sündhaften Phantasien oder Taten verleiten.

Muslimische Theologen verweisen auf natur- bzw. gottgegebene Unterschiede zwischen Mann und Frau. Der Mann sei intellektuell überlegen und aggressiv, bei ihm beherrsche der Intellekt das Gefühl. Die Frau sei mehr emotional eingestellt. Sie nehme die Mutterschaft mit all ihren Lasten auf sich. Das begrenze von vornherein ihre Rolle im sozialen Leben. Dem Mann sei es vorbehalten, sich mit der Rechtsprechung und dem Regieren zu befassen. Ihm allein komme die Entscheidung und die Polygamie zu. Die Frau schulde ihm in Eheangelegenheiten Gehorsam, weshalb sie das Heim ohne seine vorherige Erlaubnis nicht verlassen dürfe.[43] Zur Rechtfertigung der Polygamie erklärte Ajatollah Schariatmadari: Viele Männer seien mit so gewaltigen sexuellen Potenzen ausgestattet, daß sie von einer oder zwei Frauen nicht befriedigt werden könnten. Auf die Rückfrage, ob man auch Frauen im Bedarfsfall einen Zweit- oder Drittmann zubilligen müsse, erwiderte er, daß bei diesen solche Bedürfnisse nicht anzutreffen seien.[44]

Realisiert sich hier die Vision der Fundamentalisten?

Sicher ist: Der Islam setzte gewaltige Energien im Kampf gegen das Schahregime und die USA-Präsenz im Lande frei. Das zeitigte Wirkung. Imperialistische Kräfte, zur Offensive übergegangen (Stichwort: «Camp David»), mußten eine empfindliche Schlappe hinnehmen. Das beeinflußte den Fortgang der Ereignisse – bis zur Stunde. Das iranische Volk gewann Erfahrungen, die in ihm lebendig blieben.

Ein tragfähiges eigenes Gesellschaftskonzept war dem Islam bislang nicht zu entnehmen. Die herrschende Geistlichkeit mußte sich von der Sache her entscheiden: Wollte sie die sich im Iran bereits vollziehende kapitalistische Entwicklung tolerieren bzw. gar fördern? Oder wollte sie, dem Ideal größerer sozialer Gerechtigkeit verpflichtet, mit dem sie zur «islamischen Revolution» angetreten war, antikapitalistische Maßnahmen durchsetzen? Nach Auseinandersetzungen und Schwankungen in ihren Reihen fand sie heraus, daß sich eine kapitalistische Entwicklung mit der Wahrnehmung eigener Belange vereinen ließ. Von hier aus setzte sie auf den Kapitalismus. Der eingeleitete revolutionäre Prozeß geriet ins Stocken.

Das geschah nicht widerstandslos. Bani Sadr ging, nachdem er sein Amt verloren und einige Zeit im Untergrund gelebt hatte, am 29. Juli 1981 gemeinsam mit Mass'ud Radschawi, dem Führer der Mudschahedin, nach Paris ins Exil. Dort wirkten beide zeitweilig zusammen, um den Widerstand gegen die herrschende fundamentalistische Geistlichkeit im Iran zu organisieren. Zunehmend kam Gewalt ins Spiel. Bekämpften mit ihr rivalisierende Gruppen der Geistlichkeit einander? Gelegentlich gab es Spekulationen dieser Art. Hauptsächlich jedoch begehrten wohl die Mudschahedin gegen das Regime auf. Am 28. Juni 1981 explodierte eine Bombe im Hauptquartier der Partei der Islamischen Republik in Teheran. 74 Menschen kamen ums Leben, darunter der Parteiführer Ajatollah Mohammad Hosseini Beheschti, geboren 1928. Am 30. August 1981 starben sieben Menschen bei einem Bombenanschlag auf die Kanzlei des Ministerpräsidenten. Zu ihnen gehörten Präsident Radscha'i und Ministerpräsident Mohammad Dschawad Bahonar, geboren 1933. Der neue Präsident hieß – nach einer vorübergehenden kollektiven Verwaltung dieses Amtes – Ajatollah Sejjed Ali Khamene'i, der neue Ministerpräsident Mohammad Resa Mahdawi Kani, bis dahin Innenminister. Wenige Wochen später, als nahe Teheran ein Flugzeug abstürzte, fand nahezu die gesamte militärische Führungsspitze des Landes den Tod. Die Staatsmacht warf den Mudschahedin vor, Konterrevolutionäre und Heuchler zu sein, hinter denen die USA und andere «satanische Mächte» stünden.[45] Viele von ihnen ließ sie einkerkern oder hinrichten. Einige brachte sie dazu, sich öffentlich selbst der angelasteten Untaten zu bezichtigen und der früheren Überzeugung abzuschwören.[46]

Die Tudeh-Partei stemmte sich einer Preisgabe revolutionärer Positionen entgegen. Alle Kräfte, denen es um Demokratie und Unabhängigkeit geht, sollten sich ihrer Meinung nach einigen. Von den Herrschenden erwartete sie eine Politik in diesem Sinne. Es gelang ihr vorerst nicht, dieser Orientierung hinreichend Geltung zu verschaffen. 1983 traf sie ein Verbot.

Irakisch-iranischer Krieg

Zu den inneren Konflikten im Iran traten äußere.

Seit dem 17. Jahrhundert war die Grenze am Schatt al-Arab, dem 200 Kilometer langen Unterlauf von Euphrat und Tigris, umstritten. Gemäß einem 1937 abgeschlossenen Vertrag, der auf eine Konvention aus dem Jahre 1913 zurückging, gehörte das Flußgebiet zum Irak. Die iranische Seite wähnte sich benachteiligt – und hinreichend stark, eine Korrektur herbeizuführen. Am 19. April 1969 kündigte sie einseitig den Vertrag auf. Im März 1975 schlossen der Irak und der Iran in Algier – Algerien vermittelte – ein neues Abkommen. Danach verlief die Grenzlinie auf der Talweglinie, d. h. in der Flußmitte. Der Irak machte damit ein Zugeständnis. Von der iranischen Seite erhielt er dafür die Zusage, daß diese die auf seinem Territorium kämpfenden Kurdenstämme künftig nicht mehr unterstützen werde. Das mochte seine Chancen verbessern, die Kurdenfrage und damit sein wichtigstes innenpolitisches Problem friedlich zu regeln. Zufrieden war er dennoch nicht.

Denn es ging um mehr – letztlich um die Vormachtstellung am Persischen Golf. In seinem Umfeld lagern die größten Erdölvorkommen der Welt. Das Schahregime hatte, unterstützt von den USA, einen Machtzuwachs erzielt. Am 30. November 1971 beispielsweise hatte es die drei am Ausgang der Straße von Hormuz gelegenen strategisch wichtigen Inseln Groß- und Klein-Tumb sowie Abu Masa, die den Vereinigten Arabischen Emiraten zukamen, besetzt. Schon in der Benennung des Golfs ging es um Ansprüche: Im iranischen Verständnis war er ausschließlich «persisch»; als Anfang der siebziger Jahre die arabischen Golfstaaten die Arab Gulf New Agency, eine gemeinsame Nachrichtenagentur, aufbauen wollten, intervenierte der Schah und zog seine Botschafter aus den betreffenden Ländern zurück.[47] Jetzt war das Schahregime gestürzt und das iranische Militärpotential geschwächt. Ließ sich da die regionale Kräftekonstellation nicht korrigieren? Der Irak, der, darin waren sich die meisten Beobachter einig, von der zweitstärksten zur stärksten Militärmacht am Golf aufgestiegen war, rechnete offenbar damit. Auch hoffte er, von der arabischen Bevölkerung der erdölreichen iranischen Provinz Khusestan unterstützt zu werden. Khomeini seinerseits erklärte, die irakische Regierung gehöre «auf die Müllhalde der Geschichte». Er rief die Schiiten des Irak zum Sturz des weltlichen, «unheiligen» Baath-Regimes auf.[48]

Das regionale wie das internationale Klima begünstigten die Eskalation der Feindseligkeit. Seit 1948/49 gab es den Nahostkonflikt. Er hatte sich am Schicksal Palästinas entzündet. Die Palästinafrage war in seinem Zentrum geblieben, doch sahen sich die Völker der Region zunehmend mit militanten imperialistischen Kräften Westeuropas und der USA konfrontiert, die in den israelischen Machthabern Bundesgenossen gefunden hatten und die bestrebt waren, überkommene Kolonialpositionen aufrechtzuerhalten bzw. Neokolonialismus zu praktizieren. Vier Kriege (1948/49, 1956, 1967, 1973) hatten im Rahmen des Nahostkonfliktes stattgefunden und die Region insgesamt destabilisiert. Die USA waren nach einigen Jahren der Entspannung zu einer Politik der Konfrontation und Hochrüstung übergegangen, mit der sie international das Wettrüsten anheizten. Das beförderte die Neigung, Konflikte nicht politisch, sondern gewaltsam regeln zu wollen.

Seit April 1980 flammten an der irakisch-iranischen Grenze wiederholt Gefechte auf. Am 17. September desselben Jahres kündigte der irakische Präsident Saddam Hussein in einer Rede vor der Nationalversammlung das Abkommen von Algier. Fünf Tage später, am 22. September, griffen die Truppen seines Landes den Iran an. Noch in derselben Nacht erklärte er, daß die Souveränität der arabischen Nation über den Schatt al-Arab und die drei Inseln in der Straße von Hormuz, die der Schah 1971 annektiert hatte, gewahrt bleiben muß. Ferner solle der Iran seine Einmischung in innerirakische Angelegenheiten beenden, und beide Länder sollten ein Abkommen über gutnachbarliche Beziehungen abschließen.

Ein Krieg brach aus, der vorerst längste des 20. Jahrhunderts. Für diejenigen, die gewohnt waren, alles in der Welt auf die Bipolarität von Sozialismus und Imperialismus zurückzuführen, hielt er eine Überraschung bereit. Denn die Konfliktparteien, zwei Entwicklungsländer, führten ihn gewissermaßen «auf eigene Rechnung». Die sich in ihnen vollziehenden kapitalistischen Entwicklungen – das zeigte sich – brachten auch auf zwischenstaatlicher Ebene die dem Kapitalismus eigenen Widersprüche und Rivalitäten hervor. Dieter Senghaas spricht von einem Trend auf eine größere «Verselbständigung» der Konflikte in der «dritten Welt». «Möglicherweise wird einmal der inzwischen lang anhaltende Krieg zwischen Iran und Irak als ein markanter Wendepunkt in dem Konfliktgeschehen in der Dritten Welt angesehen werden.»[49]

Die Ausgangspositionen beider Mächte waren ungleich. Der Irak verfügte mit 438 000 Quadratkilometern nur über ungefähr ein Viertel des Territoriums und mit 14 Millionen Einwohnern nur über etwa ein Drittel der Bevölkerung des Iran. Sein Bruttosozialprodukt betrug 40 Milliarden US-Dollar, das iranische 70 Milliarden US-Dollar. Doch ließ sich aus dieser Diskrepanz nicht unmittelbar auf die Kampfkraft beider Seiten schließen. Dem Irak standen, paramilitärische Einheiten eingeschlossen, über 450 000 Soldaten und etwa 3 000 Kampfpanzer zur Verfügung. Die iranische Armee hingegen hatte im Ergebnis der «islamischen Revolution» an Kampfkraft eingebüßt; viele Soldaten hatten sie verlassen, 40 000 ausländische Militärberater den Dienst quittiert, und von den 2 000 Panzern, die es der Statistik gemäß gab, waren etliche nicht einsatzfähig, sei es, daß ihre Wartung vernachlässigt worden war, sei es, daß sie den langen Transport von der Grenze zur UdSSR und zu Afghanistan an die irakische Front nicht überstanden hatten. Revolutionsgarden (Pasdaran) und Freiwillige sollten das Defizit an regulären Streitkräften weitgehend wettmachen.

Die irakischen Streitkräfte gingen an einer 600 Kilometer langen Frontlinie in die Offensive. Sie drangen bis zu 30, stellenweise bis zu 100 Kilometer auf iranisches Territorium vor. Die Raffineriestadt Abadan kreisten sie ein und belegten sie mit Artilleriefeuer, die Städte Ghasr-e Schirin und Khorramschahr eroberten sie.

Der Irak hatte offenbar mit einem raschen Sieg – einem «Blitzkrieg» – gerechnet. Das erwies sich als Fehlkalkulation. Die irakische Offensive blieb stekken. Hatten die Iraker sich übernommen, als sie gleichzeitig an einer so breiten Front angriffen? Manche Beobachter sprachen vom «langsamsten Blitzkrieg der Geschichte»[50], der sich entwickelte.

Der Iran sammelte Kräfte. Im Januar 1981 leitete er, dabei «Menschenwellen» – d. h. große Mengen regulärer Soldaten wie anderer Kämpfer – einsetzend, Gegenoffensiven ein. Die größte Panzerschlacht des Krieges entbrannte. Ungefähr 400 Panzer waren an ihr beteiligt; der Irak verlor 50, der Iran 140. Die iranischen Gegenoffensiven blieben zunächst erfolglos. Doch dann sprengten die Iraner den Belagerungsring um Abadan.

Der Irak erklärte sich im Sommer 1982 bereit, über eine Beilegung des Konflikts zu verhandeln, und er zog seine Streitkräfte vom Territorium des Nachbarn zurück. Die iranische Führung ging auf das Verhandlungsangebot nicht ein. Sie verlangte den Rücktritt des Präsidenten Hussein und Reparationszahlungen in Höhe von 150 Milliarden Dollar.

Iranische Streitkräfte traten im Juli 1982 nahe Basra zur Offensive an. Weitere Vorstöße folgten. Die Iraner verbuchten Geländegewinn. 1986 eroberten sie das irakische Wirtschaftszentrum Fao. Doch wie zuvor den Irakern, gelang es auch ihnen nicht, eine Wende des Krieges zu ihren Gunsten zu erringen. Im Mai 1986 rückten irakische Truppen punktuell auf iranisches Territorium vor.

Gegenüber 1980 verstärkten beide Staaten ihre Streitkräfte beträchtlich. Jede verfügte 1988 über etwa eine Million Soldaten. Der Iran setzte auf sein Menschenpotential, darunter auf die sogenannte Armee der 20 Millionen, die sich aus der Zivilbevölkerung – vornehmlich aus Jugendlichen – rekrutieren sollte und von der laut iranischen Angaben drei Millionen ausgebildet und eine Million an die Front geschickt worden waren. Der Irak war besser gerüstet, was die Menge wie die Qualität seiner Waffen betraf. Bei den Panzern betrug die Überlegenheit 4 500 zu 1 000, bei gepanzerten Kampffahrzeugen 4 000 zu 1 360 und

Die iranische Luftwaffe bombardiert Ziele in der irakischen Stadt Basra

bei Artilleriegeschützen 5 500 zu mehr als 600. Der Irak besaß über 500 Kampfflugzeuge, darunter hochleistungsfähige sowjetische MiGs und mit Exocet-Raketen bestückte französische Mirages, der Iran höchstens 70 einsatzfähige Kampfflugzeuge.[51] Der Nachschub an Rüstungsgütern war, solange die Kontrahenten zahlungsfähig waren, offenbar gesichert; über 40 Staaten betätigten sich als Lieferanten, wobei mehr als 10 beide Seiten belieferten.

Die Iraker und Iraner brachten die Potenzen, über die sie verfügten, nicht voll zum Einsatz, sondern versuchten, einander materiell und moralisch zu zermürben. Mit diesem Ziel auch griff jede Seite mit Flugzeugen und Raketen Städte und Anlagen der Erdölindustrie des Gegners an.

Die kriegführenden Parteien gingen gleichzeitig dazu über, die Schiffe unbeteiligter Staaten zu beschießen. Bis Ende 1987 kam es in diesem «Tankerkrieg» zu 447 Zwischenfällen. Allein 1987 wurden nach Angaben der Londoner Versicherungsgesellschaft Lloyd's im Golf 178 Tanker und andere Frachtschiffe angegriffen, wobei 108 Seeleute ums Leben kamen.[52] Irakische Jagdbomber Mirage F 1 beispielsweise schossen am 22. Dezember 1987 die beiden in Liberia registrierten Tanker «Seawise Giant» (mit 564 739 Tonnen das größte Schiff der Welt) und «World Petrobas» (411 508 Tonnen) in Brand. Die Iraner griffen ihre Ziele hauptsächlich von Rennbooten aus mit Granaten und Raketen an.[53]

Der Irak wie der Iran hatten aus der Steigerung der Erdölpreise auf dem Weltmarkt erheblichen Nutzen gezogen. Dennoch machte der Krieg ihnen wirtschaftlich schwer zu schaffen. Der Iran befand sich bereits zu Kriegsbeginn in einer schwierigen Situation.[54] Der Irak verfügte zu Beginn des Krieges über eine Finanzreserve von 35 Milliarden Dollar. Im Frühjahr 1982 mußte er bei anderen arabischen Staaten um Finanzhilfe nachsuchen. Saudi-Arabien, Kuweit, Katar und die Vereinigten Arabischen Emirate gaben 16 Milliarden Dollar. 1985 wandte jede Seite etwa 12 Milliarden Dollar für die Kriegführung auf. Zu den Kriegsaufwendungen kamen die erlittenen Schäden. Eine Volkszählung des Jahres 1986 im Iran ergab, daß von den 296 081 Einwohnern, die Abadan 1976 zählte, nur 6 geblieben waren. Khorramschahr, zuvor 146 709 Einwohner, war menschenleer.[55] Das umkämpfte irakische Basra war gleichfalls nahezu unbewohnt. Der Irak dürfte 10, der Iran sogar 20 Jahre benötigen, um in der Wirtschaft den Vorkriegsstand wieder zu erreichen.

Über die Verluste an Menschen ist wenig Gesichertes bekannt. Einige Quellen sprechen davon, daß bis Ende 1986 der Iran 250 000 Tote und 500 000 Verwundete, der Irak 100 000 Tote und 150 000 Verwundete zu beklagen hatten. Andere Quellen geben die Zahl der Todesopfer mit insgesamt 600 000 bis 880 000 an. Der Iran wies in jedem Fall höhere Verluste als der Irak aus, da er durch den Einsatz von Menschen – seine größere Bevölkerungszahl erlaubte ihm das – die mengenmäßige und technologische Überlegenheit der irakischen Rüstung wettzumachen trachtete.

Regional wie international war der Golfkrieg außerordentlich gefährlich. Darüber mochte die Pattsituation, die sich in ihm herausgebildet hatte, hinwegtäuschen. Solange sie andauerte, mochten die Golfstaaten die Sorge unterdrückt haben, eine der kriegführenden Parteien könne eine regionale Vormachtstellung zu ihren Lasten aufbauen. Auch bewahrheiteten sich Befürchtungen nicht, die Kriegshandlungen würden international die Ölversorgung beeinträchtigen. Doch barg der Golfkrieg die Gefahr in sich zu eskalieren.

Die USA hatten, nachdem für sie das Schahregime als verloren galt, angekündigt, notfalls in der Region militärisch zu intervenieren. «Ein Versuch einer auswärtigen Macht, die Kontrolle über den Persischen Golf zu übernehmen, würde als Angriff auf die vitalen Interessen der USA verstanden», erklärte Carter am 23. Januar 1980 in einer Botschaft an den Kongreß. «Er wird mit allen verwendbaren Mitteln, eingeschlossen militärischer Gewalt, zurückgewiesen werden.»[56] Im irakisch-iranischen Krieg sahen die USA eine Chance, ihre Militärpräsenz im Nahen Osten auszubauen. Sie und einige ihrer NATO-Partner entsandten Kriegsschiffe – 1988 betrug deren Gesamtzahl 90 – in den Golf. Damit wollten sie, wie sie behaupteten, die internationale Schiffahrt schützen. Tatsächlich beschworen sie die Gefahr herauf, den Krieg auszuweiten und möglicherweise zu internationalisieren. Am 17. Mai 1987 etwa feuerte eine irakische Mirage auf die USA-Lenkwaffenfregatte «Stark» zwei Exocet-Raketen ab. 37

Iranisch-irakischer Krieg:
am 18. April 1988 von der USA-Kriegsmarine in Brand geschossene iranische Ölplattform

Seeleute starben. Noch nach zwei Tagen brannte das Schiff. Am 3. Juli 1988 schoß der USA-Kreuzer «Vincennes» über der Straße von Hormuz ein iranisches Verkehrsflugzeug vom Typ Airbus A 300 ab. Die 298 Passagiere und Besatzungsmitglieder, die sich an Bord befanden, kamen ums Leben.

Verschiedene internationale Institutionen, darunter die Arabische Liga, die Organisation der Islamischen Konferenz (OIK) und die Bewegung der Nichtpaktgebundenen, versuchten im Golfkrieg zu vermitteln. Sozialistische und andere Staaten engagierten sich für einen Friedensschluß.[57] Der UN-Sicherheitsrat forderte am 20. Juli 1987 einstimmig die beiden kriegführenden Parteien zu einem Waffenstillstand auf (Resolution 598). Dieser sollte der erste Schritt sein, um gemeinsam mit dem UN-Generalsekretär zu einer «umfassenden, gerechten und ehrenhaften Regelung» des Konflikts zu gelangen, «die für beide Seiten akzeptabel ist».

Die Friedensbemühungen blieben lange Zeit ergebnislos. Das ließ Rückschlüsse auf die Unversöhnlichkeit der Konfliktparteien bzw. einer der beiden Seiten zu. Das zeigte aber auch, daß die Völker- und Staatengemeinschaft noch nicht über hinreichend wirksame Mechanismen einer Konfliktbegrenzung und -regelung verfügte.

Am 18. Juli 1988 stimmte der Iran, nachdem der Irak dies schon zuvor getan hatte, der UN-Resolution 598 zu. Was bewog ihn, nachdem er sich fast auf den Tag genau ein Jahr geweigert hatte, zu dem überraschenden Schritt? Verschiedenes kam zusammen. Der Iran mußte seit Monaten an den Fronten Niederlagen hinnehmen – im ersten Halbjahr 1988 hatte er 90 000 Gefallene zu beklagen –, außenpolitisch hatte er sich weitgehend isoliert, und im Innern nahm die Kriegsmüdigkeit zu. Die Nationale Befreiungsarmee Irans, von den Mudschahedin aufgestellt, griff auf irakischer Seite in den Krieg ein. Ali Akbar Haschemi Rafsandschani, Parlamentspräsident und seit Mai 1988 amtierender Oberbefehlshaber der Streitkräfte, war nüchtern genug, dem Rechnung zu tragen. Khomeini akzeptierte, wenngleich offenbar widerstrebend. «Diese Entscheidung zu treffen war tödlicher, als Gift zu nehmen», erklärte er. «Ich unterwerfe mich dem Willen Allahs, ich nehme diesen Trunk zu seiner Genugtuung.»[58]

Der Krieg und seine Märtyrer

Um die Herzen und Hirne wurde im Golfkrieg nicht minder heftig gefochten als auf den Schlachtfeldern. Der Irak operierte mit dem Nationalismus: Waren Araber- und Persertum nicht schon immer Rivalen? Der Iran setzte auf den Islam.

Einmal ging es um die Kriegsziele. Der Krieg gegen den Irak sollte dazu beitragen, die «islamische Revolution» in anderen Ländern fortzuführen. Zunächst sollte Saddam Hussein gestürzt werden, um einem islamischen Regime Platz zu machen. Khomeini warnte ausdrücklich die Golfstaaten, sich dem Iran zu widersetzen und den irakischen Präsidenten zu stützen. Eine islamische Regierung im Irak sei für sie besser als die «nichtige amerikanische Macht»[59]. In einem anderen Zusammenhang nannte er die Regierenden islamisch-arabischer Länder «Knechte von Ausländern». Statt seine Ratschläge anzunehmen und gemeinsam den Weg des Islam und der islamischen Gemeinschaft *(umma)* zu beschreiten, hätten sie eine feindselige Haltung eingenommen. «Diese Leute denken, daß sie, weil ihre Chefs Russen oder Amerikaner sind, mit starken Gewehren und Panzern der iranischen umma gegenübertreten können, die so viele Märtyrer aufgebracht hat. Aus dem Schicksal, das den Schah, Saddam und ihre Chefs, Amerika, ereilt hat, haben sie nichts gelernt ... Wir haben den Islam überall zu verbreiten, und auf diesem Wege haben wir eine Menge Blut vergossen, und wir werden mehr vergießen, bis, mit Gottes Hilfe, der Islam gesiegt haben wird.»[60] Als Zielländer ihrer Aktivitäten nannten iranische Führer u. a. Saudi-Arabien, Kuweit, die Vereinigten Arabischen Emirate und Bahrein.[61] Auch wollten, so Khomeini, die iranischen Muslims Palästina vom Zionismus befreien. «Ehrlicher als alle anderen sogar. Aber wir wissen eines: Der Weg nach Jerusalem führt über Bagdad.»[62]

Zum anderen sollte der Islam die Iraner motivieren, sich für ihr Land einzusetzen und dabei den eigenen Tod nicht zu scheuen.

Seit seinen Anfängen verspricht der Islam denjenigen seiner Anhänger, die im *dschihad*, im «heiligen Krieg», für ihn ihr Leben lassen, den unverzüglichen Eintritt ins Paradies. Dort erwarte sie eine ewig währende Seligkeit: Wälder, die Schatten spenden, kühle Bäche, Wiesen, auf denen sie lagern können, Huris – ewige Jungfrauen –, großäugig und schön, die köstliche Getränke kredenzen. Diejenigen, die auf iranischer Seite kämpften, sollten diese Verheißung auf sich beziehen. Darunter waren viele Jugendliche, auch Kinder, die sich freiwillig an die Front meldeten. (Wer das 12. Lebensjahr überschritten hatte, brauchte dazu nicht mehr die Erlaubnis der Eltern oder des Vormundes.) Ihre militärische Ausbildung nahm nur wenige Wochen – höchstens 6 Monate – in Anspruch. 1980 verlautete, daß auf diesem Wege die «Armee der 20 Millionen» im Verlauf von 5 Jahren ausgebildet werden sollte. Das erwies sich als unrealistisch. Da die Trainingslager nicht ausreichten, sendeten auch Rundfunk und Fernsehen Ausbildungsprogramme.[63] Nicht selten wurden Jugendliche innerhalb der «Menschenwellen» ohne Waffen in Schlachten geschickt, als Minenauslöser und Vorboten regulärer Truppen. An einer Halskette trugen sie einen Plastik- oder Metallschlüssel, von denen der Iran fünf Millionen importiert hatte. Er war ihre einzige Hoffnung, denn mit ihm sollten sie – so war ihnen zugesichert worden – nach dem Märtyrertod die Pforten des Paradieses aufschließen und dort alles bekommen können, wonach sie sich sehnten und was sie bisher entbehren mußten. Schreibern, die dazu eigens an die Front kamen, konnten sie ihren letzten Willen diktieren, gerichtet zumeist an den Imam oder an «meine liebe Mutter». In einem der Testamente hieß es: «Wie arm, wie unwissend, wie unglücklich war ich all die 14 Jahre meines Lebens, die ich in Unkenntnis Allahs verbrachte. Der Imam gab meinen Augen das Licht ... Wie süß, süß, süß ist der Tod – diese Segnung Allahs für jene, die in seiner Gunst stehen.»[64] Die Tageszeitung «Ettela'at» schrieb über die Einsätze von «Kindersoldaten»: «Früher sah man freiwillige Kinder, vierzehn-, fünfzehn-, sechszehn- und zwanzigjährige wie Knospen auf Wiesenfeldern, die in der Morgendämmerung zur Blüte gelangt waren. Sie gingen über Minenfelder. Ihre Augen sahen nichts, ihre Ohren hörten nichts. Und wenige Augenblicke später sah man Staubwolken aufsteigen. Als sich der Staub wieder gelegt hatte, war nichts mehr von ihnen zu sehen. Irgendwo, weit entfernt in der Landschaft, lagen Fetzen von verbranntem Fleisch und Knochenteile herum.» Inzwischen habe sich einiges geändert, ergänzt die Zeitung ihren Bericht. «Vor dem Betreten der Minenfelder hüllen sich die Kinder in Decken ein und rollen auf dem Boden, damit ihre Körperteile nach der Detonation der Minen nicht auseinanderfallen und man sie hinter die Front bringen und auf Händen zu den Gräbern tragen kann.»[65]

Iraner, die fielen, galten als Märtyrer. Ihre Hinterbliebenen erhielten keine Beileidsbekundung, sondern einen Glückwunsch. Ein ausgesprochener Märtyrerkult dominierte in der Öffentlichkeit. Khomeini pries ein zwölfjähriges Kind, das mit seinem kleinen Herzen, das wertvoller sei als Hunderte Federhalter und Zungen, sich mit einer Granate unter einen feindlichen Panzer geworfen, ihn zerstört und Märtyrertum erlangt habe.[66] Zeitungen stellten Männer und Frauen vor, die es als ihr höchstes Gut betrachteten, sich und das Leben ihrer Kinder für die Verteidigung des Islam zu opfern. «Frau Afrasiabi berichtete mir ganz glücklich, daß ihr Sohn als Märtyrer den Tod gefunden hatte», schrieb die Frauenzeitung «San-e Rus» am 13. März 1986. «Und als man an ihre Tür klopfte und ihr die Nachricht vom Tode ihres Schwiegersohns brachte, sagte sie: ‹Allah sei Dank, daß er unser Geschenk angenommen hat.›»[67]

Berühmtheit erlangte der Friedhof Behescht-e Sahra, im Süden Teherans gelegen. Gräber, in Gevierte zu jeweils 10 000 geordnet, erstrecken sich über viele Quadratkilometer. Beim Blutbrunnen rann rotes Wasser über die Betonstufen; es symbolisierte das Blut der Märtyrer, die ihr Leben für den Islam geopfert hatten, sei es in der «islamischen Revolution» oder im Krieg gegen den Irak. Täglich kamen Tausende Besucher. «Im älteren, etwas beschaulicheren Teil des Friedhofs, unter schattigen Bäumen und Sträuchern, sitzen Großfamilien beim Picknick», schilderte ein BRD-Journalist 1985 die Stimmung. «Über Gasflammen brutzeln Fleischstückchen in der Pfanne, kocht das Teewasser. Offenkundig genießen sie, was der Friedhofsalltag an Abwechslung bietet: eine junge Frau, die sich schreiend neben die Leiche ihres Mannes ins offene Grab wirft und von den Verwandten herausgezerrt werden muß, ein gebeugter Mann, der vor Kummer zusammenbricht.»[68]

Es ist schwer nachzuprüfen, ob und wie sehr der Märtyrerkult einen Menschen in einem gegebenen Fall motivierte, freiwillig in den Tod zu gehen. Der Appell an die innere Überzeugung war jeweils sozial normiert, d. h., er äußerte sich in gewisser Weise auch als äußerer Zwang. Neben denen, die sich fügten, gab es andere, die sich zu entziehen trachteten. Zehntausende Jugendliche – vor allem solche, deren Familien das finanziell ermöglichen konnten – verließen den Iran, um nicht an die Front zu müssen.

Im Widerspruch zu ihrem traditionell-islamischen Rollenverständnis waren Frauen seit Anfang 1986 aufgefordert, verstärkt persönlich die Kriegsanstrengungen zu unterstützen. Sie konnten sich militärisch ausbilden lassen oder als Köchinnen oder Krankenschwestern Dienst tun. In einem in einer Frauenzeitschrift abgedruckten «Tagebuch eines Märtyrers» hieß es: «Ich sah junge Mädchen, die eigentlich noch auf der Schulbank sitzen sollten ... Sie arbeiteten statt dessen in der Küche und den klinischen Abteilungen ... Sie fürchteten sich nicht vor dem Blut. Sie behandelten jede Wunde so sorgfältig wie eine ausgebildete Krankenschwester. Sie beruhigten die Verwundeten, den Durstigen gaben sie zu trinken. Sie verrichteten die unangenehmsten Arbeiten in einer Weise, als ob sie ihre eigenen Kinder versorgten.»[69]

Die Polygamie war inzwischen willkommen, damit Kriegerwitwen sich erneut verheirateten; das sparte dem Staat die Rentenzahlung. Die Zeitehe – sie kann für einen Zeitraum von einer Stunde bis 99 Jahre geschlossen werden, ohne daß der Frau Rechte aus ihr erwachsen – erfuhr eine moralische Rehabilitierung. Früher legalisierte sie u. a. sexuelle Beziehungen, die Pilger fern von zu Hause eingingen. Jetzt warteten in «Häusern der Moral» alleinstehende Frauen und Witwen auf Zeitehemänner.

Auch wenn der Islam mit dem Ausbruch des Krieges nichts zu tun hatte: Einmal einbezogen, komplizierte er die Situation, und zwar einfach dadurch, daß das Kriegsgeschehen in seiner Sicht zu einer irrationalen Größe wurde (der «Verteidigung des Islam» bzw. der «islamischen Würde» diente).[70] Das erschwerte es, nüchtern nach Ursachen, Folgen und möglichen Perspektiven des Krieges zu fragen, um von hier aus Ansatzpunkte zu finden, ihn in beiderseitigem Interesse zu beenden.

2. Kapitel

Religion mit sozialer Gestaltungskraft

Die «islamische Revolution» im Iran überraschte und wirkte weltweit als Sensation. «Khomeinis Kampf gegen Amerika ist mehr als nur ein Rachefeldzug, mehr als ein Aufstand der Ausgebeuteten gegen die früheren Ausbeuter», schrieb das BRD-Magazin «stern» im Dezember 1979. «1 400 Jahre nach der Gründung des Islam durch den Propheten Muhammad steht die Welt am Vorabend eines neuen Glaubenskrieges – es ist die Fortsetzung des ewigen ‹Heiligen Krieges› der Mohammedaner gegen die Nichtgläubigen.»[1] Wer ängstlich und phantasievoll war und einigen westlichen Medien Vertrauen schenkte, mochte befürchten, muslimische Heere lagerten demnächst vor seiner Heimatstadt.

War das, was im Iran ablief, außergewöhnlich? Auf den ersten Blick gewiß. Doch hat es der Islam, seit es ihn gibt, mit Rebellion und Revolution zu tun. Ihm wohnt eine hohe soziale Gestaltungskraft inne. Seinen Anhängern war und ist es geläufig, in ihm nach einer Lösung der sie jeweils bedrängenden Probleme zu suchen.

Muhammad – Prophet und Politiker

An der Wende vom 6. zum 7. Jahrhundert war im Westen der Arabischen Halbinsel, im Hedschas, herangereift, was wir in der heutigen Terminologie eine revolutionäre Situation nennen.

Die Gegend, von Meeren und Wüstengebieten umschlossen, lag bis dahin abseits der großen Geschichtsströme. Ihre Bewohner, es waren Araber, befanden sich am Ausgang der Urgemeinschaft. Die meisten waren Nomaden, d. h. wandernde Viehzüchter. Die Reicheren hielten Kamele, die Ärmeren Schafe und Ziegen. Je nach Jahreszeit und Regenmenge wechselten sie die Orte, an denen sie ihre Zelte aufschlugen. Andere, in Oasen ansässig, ernährten sich vom Akkerbau. Wieder andere – dies vornehmlich an Umschlagplätzen des Fernhandels wie Mekka und Ukaz – betätigten sich als Kaufleute und Händler. Noch herrschte die Stammesordnung, d. h., jeder Araber gehörte einem Stamm an, aus dem er seine Identität wie die Sinngebung seines Lebens bezog und dem er solidarisch verpflichtet war. Doch war diese Ordnung bereits, wenngleich nicht für jedermann erkennbar, zu einem Hindernis für den weiteren gesellschaftlichen Fortschritt geworden und im Verfall begriffen.

1957 vom Erdbeben betroffene Iraner bitten Allah um Schutz

Wie sah das aus?

Weiden und Wasserquellen waren knapp, folglich umstritten. Außerhalb des Stammesbereichs herrschte Kriegszustand, allenfalls Waffenstillstand. Es galt als ehrenhaft, einen anderen Stamm zu überfallen und ihm möglichst viel von seinem Eigentum wegzunehmen. Das Wort Razzia kommt aus dem Arabischen und bezeichnete ursprünglich einen solchen Raubüberfall. Stammeseigentum verwandelte sich schrittweise in das Eigentum einzelner Sippen und Familien. Eine reiche Oberschicht bildete sich heraus. Vornehmlich der Stammesführer, der Sajjid – später Scheich –, baute seine Position aus und sicherte sich Privilegien, u. a. bei der Weiden- und Wassernutzung. Andere Stammesangehörige, darunter Witwen und Waisenkinder, lebten in bitterer Armut. Eine Reihe von Ausländern, aber auch «Einheimische» waren in die Sklaverei geraten. Einige Sklaven waren freigelassen worden, doch auch ihnen ging es nicht sonderlich gut. Die soziale Differenzierung verstärkte die Zwistigkeiten zwischen den Stämmen.

Überkommene Verhaltens- und Denkweisen – Muslims haben sie später unter dem Begriff der *dschahilija,* d. h. «Unwissenheit», zusammengefaßt – verloren angesichts der sich wandelnden Realitäten an Lebens- und Anziehungskraft. Es gab noch die Ideale der Tapferkeit und Gastfreundschaft, doch die

Gier nach Bereicherung begann sie zurückzudrängen. Die alten Götter – in Mekka zählte man 300 – heischten noch Verehrung, doch viele Menschen hatten jede echte Beziehung zu ihnen verloren. Judentum und Christentum, die beiden monotheistischen «Buchreligionen», die den Glauben an einen einzigen Gott lehrten, gewannen an Attraktivität. Hanifen, «Gottsucher», gleichfalls am Monotheismus orientiert, traten auf. Propheten forderten eine Umkehr, die mit sexueller Mäßigung, Weinverzicht und einer Besserstellung der sozial Benachteiligten einhergehen sollte.

Nördlich des Hedschas bekämpften die beiden Giganten Byzanz und Persien einander. Es war ein Kampf auf Leben und Tod. Er zehrte an der Wirtschaftskraft beider Reiche. Darunter litten vor allem diejenigen, die in ihnen ohnehin ausgebeutet und unterdrückt wurden. Wiederholt setzten sie sich zur Wehr. Unruhen brachen aus.

Die Bewohner des Hedschas erfuhren von den Vorgängen im Norden. Manches stellte sich ihnen in den durch Phantasie angereicherten Nachrichten noch schrecklicher dar, als es ohnehin war. Doch paßte es zu der eigenen Erfahrungswelt. Die Empfindsameren unter ihnen gaben sich einer Weltuntergangsstimmung hin. Nicht wenige hielten Ausschau nach Neuem, das Rettung verhieß.

Muhammad ibn Abdallah, d. h. Muhammad, Sohn des Abdallah, gehörte zu ihnen. Um 570 in Mekka geboren, entstammte er bescheidenen Verhältnissen. Als er etwa 25 Jahre alt war, heiratete er die 15 Jahre ältere Kaufmannswitwe Khadidscha. Dadurch brachte er es zu einer bescheidenen Wohlhabenheit. Als Vierzigjähriger trat er mit dem Anspruch auf, von Gott eine Botschaft erhalten zu haben, dies mit dem Auftrag, sie seinen Landsleuten zu übermitteln.

Was war geschehen? Viele Mekkaner liebten es, auf dem bei ihrer Stadt gelegenen Berg Hira Erholung zu suchen. Auch Muhammad und seine Familie weilten häufig dort. Man speiste, unterhielt sich, kehrte abends frohgemut nach Hause zurück. In der Folgezeit suchte Muhammad den Berg öfter allein auf. Er blieb dort mehrere Tage, zuweilen länger, um in völliger Einsamkeit zu fasten und Buße zu tun. Hier auch sei ihm, berichtete er, in einer Nacht der Engel Gabriel erschienen. Der habe ihn angesprochen: «Trag vor im Namen deines Herrn, der erschaffen hat den Menschen aus einem Embryo! Trag (Worte der Schrift) vor! Dein höchst edelmütiger Herr ist es ja, der den Gebrauch des Schreibrohrs gelehrt hat, den Menschen gelehrt hat, was er zuvor nicht wußte.»[2]

Soweit der Bericht Muhammads. Was damals tatsächlich vonstatten gegangen ist – wir wissen es nicht und werden es wohl nie erfahren. Muhammad war, wie seine Zeitgenossen berichten, ein sehr sensibler Mann. Seine Nerven waren zuweilen überreizt. Stärker als andere empfand er die Krisenstimmung seiner Zeit. Die Konkurrenz in seiner Heimatstadt mochte ihm zu schaffen machen. Da ist es schon denkbar, daß er nach langen Tagen der Einsamkeit, durch

Straßenbild von Mekka, dem bedeutendsten religiösen Zentrum des Islam

Fasten und Bußübungen zusätzlich sensibilisiert, von der Vorstellung überwältigt wurde, eine jenseitige Macht habe zu ihm gesprochen. Doch führt es nicht weiter, über Einzelheiten zu spekulieren. Entscheidend ist: Muhammad gewann die Überzeugung, seine Landsleute teilhaben lassen zu müssen am göttlichen Wissen, das in arabischer Sprache im Himmel aufbewahrt wird. Und er handelte entsprechend. Zwar trat nach dem ersten Offenbarungserlebnis eine Pause ein. Das ließ Muhammad an seiner Berufung zweifeln. Doch dann wurden ihm weitere Offenbarungen zuteil. Und wie von Gabriel gefordert, verkündete er sie seinen Landsleuten. Im Koran sind sie der Nachwelt überliefert. (Nach islamischer Auffassung leitet sich das Wort «Koran» von der arabischen Wortwurzel «q – r –» her, die «hersagen», «rezitieren», «lesen» heißt.)[3]

Muhammad sah sich hauptsächlich durch zweierlei herausgefordert.

Erstens spürte er, daß die Stammesgemeinschaft nicht mehr recht funktionierte. Deshalb wollte er sie ersetzen, und zwar durch eine Gemeinschaft, die sich auf den gemeinsamen Glauben an ein und denselben Gott gründete. Er folgte damit dem an Einfluß gewinnenden Trend zum Monotheismus. Mehr noch. Unter den 300 Gottheiten Mekkas gab es eine, die «Allah» – deutsch: «der Gott» – hieß. In dieser Allgemeinheit ihrer Benennung hatte sie schon eine gewisse Vorrangstellung den Konkurrenten gegenüber gewonnen. Muhammad knüpfte hier an: Er räumte Allah die absolute Herrschaft ein; andere Götter lehnte er – wenngleich hierbei zuweilen Schwankungen unterworfen – ab.

Der Botschaft, die Muhammad verkündete, war so ein strenger Monotheismus eigen. Das blieb kennzeichnend für den Islam. Von einem Muslim ist zunächst und vor allem der Glaube an die Einzigartigkeit, Alleinherrschaft und Allmacht Allahs gefordert.

Zweitens setzte sich Muhammad für die sozial Schwächeren ein. Nicht, daß er einer allgemeinen Gleichmacherei das Wort redete. Den Reichen gönnte er ihren Reichtum. Nur sollten sich diese nicht in der Gier nach Mehr verzehren, sondern ihr Herz der Not der anderen öffnen, konkret: Sklaven freilassen und etwas für die Frauen, Witwen und Waisen tun.

Nach heutigen Begriffen war Muhammad ein Sozialreformer. Der Einsatz für die Notleidenden wurde im Islam zu einer Traditionslinie. Das begünstigte seine Verbreitung wie seine Reaktivierung in der Gegenwart.

Muhammad hatte es nicht leicht, seiner empfundenen Berufung treu zu bleiben. «Ein Prophet gilt nirgends weniger als in seiner Vaterstadt und in seiner Familie»[4], läßt der Evangelist Matthäus den Jesus sagen. Muhammad mußte dies erfahren. Nur wenige glaubten ihm. Darunter waren seine Frau Khadidscha und Abu Bakr, ein reicher Kaufmann. Die meisten standen ihm gleichgültig oder ablehnend gegenüber. Als Muhammad an seinem Anspruch festhielt, Gesandter Allahs zu sein, kam sogar Feindseligkeit auf. Reiche Mekkaner fürchteten, der Angriff auf ihre Götter richte sich gegen ihren Reichtum. Sie verfolgten Anhänger Muhammads, die keinen Stammesschutz genossen, sperrten sie ein und setzten sie schutzlos, ohne einen Tropfen Wasser, erbarmungslos der Sonne aus. Einige der Verfolgten flohen nach Äthiopien. Muhammads Sippe wurde boykottiert. Er persönlich mußte 619 zwei herbe Schicksalsschläge hinnehmen: Seine Frau Khadidscha und sein Onkel Abu Talib, der sich um ihn gekümmert und ihn, ohne sein Anhänger zu sein, beschützt hatte, starben.

Muhammad blieb unbeugsam. Seinen Gegnern drohte er. Sie sollten einst in der Hölle für ihre Verstocktheit büßen. Sengendem Wüstenwind würden sie ausgesetzt sein, angewiesen auf siedendes, stinkendes Wasser und ekelhafte Nahrung. Denen, die ihm folgten, versprach er ein Kontrastprogramm. Sie würden in einen herrlichen Garten kommen, in dem Bäume Schatten spenden und Bäche erquickendes Wasser führen. Auf Kissen aus Seide und Brokat würden sie ruhen, in Gesellschaft zarter, jungfräulicher und großäugiger Mädchen, bewirtet mit köstlichen Getränken und wohlschmeckenden Früchten.

Die Wende zum Besseren bahnte sich auf unerwartete Weise an. In Jathrib, einer etwa 400 km nördlich von Mekka gelegenen Siedlung (heute: Medina, sich herleitend aus der Bezeichnung «Stadt des Propheten»), fochten die Bewohner untereinander erbitterte Stammesfehden aus. Das Wirtschaftsleben drohte zum Erliegen zu kommen. Einige hatten von Muhammad und seinem revolutionierenden Gemeindekonzept gehört. War er nicht der geeignete

Mann, um ihre Stammesfehden auf Dauer zu beenden? Eine Delegation, bestehend aus sechs Pilgern, lud ihn im Jahre 621 ein, nach Jathrib überzusiedeln. Muhammad nahm an, nicht gerade begeistert, doch ihm blieb im Grunde keine andere Wahl. Im folgenden Jahr begab er sich mit seinen Gefolgsleuten, etwa 70 Personen, nach Jathrib. Dieses Ereignis ging als *hidschra* (Ausreise oder Auswanderung) in die Geschichte ein. Das Jahr, in dem es stattfand – konkret handelte es sich um den 15. oder 16. Juli 622 –, markiert den Beginn der arabisch-islamischen Zeitrechnung.

Muhammad hatte in Jathrib bereits Anhänger. Gemeinsam mit ihnen machten sich die Neuangekommenen daran – es ging dies nicht ohne heftige Auseinandersetzungen ab –, die Verhältnisse neu zu ordnen. Sie hoben die überkommene Stammesverfassung nicht ausdrücklich auf, doch sollten künftig, wie eine etwa zu Beginn des zweiten Jahres der *hidschra* erarbeitete Ordnung festhielt, alle Bewohner Jathribs unabhängig von ihrer Stammeszugehörigkeit «eine einzige Gemeinde (*umma* – M. R.)»[5] bilden. Eine neue Gemeinschaft, die der Bekenner des Islam, d. h. der Muslims, nahm Gestalt an.

Muhammad vermochte sich seines Erfolges nicht voll zu erfreuen. In Mekka behaupteten sich die «Ungläubigen». Durfte dies so bleiben?

Kaum hatten sie sich in Jathrib etabliert, begannen die Muslims – es war das Jahr 623 –, mekkanische Handelskarawanen zu überfallen. Sie verfolgten damit ein doppeltes Ziel. Einmal brauchten sie Beute für ihren Unterhalt, und Überfälle waren nicht sittenwidrig. Zum anderen hofften sie, die Mekkaner, indem sie ihren empfindlichen Lebensnerv, den Handel, trafen, zum Umdenken zu bewegen. Den Krieg, den sie begannen, betrachteten sie als eine Gott wohlgefällige Angelegenheit – als «heiligen Krieg» (*dschihad*; wörtlich: Anstrengung, Kampf).

Zum Schwert trat die Diplomatie. Muhammad verhandelte mit Nomadenstämmen, um sie für seine Sache zu gewinnen. Auch zu einflußreichen mekkanischen Kreisen knüpfte er Kontakte.

Die Kombination von Schwert und Diplomatie bewährte sich. Immer mehr Nomadenstämme schlossen sich Muhammad an. In Mekka setzte ein Umdenken ein. Als Muhammad zu Beginn des Jahres 630 mit 10 000 Kriegern vor der Stadt erschien, fiel ihm diese nahezu kampflos zu. Der Sieg entwickelte seine eigene Überzeugungskraft. Einer Woge gleich schlossen sich weitere Stämme aus allen Teilen der Arabischen Halbinsel dem Islam an.

Solange Khadidscha lebte, hatte Muhammad nur diese eine Frau. Nach der *hidschra* praktizierte er die Polygamie, genauer: die Polygynie, d. h. die Mehrfrauenehe. Das war er – als Statussymbol – seiner sozialen Stellung schuldig. Und indem er Witwen ehelichte, deren Männer im *dschihad* gefallen waren, berücksichtigte er soziale Gesichtspunkte. Insgesamt dürfte er mit 13 Frauen die Ehe geschlossen haben. Um sein Verhalten zu rechtfertigen, berief er sich auf eine Offenbarung. «Prophet!», ist im Koran überliefert, «Wir haben dir zur Ehe erlaubt: deine bisherigen Gattinnen, denen du ihren Lohn (d. h. ihre Morgengabe) gegeben hast; was du (an Sklavinnen) besitzt, (ein Besitz, der) dir von Gott (als Beute) zugewiesen (worden ist); die Töchter deines Onkels und deiner Tanten väterlicherseits und deines Onkels und deiner Tanten mütterlicherseits, die mit dir ausgewandert sind; (weiter) eine (jede) gläubige Frau, wenn sie sich dem Propheten schenkt und er (seinerseits) sie heiraten will. Das (letztere?) gilt in Sonderheit für dich im Gegensatz zu den (anderen) Gläubigen. Wir wissen wohl, was wir ihnen hinsichtlich ihrer Gattinnen und ihres Besitzes (an Sklavinnen) zur Pflicht gemacht haben. (Die obige Verordnung ist eine Sonderregelung für dich) damit du dich nicht bedrückt zu fühlen brauchst (wenn du zusätzliche Rechte in Anspruch nimmst). Und Gott ist barmherzig und bereit zu vergeben.»[6] Muhammad heiratete ein letztes Mal, als er etwa 60 Jahre alt war. Danach spielte er offenbar mit dem Gedanken, ältere Gefährtinnen gegen jüngere auszutauschen. Doch nahm er davon Abstand, erneut, jetzt sich gegen Anfechtungen wappnend, unter Berufung auf eine Offenbarung. «Künftig sind dir keine (weiteren) Frauen (zur Ehe) erlaubt, und (es ist dir) nicht (erlaubt, neue) Frauen (wörtlich: sie) gegen Gattinnen (die du bisher gehabt hast) einzutauschen, auch wenn ihre Schönheit dir gefallen sollte (und du sie deshalb gern heiraten würdest), ausgenommen was du (an Sklavinnen) besitzt. Gott paßt auf alles auf.»[7]

Am 8. Juni 632 starb Muhammad in den Armen A'ischas, seiner jüngsten und ihm liebsten Frau. Die Nachfolge hatte er nicht geregelt. Seine Anhänger waren verwirrt. Einen Tag lang ließen sie den Leichnam unbestattet liegen – eine für die herrschenden Sitten unerhörte Begebenheit. Umar ibn al-Khattab, einer der Schwiegerväter Muhammads, fing sich als einer der ersten. Er ließ Abu Bakr, einen anderen Schwiegervater Muhammads, zum Nachfolger (*khalifa*, Kalif) des Propheten erklären. Dieser sah sich noch in der Tradition der Stammesordnung. «Mir wurde die Herrschaft über euch anvertraut, wiewohl ich nicht der Beste unter euch bin», führte er maßvoll in seiner ersten Ansprache aus. «Handle ich gut, helft mir; handle ich schlecht, weist mich zurecht. ... Gehorcht mir, solange ich Gott und seinem Propheten gehorche. Doch wenn ich Gott und seinem Propheten ungehorsam bin, schuldet ihr mir keinen Gehorsam mehr.»[8]

Muhammad hat sein Werk nicht vollendet. Von welchem Menschen könnte solches auch schon gesagt werden? Und was wäre «Vollendung» in einer sich wandelnden Gesellschaft? Doch hat Muhammad, zweifellos eine der herausragenden Persönlichkeiten der Weltgeschichte, eine «religiöse Revolution»[9] (Friedrich Engels) initiiert. Mit ihr beförderte er, gleichermaßen als Prophet und Politiker agierend, den Übergang der Araber zur frühfeudalen Gesellschaft. Im Islam sind von hier aus Religion, Gesellschaft und Staat untrennbar miteinander verbunden. Die in anderen Religionen anzutreffende Trennung von Sakralem und Profanem kennt er nicht; immer war er ganz unmittelbar in die Regelung aller Gesellschaftsbereiche einbezogen. Den Muslim interessierten, wie Josef van Ess schreibt, «Kult und Gesetz, politische Theorie und religiöses Reglement des täglichen Lebens, und all dies ist für ihn Islam, bis hin zur Etikette und Hygiene.»[10] Apostasie, Abfall vom Glauben, galt den Anhängern der neuen Religion als schwerstes Verbrechen. Sie zog die Todesstrafe und ewige Verdammnis nach sich. Gab doch derjenige, der sich ihrer schuldig machte, nicht nur eine bestimmte Überzeugung preis, sondern sagte sich von der Gesellschaft los, in die er hineingeboren worden war, was in moderner Terminologie hieß: Er bekannte, ein Asozialer zu sein.

Diese Zusammenhänge blieben bis in die Gegenwart hinein relevant. Denn was damals geschah, läßt sich auch allgemein ausdrücken. In der Gesellschaft hatte sich eine Krise herausgebildet – eine Entscheidungssituation, wie das griechische Wort ursprünglich meint. Der Islam entstand als Antwort darauf. Das war ein «Grundmuster», das sich gegebenenfalls reaktivieren ließ.

Dschihad für ein Weltreich

Die meisten Beduinenstämme sagten sich nach Muhammads Tod vom Islam los. Das entsprach ihren traditionellen Normen: Ihre Verpflichtung galt dem Mann, nicht dessen Werk. Abu Bakr, der erste Kalif, fand sich damit nicht ab. Mit Waffengewalt unterwarf er Abtrünnige. Seine ersten Erfolge ließen andere freiwillig die preisgegebene Verpflichtung erneuern.

Im Verlauf eines Jahres waren die Stämme der Arabischen Halbinsel im Zeichen des Islam geeint. Die Energien, die sie zuvor in Fehden untereinander verschwendet hatten, kanalisierten sie nunmehr im *dschihad*, im «heiligen Krieg», um neue Gebiete im Norden, Westen und Osten zu unterwerfen. Sie setzten sich gegenüber Byzanz und Persien durch, die durch die Auseinandersetzungen untereinander wie durch innere Wirren geschwächt waren. Eine Entscheidungsschlacht gegen die Byzantiner fand am 20. August 636 an den Ufern des Jarmuk, eines östlichen Nebenflusses des Jordan, statt. 24 000 Muslims sollen an ihr teilgenommen haben. Ihre Gegner, heißt es, hätten sich aneinandergekettet, um sich so selbst an der Flucht zu hindern. 70 000 von ihnen sollen den Tod gefunden haben. Im darauffolgenden Jahr erlitten die Perser bei Qadisija in der Umgebung von Hira eine schwere Niederlage.

Die Muslims eroberten ein Weltreich, das sich im 8. Jahrhundert über drei Kontinente hinweg vom Indus bis Spanien erstreckte. Ethnisch gesehen, stellten Araber in ihm eine Minderheit dar. Lediglich 16 000 beispielsweise waren an der Eroberung Ägyptens beteiligt, das zu diesem Zeitpunkt 7 Millionen Einwohner zählte. Im Reich insgesamt dürften sie ein Prozent der Bevölkerung gestellt haben. Doch setzten die Eroberer den Islam als herrschende Religion und das Arabische als Verkehrssprache durch. Der Feudalismus bildete sich voll heraus. Dynastien etablierten sich: die der Umaijaden (661 bis 750) mit Damaskus und die der Abbasiden (750 bis 1258) mit Bagdad als Hauptstadt. Die im arabisch-islamischen Reich vereinten Völker fanden einen Bewegungsraum, der es ihnen gestattete, kulturelle Leistungen von Weltrang zu schaffen. Ackerbau – u. a. durch den Bau von Bewässerungsanlagen sowie die Trockenlegung von Sümpfen – und Viehzucht machten Fortschritte. Handwerksbetriebe und Manufakturen erzeugten u. a. – dies vielfach mit künstlerischem Anspruch – Papier, Gewebe, Glas, Teppiche; Wissenschaft und Kunst erblühten. Der Kalif Harun al-Raschid, dessen Regierungsjahre von 786 bis 809 den Höhe- und Glanzpunkt der Abbasidendynastie darstellten – in den Erzählungen aus Tausendundeiner Nacht entzündete sich die Phantasie an ihnen –, ließ in Bagdad ein Spital errichten, nach dessen Vorbild überall im Lande Krankenanstalten entstanden. Der Kalif al-Ma'mun gründete in Bagdad die «Schule der Weisheit», zu der ein Observatorium und eine öffentliche Bibliothek gehörten. Ibn Sina (980 bis 1037) aus Buchara, in Europa als Avicenna bekannt, «Fürst» der Ärzte wie der Philosophen, stellte enzyklopädisch Diagnose und Therapie der damals bekannten Erkrankungen wie das philosophische Wissen seiner Zeit dar. Muhammad Ibn Ruschd (1126 bis 1198), von den Europäern Averroes genannt, machte sich um die Wahrung und Erschließung des Aristotelischen Erbes verdient.

Der Islam trug wesentlich dazu bei, das neue Weltreich zu stabilisieren und das Leben seiner Anhänger zu regeln. Bis heute versteht er sich als Leitfaden für das menschliche Leben von der Wiege bis zum Grabe und verlangt von seinen Anhängern, sich seinen Forderungen total zu unterwerfen.[11]

Der Koran, eingeteilt in 114 Kapitel oder Suren, wurde zur Hauptquelle des Islam und zu seinem heiligen Buch. Zunächst existierte er in verschiedenen Versionen. Der Kalif Uthman, der dritte Nachfolger Muhammads, ließ eine einheitliche und für alle verbindliche Fassung herstellen. Ein islamisches Lehrbuch der Gegenwart nennt den Koran «das Buch Allahs» und «der Belehrung». Kein Wort in ihm, heißt es weiter, wurde verändert oder ging verloren.[12] Die Suren sind, mit Ausnahme der ersten, der Länge nach geordnet, d. h., die längste steht am Beginn, die kürzeste am Schluß. Faktisch läßt sich dabei eine gewisse Chronologie ausmachen. Die kürzeren Suren stammen aus der Zeit, da Muhammad in Mekka wirkte und glut- und phantasievoll Anhänger warb. Die längeren kamen in Jathrib (Medina) zustande, wo er ein Gemeinwesen zu ordnen hatte. Deshalb sind sie zuweilen langatmig geraten. Immer erneut wird gesagt, was ein frommer Muslim zu tun und zu lassen hat. Wer sich den Koran erschließen will, tut gut daran, der Chronologie zu folgen, d. h. mit den kürzeren Suren zu beginnen.

Die Muslims befragten den Koran, um in jeder Situation so handeln zu können, wie Muhammad es getan haben würde. Nicht immer fanden sie eine befriedigende Antwort. Deshalb trat zum Koran die *sunna*. Das Wort bedeutet

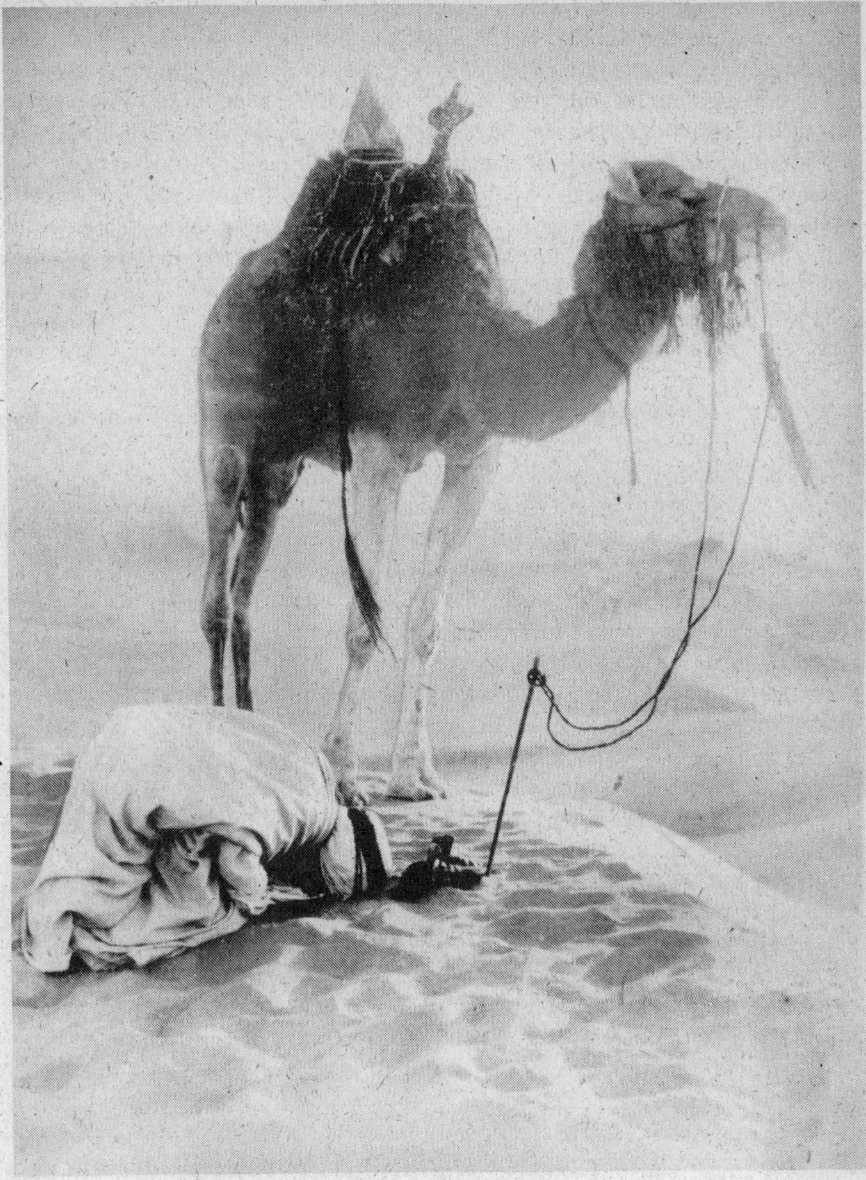

Sudan 1924: ein Tuareg beim Gebet in der Wüste

«Brauch», «Weg», «Vorbild». Die vorislamischen Araber schon betrachteten es als Tugend, dem Vorbild der Vorfahren nachzueifern. Im Islam bezeichnet der Begriff die Gesamtheit der Überlieferungen, die den Islam betreffen, ohne in den Koran Eingang gefunden zu haben. Als Sunniten werden diejenigen Muslims bezeichnet – es sind heute 85 bis 90 Prozent –, die beanspruchen, ein ungebrochenes Verhältnis zum Überkommenen und Herkömmlichen zu haben.

Die wichtigste Forderung an jeden Muslim war und blieb, sich zur Alleinherrschaft und Einzigartigkeit Allahs zu bekennen. «Es gibt keinen Gott außer (dem einen) Gott, und Muhammad ist sein Prophet», lautet dieses Glaubensbekenntnis. Jeder, der es teilt, kann beanspruchen, Muslim zu sein. Die in ihm artikulierte Haltung drückt sich auch in dem Wort *islam* aus: Es meint «Ergebung» (in Gottes Willen).

Ferner sind vom Muslim bestimmte Handlungen gefordert, vier an der Zahl. Zusammen mit dem Glaubensbekenntnis bilden sie die fünf Pflichten oder «Pfeiler» der Religion.

Das Gebet als eine der vier Handlungen ist fünfmal am Tag zu verrichten: bei Tagesanbruch, zu Mittag, am (späten) Nachmittag, nach Sonnenuntergang und zu Beginn der Nacht. Es besteht aus einer bis ins Detail vorgeschriebenen Abfolge von Handlungen und Formeln und gibt dem Tagesablauf des Muslims einen spezifischen Rhythmus. Nach islamischer Auffassung gliedern sie in ihrer Gesamtheit den Tag auch für die Arbeit oder das Studium klug und sinnvoll. Das erste helfe, den Tag zu beginnen; es schenke Gesundheit und Energie. Das Mittagsgebet markiere die Zeit für eine Mahlzeit und ein wenig Erholung. Das Nachmittagsgebet trenne den Abend von der Arbeitszeit. Das vierte und fünfte Gebet seien einem Rückblick auf den Tag gewidmet; der Betende danke Allah für seine Wohltaten und bitte für seine Sünden um Vergebung; zugleich wünsche er eine friedvolle Nacht und einen glücklichen und erfolgreichen morgigen Tag.[13] Am Freitag, dem wöchentlichen islamischen Feiertag, findet zur Zeit des Mittagsgebetes in der Moschee ein besonderer Gottesdienst statt, in dessen Mittelpunkt eine Predigt steht.

Jeder Muslim, der dazu in der Lage ist, hat als eine andere Handlung bzw. Pflicht die Almosensteuer *(sakat)* zu entrichten. Ihr Ertrag war für die Bedürftigen der Gemeinde wie insgesamt für Gott wohlgefällige Werke gedacht. Durch sie erbrachte Beiträge flossen zuweilen auch in die Kriegskasse, was dann eine Rechtfertigung finden konnte, wenn es sich um einen Glaubenskrieg handelte.

Im neunten Monat des islamischen Kalenders, im Ramadan, hat der Muslim – es ist dies eine weitere Forderung an ihn – von Sonnenaufgang bis Sonnenuntergang zu fasten, d. h. sich vollständig des Essens, des Trinkens, des Geschlechtsverkehrs und des Rauchens zu enthalten. Das verlangt ihm viel ab, besonders dann, wenn der Ramadan – der, da der islamische Kalender auf dem Mondjahr beruht, durch alle Jahreszeiten wandert – in den Sommer fällt. Nicht nur, daß er am Tage die genannten Entbehrungen auf sich nehmen muß; nachts

Auf einer Pilgerfahrt besuchen Muslims die Hochebene Arafa,
ungefähr 25 km östlich von Mekka gelegen

kann er alles nachholen, was, zügelt er sich nicht, es zusätzlich erschwert, den kommenden Tag durchzustehen. Diejenigen, die es sich leisten können, verzehren im Ramadan mehr als in den übrigen Monaten des Jahres, was sich in einigen Ländern u. a. daran ablesen läßt, daß der Fleischverbrauch dann höher ist. In der Vergangenheit gab es Ansätze, im Interesse eines normalen Arbeitsablaufs die Ramadan-Praktiken zu reformieren. Die Reislamisierung hat vorerst derartige Reformversuche blockiert.

Schließlich soll jeder Muslim, wenn er über die notwendigen Mittel verfügt und die Wege sicher sind, mindestens einmal in seinem Leben eine Pilgerfahrt nach Mekka unternehmen. Früher waren die Pilger oft Wochen und Monate unterwegs. Manche unterbrachen die Reise, um die für deren Fortsetzung erforderlichen Mittel zu verdienen. Ungefährlich war das Unternehmen auch nicht. Zu den üblichen Unwägbarkeiten einer langen Reise kam die Gefahr, gefangengenommen und in die Sklaverei verkauft zu werden. Am Zielort hat der Pilger eine Reihe von vorgeschriebenen Handlungen zu vollbringen – u. a. eine Predigt zu hören, auf der Hochebene Arafa zu verweilen, in Mina sieben Stein-

Muslims in einer Kairoer Ladenstraße beim Gebet

chen auf eine Stele zu werfen und sich am Opferfest zu beteiligen. Viele mieten sich, damit ihnen hierbei kein Irrtum unterläuft, einen einheimischen Führer.

Es handelt sich hier um wirkliche «Pfeiler» des Islam. Sie werden öffentlich praktiziert. Ist etwa die Zeit des Gebets gekommen, wird sich ein Muslim ihm auch auf dem Bürgersteig inmitten des Verkehrs einer Großstadt widmen. Die Pfeiler insgesamt sind gemeinschaftsbildend. Die Muslims sind durch sie gehalten, Disziplin zu üben und solidarisch zueinander zu stehen.

Pflicht der Muslims sollte es auch sein, den Kampf *(dschihad)* für ihren Glauben, im engeren Sinne dann den «heiligen Krieg», zu führen. Denn in ihrem ursprünglichen Verständnis war die Welt zweigeteilt; ihrer Gemeinschaft, dem «Haus des Islam» *(dar al-islam)*, stand das nichtislamische Gebiet als «Haus des Krieges» *(dar al-harb)* gegenüber, was die Aufforderung einschloß, die Nichtmuslims zu bekämpfen. Muhammad wurde der Ausspruch zugeschrieben: «In jeder religiösen Gemeinschaft gibt es Mönchtum; das Mönchtum meiner Gemeinschaft ist der dschihad.»[14] Den Glaubenskrieger bezeichnete und bezeichnet man als *mudschahid*. Der Koran verheißt ihm «viel Beute»[15] im Diesseits. Und, um ihm den Schrecken vor dem Tod zu nehmen, die Aufnahme ins Paradies. «Und du darfst ja nicht meinen, daß diejenigen, die um Gottes Willen getötet worden sind, (wirklich) tot sind», heißt es an anderer Stelle. «Nein, (sie sind) lebendig (im Jenseits), und ihnen wird bei ihrem Herrn (himmlische Speise) beschert. Dabei freuen sie sich über das, was Gott ihnen von seiner Huld gegeben hat, und sind froh über diejenigen, die hinter ihnen (nachkommen und) sie (noch) nicht eingeholt haben (in der Gewißheit), daß (auch) sie (wegen des Gerichts) keine Angst zu haben brauchen und (nach der Abrechnung am jüngsten Tag) nicht traurig sein werden. Sie sind froh über Gottes Gnade und Huld und (darüber), daß Gott die Gläubigen nicht um ihren Lohn bringt.»[16] Die im Kampf um Gottes Willen gefallenen Gläubigen genießen gemäß dieser Aussage schon die Seligkeit des Jenseits. Außerdem sind sie glücklich darüber, daß ihren noch auf Erden weilenden Nachfolgern das gleiche Geschick beschieden sein wird. Es kann dies zugleich als Aufforderung an die Überlebenden verstanden werden – wie auf iranischer Seite im Krieg gegen den Irak –, sich mit um so größerem Eifer dem Kampf um Gottes Willen zu widmen und den Märtyrern nachzustreben.[17]

Es gab Bestrebungen, den *dschihad* in den Rang eines sechsten Pfeilers des Islam zu erheben. Doch das ließ sich nicht durchsetzen. So erfolgreich der Siegeszug des Islam auch war: Er stieß auf Grenzen. Die Muslims mußten sich mit Nichtmuslims einrichten. Deshalb unterblieb die Institutionalisierung des *dschihad*. Eine islamische Rechtsschule – die schafiitische – führte sogar eine dritte, neutrale Zone ein, das «Haus des Friedens» *(dar al-sulh)*. Bis heute versuchen indessen reaktionäre wie progressive Kräfte, ihr Vorgehen als *dschihad* darzustellen, einfach um es zu rechtfertigen und Gläubige zu motivieren, sich selbst für seine Durchsetzung zu engagieren. Es kann sich dabei um kriegerische, aber auch um andere Aktionen handeln, etwa die Bekämpfung von Bürokratie.

Ein eigenes Recht *(scharia)* regelte im Islam alle Bereiche des individuellen und gesellschaftlichen Lebens. Es gründete sich auf Koran und Sunna. Hinzu traten die «Übereinstimmung» *(idschma)* der Gelehrten in einer Frage und der Analogieschluß *(kijas)*. Seit der Mitte des 8. Jahrhunderts bildeten sich verschiedene Rechtsschulen heraus. Die hanafitische, die malikitische, die schafiitische und die hanbalitische haben sich bis heute erhalten.

Rebellen: Kharidschiten, Schiiten

Die ersten vier Nachfolger Muhammads, Abu Bakr (632 bis 634), Umar (634 bis 644), Uthman (644 bis 656) und Ali (656 bis 661), waren noch gewissen Normen der Urgemeinschaft verpflichtet. Sie gingen als die «rechtgeleiteten Kalifen» in die Geschichte ein. Es war dies die goldene Zeit des Islam. Fundamentalisten heute haben sie vor Augen, wenn sie nach Normen zur Gestaltung der Gesellschaft fragen.

Doch so ideal waren die damaligen Zustände keineswegs. Die Eroberungen, die reiche Beute brachten, beschleunigten die soziale Differenzierung. Rivalitäten und Machtkämpfe entbrannten. Nicht wenige prominente Muslims erlitten einen gewaltsamen Tod. Umar starb durch den Dolchstoß eines Sklaven, der sich dafür rächen wollte, daß eine von ihm vorgebrachte Beschwerde abgewiesen worden war. Uthman fiel Gegnern zum Opfer, die ihn für seine Vetternwirtschaft zur Verantwortung ziehen wollten. Ali, ein Cousin und Schwiegersohn Muhammads, hatte schon zu Lebzeiten seines Vorgängers eine Anhängerschaft *(schia)* um sich geschart, die dafür eintrat, die Führung der islamischen Gemeinschaft innerhalb seiner mit Muhammad verwandten Familie als erblich zu erklären. Er stieß damit auf Widerstand; zu seinen Gegnern gehörte u. a. A'ischa, die noch junge Witwe Muhammads. Die Auseinandersetzungen, die ausbrachen, gingen als der «erste Bürgerkrieg» in die islamische Geschichte ein. In ihrem Ergebnis trennten sich die Schiiten – die Anhängerschaft *(schia)* Alis – von den Sunniten. Die Macht, die Ali schließlich gewann, blieb umstritten. Die Kharidschiten suchten demokratische Stammesideale gegen die sich herausbildende dynastische Herrschaft zu verteidigen. Ihren Namen («die Herausziehenden») erhielten sie, weil sie einmal aus Protest das Heerlager verlassen hatten. «Allein Allah entscheidet!» war ihre Kampflosung. Der beste Muslim sollte ihrer Meinung nach Kalif sein, «und sei dies ein äthiopischer Sklave». Ali war in ihren Augen ein «Ungläubiger» *(kafir)*. Die Kharidschiten unterlagen. Mehr noch: Nachdem einer von ihnen Ali ermordet hatte, fiel es Muawija von der Sippe Umaija, der im Jahr zuvor in Damaskus die Huldigung als Kalif entgegengenommen hatte, leichter, sich im gesamten arabischen Reich durchzusetzen und das Kalifenamt für seine Familie zu reservieren. Die Dynastie der Umaijaden trat ihre Herrschaft an. Die Kharidschiten sagten wiederholt den etablierten Mächten den Kampf an und schlugen sich tapfer – durchsetzen konnten sie sich auf Dauer nicht. Ihr radikaler Demokratismus stand ihnen in einer Zeit, in der der Feudalismus aufkam, im Wege.

Die Trennung in Sunniten und Schiiten hatte weitreichende Konsequenzen. Zunächst war es um die politische Macht gegangen, dann griffen die Meinungsverschiedenheiten aufs Theologische über. Alle Schiiten, sie stellen heute 10 bis 15 Prozent aller Muslims, teilen die Überzeugung: Der dominierende Islam kam als Fehlentwicklung zustande. Denn das Imamat, d. h. die Führung der islamischen Gemeinschaft, ist allein Angehörigen der Prophetenfamilie vorbehalten. Die drei ersten Kalifen waren deshalb Usurpatoren; erst Ali hatte dieses Amt rechtens inne. Muhammad selbst soll im März 632 bei der Rückkehr von seiner letzten Wallfahrt nach Mekka bei Ghadir Khumm geäußert haben: «Der, dessen Herr ich bin, dessen Herr ist auch Ali.» Nach seinem Tod knüpften sich an Alis Gestalt viele Legenden. So soll er ein tapferer Krieger gewesen sein, der in einer Schlacht gleich 33 Feinde tötete. Künftig, so wollten es die Schiiten, sollte immer ein Nachkomme Alis Imam – d. h. Führer der Gläubigen – sein.

Die Schia kam so als institutionalisierte Opposition zur Welt. Oppositionelle konnten sich fortan leicht in ihr artikulieren – und taten es immer wieder. Vordergründig ging es in den Auseinandersetzungen um die Frage: Welcher «Kette» der Nachfahren Muhammads stand das Imamat zu? Tatsächlich waren immer erneut vor allem soziale und politische Probleme umstritten. Es formierten sich verschiedene schiitische Gruppierungen und Untergruppierungen, insgesamt wohl über 70. Nur wenige behaupteten sich.

Die Zwölferschiiten (Imamiten) sind die bedeutendste schiitische Richtung und u. a. im Iran, im Südirak, in Libanon und in den Küstenregionen arabischer Golfländer zu Hause. Sie glauben, daß die islamische Gemeinde jederzeit eines von Gott inspirierten Leiters bedürfe. Nach Muhammad seien dies die Imame, die theologisch wie sittlich unfehlbar seien. Jeder erhalte das dazu erforderliche Wissen von seinen Vorgängern, kurz bevor dieser sterbe. Der zwölfte Imam sei als Kind im Todesjahr seines Vaters auf ungeklärte Weise verschwunden und in die Verborgenheit entrückt worden. Zunächst habe er noch durch Bevollmächtigte mit seiner Gemeinde in Verbindung gestanden, doch dann, im Jahre 940, sei auch diese abgebrochen. Der bis dahin existierenden «kleinen» folgte jetzt die «große Verborgenheit» des Imams. Zur Erinnerung an die Worte, die Muhammad bei Ghadir Khumm gesprochen haben soll, begehen die Zwölferschiiten alljährlich das Ghadir-Fest, im Iran seit Jahrhunderten als offiziellen Feiertag.

Die Siebenerschiiten oder Ismailiten haben eine kürzere Imam-Kette. Gemeinsam mit den Zwölferschiiten hoffen sie, daß der Imam am Ende der Zeiten wiederkommen wird, um als «Mahdi» unter Allahs Leitung ein Reich der Gerechtigkeit auf Erden zu errichten. Bis dahin sollen die Gelehrten den Koran und die Sunna auslegen.

Die Fünferschiiten oder Saiditen – sie stellen heute 50 Prozent der Bevölkerung des nördlichen Jemen – erwarten von ihrem Imam, daß er ein Nachkomme der Prophetenenkel Hassan oder Hussein ist, sich für das Amt eignet und bereit ist, für seine Berufung zu kämpfen. Er muß für das Richtige eintreten und das Verwerfliche bekämpfen. Verletzt er Pflichten oder kommt diesen nicht hinreichend nach, kann er abgesetzt werden.

Die Schiiten insgesamt hatten einen glücklosen «Start»: Ali, obgleich Cousin und Schwiegersohn Muhammads, wurde erst nach Abu Bakr, Umar und Uthman Kalif, seine Herrschaft blieb umstritten, und er fand einen gewaltsamen Tod. Aus seiner Ehe mit Muhammads Tochter Fatima hatte er zwei Söhne: Hassan und Hussein. Hassan, offenbar dem Alkohol und den Frauen zugetan, trat das Kalifenamt, nachdem er dieses einige Monate innegehabt hatte, an den Umaijaden Muawija ab. Er selbst starb 669. Hussein, der «letzte Prophetenenkel», fiel zusammen mit anderen Verwandten Alis am 10. Oktober 680 bei Kerbela (Irak) Jasid, dem Sohn Muawijas, zum Opfer. Dieser «Start» prägte die Schia. In ihr blieb neben dem Protest gegen etablierte Herrschaft Trauer über erlittene Niederlagen lebendig, die sich in Passionsspielen und Prozessionen äußert. Zu den Feierlichkeiten im Monat Muharram gehören – im Gedenken an die Märtyrer-Imame – Selbstgeißelungen und Selbstverletzungen mit Ketten bzw. Schwertern.

Es wäre indessen eine Vereinfachung, die schiitische Glaubensrichtung als sozialrevolutionär der sunnitischen gegenüberzustellen. Von ihrem Ursprung her war sie sicher besonders geeignet, Protest zu artikulieren, doch formierten sich auch in den Reihen der Sunniten kämpferische Bewegungen, wie die Wahhabiten auf der Arabischen Halbinsel und die Mahdisten im Sudan.

Schiiten und Sunniten haben über Jahrhunderte hinweg heftig gegeneinander polemisiert. Die Schiiten verurteilten diejenigen Prophetengefährten, die Alis Anspruch nicht unterstützten, jedoch in die sunnitische Tradition eingingen, als «abtrünnig». Der Nennung ihrer Namen ließen sie eine Fluchformel folgen. Eine eigene, noch heute existente schiitische Rechtsschule entstand, und zwar die der Dscha'fariten oder Imamiten. Während sich bei den Sunniten im 9. Jahrhundert die Auffassung durchsetzte, das Tor zu einer selbständigen Rechtsfindung *(idschtihad)* sei geschlossen und man müsse künftig den Lehren anerkannter Autoritäten folgen (*taklid*, «Nachahmung»), wollten die Imamiten dies nicht gelten lassen.

Schiitische Geistliche im Iran beschworen im Golfkrieg den Prophetenenkel Hussein, um gegen den Kriegsgegner Irak zu mobilisieren. Für seinen Tod sollte, wenngleich verspätet, Rache genommen werden. «Ihr seid die Zukunft der Nation, durch eure Opfer wird unser Land geläutert und von Schande reingewaschen», erklärten Mullahs iranischen Soldaten vor Einsätzen an der Front. «Tausende eurer Kameraden haben das Glück gehabt, das letzte Opfer bringen zu dürfen, und stehen heute glückselig an der Seite unseres verehrten Imam Hussein, der an der Spitze seiner Armee im Kampf gegen die gottlosen Araber getötet worden ist.» Fiel Husseins Name, brach die Menge jeweils in Geschrei aus. Männer schlugen sich, um sich zu kasteien, an die Brust und ins Gesicht. Die Mullahs fuhren fort: «Rächt unseren heiligen Märtyrer! Er sieht euch und wartet darauf, daß ihr ihn aus den Händen dieser Fanatiker befreit, die eure Väter, Brüder und Verwandten gemordet haben und ungestraft weitermorden werden, wenn nicht ihr alle, so wie ihr hier steht, ihnen mit euren Waffen entgegentretet! Rächen wir Hussein und rotten wir die Nachfahren Jasids aus, die ihn verraten haben und ermorden ließen!»[18]

Verfehlt allerdings wäre es, eine ursprüngliche und wesenhafte sunnitisch-schiitische Feindschaft zu unterstellen. Es waren und sind konkrete Konfliktsituationen, in denen Sunniten und Schiiten einander gegenüberstanden bzw. gegenüberstehen. Beide beeinflußten einander auch. Und die Reislamisierung orientiert wesentlich auf einen Urislam, in dem das Gemeinsame im Vordergrund steht.

Toleranz, Intoleranz

Zum Verhältnis der Muslims Andersgläubigen gegenüber gibt es Klischees. Das eine zeigt einen fanatisierten Muslim, hoch zu Roß, begierig, den Nichtmuslim mit dem Schwert zu bekehren oder zu töten. Sein Gegenstück: Der sanftmütige Muslim, ein Musterbeispiel an Toleranz, darauf erpicht, zu jedem Mitbürger, gleich welchen Glaubens, ein gutes Einvernehmen herzustellen.

Die Wirklichkeit sah anders aus.

Die Muslims konnten Völker, die sie sich unterwarfen, nach überkommenem Brauch als Kriegsbeute behandeln und in die Sklaverei verkaufen. In Einzelfällen taten sie das zunächst auch. Doch rasch verstanden sie, daß sie sich dadurch selbst schadeten, denn die Einnahme, die sie erzielten, blieb eine einmalige Angelegenheit. Fortan verlangten sie von den Unterworfenen, soweit diese an ihrem angestammten Glauben festhielten, eine Kopfsteuer. Die Erwägungen, von denen sie sich dabei leiten ließen, sind in einem Brief enthalten, den der Kalif Umar an einen seiner Gouverneure gerichtet haben soll. «Weder Du noch die Muslims an Deiner Seite sollten die Ungläubigen als Kriegsbeute behandeln und sie (als Sklaven) verteilen», heißt es darin. «... Hast Du dir überlegt, was für die Muslims nach uns bleiben wird, wenn wir die Ungläubigen gefangennehmen und als Sklaven zuteilen würden? Bei Allah, die Muslims würden keinen Menschen finden, zu dem sie sprechen und aus dessen Arbeit sie Nutzen ziehen könnten. Die Muslims unserer Tage werden sich zeit ihres Lebens (von der Arbeit) dieser Leute ernähren, und nach unserem und ihrem Tod wird für unsere Söhne das gleiche getan von ihren Söhnen und so fort, denn sie sind Sklaven des Volkes der Gläubigen, solange die Religion des Islam vorherrschen wird. Deshalb erlege ihnen eine Kopfsteuer auf und versklave sie nicht und lasse es nicht zu, daß die Muslims sie unterdrücken oder ihnen Schaden zufügen oder sich über das Erlaubte hinaus an ihrem Eigentum vergehen, sondern halte Dich getreulich an die Bedingungen, die Du ihnen gewährst und an alles, was Du ihnen gestattet hast.»[19]

Die Muslims regelten in den von ihnen eroberten Gebieten – im *dar al-islam*, im Haus des Islam – ihr Verhältnis zu den Andersgläubigen mittels eines Paktes, der sogenannten *dimma*. Die davon Betroffenen hießen *al-dimma* (Vertragsvolk) oder *dimmis* (Schutzbefohlene). Sie hatten die Vorherrschaft des Islam dadurch zu akzeptieren, daß sie sich neben der Entrichtung der Kopfsteuer einer Reihe von Beschränkungen unterwarfen. Ihnen war verboten, Waffen zu tragen und sich wie Muslims zu kleiden. Neue Kultstätten durften sie nicht errichten, sondern lediglich vorhandene restaurieren, ohne dabei das Höhenmaß der Moscheen zu überschreiten. Beim Besuch öffentlicher Bäder mußten sie Schnüre mit Erkennungsmarken um den Hals tragen, da sie unbekleidet leicht mit Muslims zu verwechseln waren. In dem so eingeengten Bewegungsraum, wobei die Einengungen vornehmlich symbolischer Natur waren, konnten Nichtmuslims sich weithin ungehindert betätigen. Verfolgungen blieben ihnen im allgemeinen erspart. «Unter muslimischer Herrschaft wurde Juden und Christen normalerweise nicht abverlangt, um ihres Glaubens willen den Märtyrertod auf sich zu nehmen», stellt der Historiker Bernard Lewis dazu fest. «Es geschah nicht oft, daß man sie zu der Entscheidung zwang, mit der Muslims und Juden im Spanien der Reconquista konfrontiert waren – zu wählen zwischen Exil, Apostasie oder Tod. Sie unterlagen keinen wesentlichen örtlichen und beruflichen Beschränkungen, wie es in Europa bis zur Neuzeit Allgemeinschicksal der Juden war. Es gibt hier zwar einige Ausnahmen, die jedoch das breite Spektrum des Gesamtbildes bis in vergleichsweise moderne Zeiten hinein nicht berühren, und selbst dann nur in bestimmten Gegenden, Perioden und in besonderen Fällen.»[20]

In gewisser Weise waren Muslims materiell daran interessiert, Nichtmuslims nicht zu drängen, zu ihrem Glauben überzutreten. Denn mit jedem Glaubensgenossen, den sie gewannen, verloren sie jemanden, der die Kopfsteuer zahlte.

Muslims und Nichtmuslims beeinflußten einander. So gingen aus dem Judentum Elemente in den Islam ein (Belege dafür finden sich bereits im Koran), wenngleich der Meinungsstreit darüber, worum es sich hierbei konkret handelt, bis zur Stunde andauert. Juden in der islamischen Welt machten einen kulturellen Assimilationsprozeß durch, der – parallel zur jüdisch-christlichen – eine jüdisch-islamische Tradition begründete. Während sie beispielsweise dort, wo das Christentum dominierte, die von diesem gebotene Monogamie übernahmen oder sogar gesetzlich vorschrieben, praktizierten die meisten jüdischen Gemeinden in einer islamisch geprägten Umgebung Polygamie und Konkubinat oder ließen beides zumindest zu.

Der «Alte vom Berge»

Das arabisch-islamische Weltreich trug aufgrund seines Feudalcharakters von Anfang an die Tendenz zur Zersplitterung in sich. In der zweiten Hälfte des 9. Jahrhunderts, unter den Abbasiden, trat sie stärker hervor. Lokale Dynastien machten dem Kalifen in Bagdad die Macht streitig und rivalisierten untereinander. Die muslimische Gemeinschaft erfuhr dadurch eine Schwächung. Jahrhunderte siegesgewohnt, mußte sie sich mit ernsthaften Niederlagen und Rückschlägen abfinden.

1099 eroberten die europäischen Kreuzritter Jerusalem. Der Expansionsdrang, der dem sich in Europa entwickelnden Feudalismus eigen war, trieb sie. Die römisch-katholische Kirche rechtfertigte ihr Unternehmen. Es gelte, forderten deren führende Repräsentanten, den «Heiden» die heiligen Stätten des Christentums zu entreißen.

Die Kreuzritter stießen bei den Muslims, die durch dynastische und andere Streitigkeiten geschwächt waren, auf nur geringen Widerstand. Sie errichteten eigene Staaten: das Königreich Jerusalem, das Fürstentum Antiochia sowie die Grafschaften Tripolis und Edessa.

Die Kreuzritter konnten sich indessen nicht auf Dauer im Orient etablieren. Salah al-Din, in Europa als Saladin bekannt – er begründete die Dynastie der Aijubiden –, brachte ihnen in dem von ihm geführten *dschihad* 1187 bei Hittin (westlich des Sees Genezareth) eine empfindliche Niederlage bei und nahm Jerusalem ein. Die Wende begann sich abzuzeichnen. Zwar hielten sich die Kreuzritter noch über 100 Jahre und erlangten zeitweise Jerusalem zurück, doch 1291 mußten sie Akkon, ihren letzten Stützpunkt, räumen.

Die Muslims hatten die Kreuzritter noch nicht vertrieben, da erwuchs ihnen ein neuer Gegner: die Mongolen. 1258 eroberten diese Bagdad. Damit erlosch das abbasidische Kalifat. Doch schon zwei Jahre später stoppten die Mamluken, Angehörige einer in Ägypten regierenden Militäraristokratie, in einer Schlacht bei Ain Dschalut (Goliathsquelle) nördlich von Jerusalem den Vormarsch der Mongolen. Die mongolische Herrschaft erstreckte sich danach bis Mesopotamien hinein. Westlich davon baute Kairo seinen Einfluß aus.

Angesichts der innerislamischen Wirren und äußeren Bedrohung gewann die Schia an Anziehungskraft. Zeigte sich nicht augenfällig, daß der Islam in seiner dominierenden – d. h. sunnitischen – Gestalt vom rechten Pfade abwich? Ismailiten, bekannt geworden als Fatimiden – der Name bezog sich auf die Prophetentochter Fatima –, gründeten zu Beginn des 10. Jahrhunderts in Nordafrika ein eigenes Kalifat. 60 Jahre später eroberten sie das Niltal. Nahe Fustat, dem alten Regierungssitz, errichteten sie ihre Hauptstadt, Kairo, mit al-Azhar als Zentrum ihres Glaubens. Ihr Reich umfaßte auf dem Höhepunkt seiner Macht Nordafrika, Ägypten, Syrien, den Jemen und den Hedschas, die heiligen Städte Mekka und Medina eingeschlossen. Missionare machten ihre Glaubenslehren in Persien und Zentralasien bekannt.

Die Fatimiden konnten die Abbasiden indes nicht niederringen. Sie unterlagen ihrerseits Spaltungen. Eine von oben initiierte Reformbewegung in ihren Reihen suchte an der Institutionalisierung des Islam Abstriche vorzunehmen. In ihr engagierte sich Muhammad ibn Isma'il al-Darasi (gestorben 1019). Die sich nach ihm benennenden Drusen verehrten den am Ende seines Lebens dem Wahnsinn verfallenen Kalifen al-Hakim als Inkarnation Gottes. Ihre Nachfahren leben heute in Libanon, Syrien und Israel. Die Seldschuken, eine türkische Dynastie, retteten vorerst die Abbasiden und restaurierten orthodoxe sunnitische Macht. 1055 zogen sie in Bagdad ein. Den Fatimiden erklärten sie den *dschihad.* Es gelang ihnen, fatimidische Gebiete zu erobern, allerdings nicht Ägypten, an dem ihnen besonders viel lag.

Die erneute Etablierung sunnitischer Macht stieß auf neuen schiitischen Widerstand. Ismailiten in Persien machten eine Radikalisierung durch. Hassan-e Sabbah, etwa in der Mitte des 11. Jahrhunderts geboren, spielte dabei eine führende Rolle. 1090 bezog er die Burg Alamut im Herzen des Elbursgebirges (Nordpersien), die er bis zu seinem Tode im Jahre 1124 nicht mehr verließ. Von dort aus warb er Anhänger, die sich einer asketischen Disziplin unterwarfen und als Assassinen Berühmtheit erlangten. Mit ihrer Hilfe bekämpfte er das sunnitische Establishment. 1092 ließ er – und sorgte damit für Aufsehen – den mächtigen Wesir Nisam al-Mulk töten.

Es war dies das erste in einer Kette von Attentaten, denen Fürsten, Generale, Gouverneure und andere Repräsentanten der etablierten Macht zum Opfer fielen. Zur Tat benutzten die Assassinen aus einer religiösen Motivation heraus durchweg den Dolch. Den eigenen Tod kalkulierten sie als höchsten und letzten Beweis ihres Glaubens ein, überzeugt, dafür unverzüglich die ewige Seligkeit zu erlangen. In ismailitischen Kreisen hieß ein solcher Täter *fida'i,* «einer, der sich opfert». Seine Selbstlosigkeit erschwerte es außerordentlich, ihm zu entgehen. Ein einzelner Krieger zu Fuß konnte, wie ein Dichter formulierte, einen König mit Schrecken erfüllen, «auch wenn dieser über mehr als hunderttausend Reiter gebot»[21]. Im algerischen und palästinensischen Befreiungskampf dieses Jahrhunderts bezeichnete bzw. bezeichnet der Begriff *fida'i* – der geläufige Plural: Fidaijun – gleichfalls einen Kämpfer, der zur Selbstaufopferung bereit ist.

Unter Hassan-e Sabbah und seinen Nachfolgern wuchsen die Assassinen zu einer ernstzunehmenden Oppositionskraft heran. Überall in Persien errichteten sie in unzugänglichen Gegenden bewaffnete Stützpunkte. In Syrien faßten sie gleichfalls Fuß. Ihr dortiger Führer galt – es war dies schon eher eine legendenhafte Gestalt – als der «Alte vom Berge».

Als die Kreuzfahrer erschienen, nahmen die Assassinen den Kampf auch gegen sie auf. Am 28. April 1192 töteten sie in Tyrus Konrad de Montferrat, König von Jerusalem. Die Täter waren, wie die meisten Quellen berichten, als christliche Mönche verkleidet. Sie hatten das Vertrauen des Bischofs und des Königs gewonnen. Als die Gelegenheit günstig war, erdolchten sie ihr Opfer. Hinterher gaben sie an, der König von England habe sie zur Tat angestiftet.

Eine der ersten Nachrichten über die Assassinen brachte ein Bote, den Kaiser Friedrich Barbarossa 1175 nach Ägypten und Syrien entsandt hatte. «Diese Brut von Menschen leben ohne Gesetz», wußte er zu berichten, seine Voreingenommenheit und Feindseligkeit nicht verbergend. «Entgegen dem islamischen Gesetz essen sie Schweinefleisch. Und sie gebrauchen unterschiedslos alle Frauen, ihre Mütter und Schwestern eingeschlossen.» Ihr Gebieter versetze alle muslimischen Fürsten nah und fern wie die benachbarten christlichen Herrscher in größte Furcht. Denn die Art, wie er diese töte, sei erstaunlich. In gut bewachten Burgen lasse er Söhne seiner Bauern von ihrer frühesten Kindheit an zu absolutem Gehorsam ihm gegenüber erziehen. Seien diese erwachsen, erhielten sie einen goldenen Dolch und würden ohne jeden Widerspruch, die Freuden des Paradieses als Belohnung vor Augen, jeden Auftrag ausführen.[22] William, Erzbischof von Tyrus, gibt wenige Jahre später die Zahl der Assassinen mit 60 000 an. Ihnen würden 10 gut befestigte Burgen mit den dazugehörigen Dörfern gehören. Ihren Gebieter würden sie allein aufgrund seiner Verdienste wählen und, andere Titel verschmähend, einfach «den Alten» nennen. Jede seiner Weisungen würden sie ausführen.

In Persien unterlagen die Assassinen den Mongolen, in Syrien den Mamluken. In der Erinnerung lebten sie fort. Allerdings verblaßten ihre historischen Konturen. Sie galten zunehmend als ruchlose Meuchelmörder. Brocardus, ein deutscher Priester, sagte 1332 von ihnen: «Sie verkaufen sich, sind durstig nach menschlichem Blut, morden den Unschuldigen gegen ein Entgelt und sorgen sich weder um das Leben noch um das Seelenheil. Dem Teufel gleich verwandeln sie sich in Engel des Lichts, indem sie die Gebärden, Kleider, Sprachen, Gewohnheiten und Handlungen verschiedener Nationen und Menschen übernehmen. Auf diese Weise in Schafskleidung verborgen, erleiden sie den Tod, sobald sie erkannt sind.»[23] Das Wort «Assassin» ging dann auch in europäische Sprachen in der Bedeutung von «Meuchelmörder» ein.

Ibn Taimija, der Fundamentalist

Auch manche Sunniten sahen durch die Einfälle der Kreuzfahrer und Mongolen das landläufige Verständnis ihres Glaubens erschüttert. Hatte der Islam nicht Jahrhunderte Sieg verheißen? Wieso mußten seine Anhänger plötzlich Niederlagen einstecken? Das konnte doch nur bedeuten, daß mit dem Islam, den sie als ihre «Lebensmitte» betrachteten, etwas schiefgelaufen war.

Taki al-Din Ahmad ibn al-Halim Ibn Taimija, 1263 geboren, gehörte zu denen, die ihren Glauben und seine Praktizierung neu zu überdenken suchten. Er hatte die Schrecken des Krieges und die Wirren seiner Zeit am eigenen Leibe gespürt. Sechs Jahre war er alt, als die Mongolen seine Geburtsstadt im nordöstlichen Syrien eroberten. Seine Familie floh nach Damaskus. Er war dabei, als ägyptische Truppen 1303 dem Gegner bei Damaskus eine Niederlage beibrachten. Auch mit den Mächtigen auf der eigenen Seite geriet er in Konflikt. Sechs Jahre verbrachte er in Gefängnissen. 1328 starb er im Gefängnis der Zitadelle von Damaskus.

Ibn Taimija verstand den Einfall der Mongolen, die ursprünglich Buddhisten waren, als eine Strafe Gottes. Seine Zeitgenossen sollten ihm in dieser Deutung folgen und sich von allen «Neuerungen» trennen, die in den Islam Eingang gefunden hatten. Er rechnete hierzu die Heiligenverehrung und den Gräberkult, die auf der griechischen Philosophie beruhenden Ideen eines al-Farabi und eines Ibn Sina wie die theosophische Mystik des Ibn Arabi (gestorben 1240) und seiner Schüler. Die frommen Vorfahren *(salaf)* aus der Zeit des Propheten, meinte er, hätten der Wahrheit näher gestanden als die gegenwärtige Generation. Deshalb forderte er, sich wieder auf Koran und Sunna zu besinnen und beide Quellen in Ausmerzung übertragener Bedeutungen und Auslegungen wörtlich zu verstehen. Den *dschihad* bezeichnete er als beste Form, Gott freiwillig zu dienen.

Ibn Taimija ergriff grundsätzlich die Partei der Mamluken, die sich in Ägypten und Syrien hatten etablieren können, gegen die Mongolen. Doch hatten letztere Ende des 13. Jahrhunderts begonnen, den sunnitischen Islam anzunehmen. Ließ sich da der Kampf gegen sie noch als *dschihad* begreifen? Ibn Taimija bejahte diese Frage. Ein Herrscher, der sich nicht an das islamische Gesetz in seiner Gesamtheit hielt, war seiner Überzeugung nach ein Ungläubiger, auch wenn er sich zum Islam bekannte und fünfmal am Tage betete. Folglich war ein *dschihad* gegen ihn gerechtfertigt.

Das war neu. Das traditionelle Islamverständnis verlangte vom Gläubigen, sich den gegebenen gesellschaftlichen Verhältnissen einzuordnen. Der *dschihad* richtete sich gegen Andersgläubige. Jetzt sollte er auch innerhalb der islamischen Gemeinschaft möglich sein. Das klang, zumindest vom Ansatz her, nach Rebellion, nach Umsturz eingefahrener Vorstellungen und Verhältnisse.

Ibn Taimija hatte eigene Vorstellungen, wie ein gerechter islamischer Herrscher aufzutreten habe. Da sah er welche, die glaubten, üppige Geschenke verteilen zu müssen. Er nannte sie «Plünderer aus Furcht». Andere wiederum fürchteten so sehr, Unrechtes zu tun, daß sie auch Notwendiges unterließen. Ibn Taimija hielt Kompromisse für unumgänglich. Sein Ideal waren die «Sachwalter der göttlichen Ordnung Muhammads und seiner Nachfolger». «Sie wenden Gelder und Güter für die Menschen auf ...; sie verteilen ihre Gaben entsprechend dem Bedürfnis nach geordneten politischen Umständen und zur Erhaltung der göttlichen Ordnung und des Diesseits, das die Voraussetzung für diese Ordnung bildet, und zur Wahrung der Redlichkeit ihrer eigenen Person. Sie nehmen also nicht, was ihnen nicht zusteht, und vereinen auf diese Weise Gottesfurcht und Güte nach dem Koranvers ‹Gott ist mit denen, die ihn fürchten und Gutes tun›».[24]

Ibn Taimija konnte sich zu seiner Zeit nicht durchsetzen. Doch er und seine Schüler Ibn Kajjim al-Dschausija (gest. 1390) und Ibn Kathir (1300 bis 1372/73) konzipierten das Grundmodell des Fundamentalismus, das im 18. Jahrhundert Muhammad Ibn Abd al-Wahhab sowie sunnitische Vorkämpfer der Reislamisierung in der Gegenwart aufgriffen. (Der Begriff «Fundamentalismus», für den es im Arabischen keine Entsprechung gibt, ist amerikanischen Ursprungs. Er bezeichnet dort eine konservative Strömung christlich-theologischen Denkens, die den Texten des Alten und Neuen Testaments absolute Autorität zubilligt. Der islamische Fundamentalismus läßt sich nicht analog deuten. Für ihn steht der gesellschaftliche Aktivismus im Vordergrund. Dennoch bleibt es beim selben Begriff, einfach weil sich kein besserer eingebürgert hat. Gleichbedeutend mit ihm ist «Islamismus».)

Krieg und Reform gegen Kolonialherrschaft

Im 14. Jahrhundert schickten sich die Osmanen an, ein großes Reich zu erobern. Am 29. Mai 1453 nahmen sie nach sechswöchiger Belagerung und unter Einsatz von Kanonen Konstantinopel ein. Bis ins 16. Jahrhundert hinein dehnten sie ihre Herrschaft auf die arabischen Kernlande aus. Auch Ungarn und Österreich griffen sie an. In der Schlacht bei Mohács 1526 besiegten sie Ungarn. Wien belagerten sie zweimal – 1529 und 1683 – vergeblich. Konstantinopel, heute Istanbul genannt, wurde zur Hauptstadt des Osmanischen Reiches, das sich auf dem Höhepunkt seiner Macht von Algerien bis nach Jemen und Georgien und von Anatolien bis Bessarabien erstreckte. Der Herrscher nannte sich «Sultan» (wörtlich: «Herrschaft»); «Kalif» war nur noch eine Ehrenbezeichnung. Er stützte sich auf sein Heer und eine Verwaltung, in der Türken privilegierte Positionen einnahmen (so stellten sie die Statthalter in den Provinzen).

Herrscher wie Beherrschte beteten im Osmanischen Reich zu Allah, d. h. zum selben Gott. Deshalb standen manche Araber – vor allem in der Oberschicht – den Osmanen loyal gegenüber.

Die osmanische Herrschaft währte offiziell bis zum Ende des ersten Weltkrieges (Waffenstillstand von Mudros am 30. Oktober 1918). Doch setzte bereits mit dem Krieg, der 1683 mit der zweiten Belagerung Wiens begann, ihr Niedergang ein. Europäische Mächte drangen in ihren Bereich vor. Die Muslims sahen sich jetzt mit Andersgläubigen konfrontiert. Da war es nur folgerichtig, daß sie ihren antikolonialen Widerstand in ihrer Religion artikulierten.

Wie das geschah, hing von den jeweiligen gesellschaftlichen Verhältnissen ab. Eine erste islamische Antwort auf existente bzw. drohende Fremdherrschaft geriet fundamentalistisch. Auf der Arabischen Halbinsel, auf der vorkapitalistische Verhältnisse – vom sich entwickelnden kapitalistischen Weltmarkt unberührt – nahezu ungebrochen fortexistierten, trat Muhammad Ibn Abd al-Wahhab (1703 bis 1787) auf. Er war unzufrieden mit den gesellschaftlichen Verhältnissen seiner Zeit, die es den Osmanen wie den Portugiesen und Briten erlaubten, sich auf arabischem Territorium festzusetzen. Darin seinen Vorbildern Ibn Taimija und Ibn Kajjim al-Dschausija verpflichtet, verwarf er alle «Neuerungen», darunter Gräberkult und Heiligenverehrung, wie die verinnerlichte Frömmigkeit der Mystiker und den Intellektualismus der Philosophen. Statt dessen forderte er Einfachheit und Gesetzestreue. Seine Anhänger, die Wahhabiten, machten sich – dabei die saudische Dynastie begründend – daran, ein neues Staatswesen zu errichten. Zu Beginn des 19. Jahrhunderts geboten sie über nahezu die gesamte Arabische Halbinsel. Gegen Muhammad Ali erlitten sie eine Niederlage. Doch gaben sie nicht auf. Zu Beginn dieses Jahrhunderts gelang es ihnen unter Abd al-Asis II. – bekannt geworden als Ibn Sa'ud –, das heutige Saudi-Arabien, seit 1932 offiziell Königreich, zu schaffen.

Der neue Staat verkörpert so von seinem Ursprung her islamischen Fundamentalismus. Er beansprucht – ihm kommt zugute, daß sich auf seinem Territorium die heiligen Städte Mekka und Medina befinden –, Schutzmacht des Islam zu sein.

Wenngleich nicht so ausschließlich wie auf der Arabischen Halbinsel, dominierten vorkapitalistische Verhältnisse auch in einigen anderen islamischen Ländern, darunter in Algerien, Libyen und Sudan. Die Muslims dort suchten drohender oder faktischer Fremdherrschaft auf traditionelle Weise zu begegnen und griffen zum *dschihad*, zum «heiligen Krieg». Gebot der Koran doch: «Und kämpft um Gottes willen gegen diejenigen, die gegen euch kämpfen!»[25]

Am 14. Juni 1830 landeten französische Truppen an der algerischen Küste. Frankreich begann, das Land, das formell noch zum Osmanischen Reich gehörte, militärisch zu unterwerfen. Abd al-Kadir, 1807 geboren, unternahm es, Stämme zum antikolonialen Kampf zu einen. Das war kein leichtes Unterfangen. Da waren überkommene Stammesrivalitäten, die aufflammten. Die Franzosen operierten zweigleisig: mit Diplomatie wie mit militärischer Gewalt suchten sie ihre Positionen auszubauen. Einige Stämme waren bereit, mit Frankreich zusammenzuarbeiten. Dennoch gelang es Abd al-Kadir, zwei Drittel Algeriens unter seine Kontrolle zu bringen.

1839 begannen die entscheidenden Kämpfe. Als Reaktion auf eine Vertragsverletzung der Franzosen proklamierte Abd al-Kadir den «heiligen Krieg». «Die Pflicht zum dschihad muß erfüllt werden ...», erklärte er. «Die Aggression der Franzosen ist offenbar geworden ... Es ist eure Pflicht, zum dschihad durch Hilfe beizutragen, denn die vorhandenen Mittel reichen nicht für die Ausgaben, die der Krieg nötig macht.»[26]

Die Kämpfe dauerten bis 1847. Die algerischen Freiheitskämpfer unterlagen. Abd al-Kadir ergab sich. Obwohl ihm die Franzosen freies Geleit ins Exil zugesichert hatten, nahmen sie ihn gefangen. Ende 1852 durfte er Frankreich verlassen. 1883 verstarb er in Damaskus.

Algerien war das bittere Los kolonialer Versklavung beschieden. Von seiner ersten Besetzung bis zum heutigen Tage «ist das unglückliche Land der Schauplatz endlosen Blutvergießens, des Raubes und der Gewalttaten gewesen», schrieb Friedrich Engels im September 1857. «Jede Stadt, ob groß oder klein, ist Haus für Haus unter unermeßlichen Opfern erobert worden. Die Araber- und Kabylenstämme, denen die Unabhängigkeit kostbar und der Haß auf die Fremdherrschaft teurer ist als das eigene Leben, sind durch die schrecklichen Razzien, in deren Verlauf Behausungen und Eigentum verbrannt und zerstört, die Ernte auf dem Halm vernichtet und die Unglücklichen, die übrigblieben, niedergemetzelt oder allen Schrecken der Lust und Brutalität ausgesetzt wurden, überwältigt und entmutigt worden.»[27]

Der Sudan geriet 1821 unter ägyptische Herrschaft. Als in den sechziger und siebziger Jahren des 19. Jahrhunderts die Briten in Ägypten Einfluß gewannen, dehnten sie diesen auch auf Sudan aus. Der Khedive in Kairo ernannte 1877 den britischen General Charles George Gordon zum Generalgouverneur des Sudan.

1881 erhielten die ägyptischen und britischen Herrn einen Gegenspieler: Muhammad Ahmad, geboren 1844, der sich auf der Nilinsel Aba, auf der er das Leben eines Asketen geführt hatte, zum «Mahdi» proklamieren ließ. Das war ein weitreichender Schritt. Von einem Mahdi erwarteten die Muslims, daß er den Islam erneuert und Gerechtigkeit bringt. In Krisenzeiten war die Erwartung, er werde kommen, besonders stark. Auch gab es die Vorstellung, sein Erscheinen werde mit einem Jahrhundertwechsel zusammenfallen. Beides traf zu: Viele Sudanesen befanden sich in einer trostlosen Situation, und 1881 war nach islamischer Zeitrechnung das Jahr 1298.

Der sudanesische Mahdi forderte seine Anhänger zunächst auf, aus dem feindlichen Gebiet «auszuwandern». Er nahm dabei den Propheten Muhammad als Vorbild in Anspruch. Hatte dieser doch 622 Mekka verlassen, dessen Bewohner ihn als Propheten nicht akzeptieren wollten, und sich in Jathrib (Medina) niedergelassen. Praktisch gelang es dem Mahdi auf diese Weise, seine Anhänger um sich zu scharen und das Gebiet, das dem Feind unterstand, zu entvölkern.

Der Mahdi brachte den Ägyptern und Briten empfindliche militärische Niederlagen bei. So ermutigt, rief er den «heiligen Krieg» aus. Im Januar 1885 nahm er Khartum ein. General Gordon fiel bei den Kämpfen. Wenige Monate später, am 22. Juni 1885, verstarb der Mahdi an Typhus. Vor seinem Tode schmiedete er Pläne, nach Ägypten vorzustoßen.

Sein Nachfolger Abdallah erweiterte das dem ägyptischen und britischen Einfluß entzogene Gebiet. Er errichtete, rücksichts- und skrupellos agierend, ein feudalabsolutistisches Staatswesen mit ausgedehnter Administration – die Finanzverwaltung spielte in ihm eine zentrale Rolle – und regulärem Heer. Vordergründig mochte das nach Erfolg aussehen. Von größerer Tragweite erwies sich, daß damit die ursprünglichen Ideale der Mahdisten – Beseitigung der Unterdrückung und soziale Gerechtigkeit – verlorengingen. Eine Armee aus Ägypten, die General Herbert Kitchener befehligte und in der viele britische Offiziere dienten, errang 1896 erste Siege über die Truppen des Mahdi-Staates, die hohe Verluste erlitten. Abdallah geriet in eine aussichtslose Lage. 1899 fiel er. Im selben Jahr unterzeichneten Großbritannien und Ägypten ein Kondominium-Abkommen, das die gemeinsame Beherrschung des Sudan regelte.

Winston S. Churchill nahm an dem Sudan-Feldzug teil. Er berichtete, daß Kitchener den Leichnam des Mahdi ausgraben und dessen Grab zerstören ließ. «Das Haupt wurde vom Rumpf getrennt und – um die offizielle Erklärung zu zitieren – zur weiteren Verfügung aufbewahrt, eine Phrase, die in diesem Falle so verstanden werden muß, daß es von Hand zu Hand weitergereicht wurde, bis es schließlich nach Kairo kam.»[28]

Die zeitweiligen Erfolge der sudanesischen Mahdisten inspirierten Muslims in anderen Ländern, einen *dschihad* gegen drohende und existente Kolonialherrschaft zu führen. In Somalia setzte sich Muhammad Abdallah Hassan von 1900 bis 1920 dafür ein, den Islam zu läutern und sein Land zu befreien. «Ungläubige Menschen haben unser Land von ihren entfernt gelegenen Heimatländern aus angegriffen», erklärte er. «Unser Ziel ist es, das Land von den Ungläubigen zu reinigen.»[29]

1911 annektierten die Italiener Libyen und verdrängten die dort noch herrschenden Osmanen. Das libysche Volk wehrte sich heldenhaft. Italien, wo 1922 das faschistische Regime unter Benito Mussolini zur Macht kam, ging mit äußerster Brutalität, Kinder und Frauen nicht schonend, gegen den antikolonialen Widerstand vor.

Umar al-Muchtar widersetzte sich in der Kyrenaika an der Spitze seiner Stammeskrieger den italienischen Kolonialherren. Eine zeitgenössische Korrespondenz schildert ihn: «Man gibt ihm etwas mehr als achtzig Jahre, er ist ein schöner Greis mit sorgfältig gestutztem Bart, sein dunkles Gesicht wird von dem feingewobenen Barakan aus weißer Wolle überaus malerisch umrahmt. Er spürt die Jahre nur in den Beinen, die ihn nicht mehr recht tragen wollen, aber zu Pferd oder auf dem Esel kennt er keine Ermüdung.»[30] Seinen antikolonialen Kampf verstand al-Muchtar als *dschihad.* Er gab auch nicht auf, als Tripolitanien und Fazzan 1925 bzw. 1929 «befriedet» worden waren. Der faschistische General Rudolfo Graziani, seit Januar 1930 Vizegouverneur der Kyrenaika, registrierte: «Die ganze Bevölkerung nahm ... direkt oder indirekt am Aufstand teil. ... Der Widerstandswille (stand) wie eine Mauer gegen uns.»[31]

Die italienischen Kolonialherren sperrten 80 000 Menschen, über die Hälfte der Bevölkerung der Kyrenaika, zwangsweise in Lager. Dadurch wollten sie al-Muchtar und seine Gefährten isolieren und verhindern, daß neue Kämpfer zu ihnen stießen. Auch den Nachschub an Nahrungsmitteln, Waffen und Munition – vieles kam aus Ägypten – suchten sie zu unterbinden. Doch al-Muchtar – die Italiener hatten 200 000 Lire auf seine Ergreifung gesetzt – beugte sich nicht. Er und seine Krieger operierten geschickt, ihre vorzügliche Kenntnis des Geländes nutzend. Plötzlich tauchten sie auf, fügten den Italienern Verluste zu, um sogleich, bevor ihre Verfolgung einsetzen konnte, wieder zu verschwinden. «Der fanatische Greis kennt mit seinen Leuten jede geringste Falte des Geländes», hieß es in einem Pressebericht. «Anspruchslos wie jene fragt er nicht, wie sich der Führer einer europäischen Truppe fragen muß, ob er am nächsten Tage, bei der nächsten Verschiebung etwas zu essen finden wird ... Umar Muchtar weiß natürlich, daß er keine Aussicht hat, auf die Dauer den Zermürbungskrieg durchzuhalten, der auch die Taktik Grazianis geworden ist. Vielleicht rechnet er mit der Zeit, die schon so viele Überraschungen brachte, jedenfalls vertraut er ... auf den allmächtigen Gott. Er hütet sich, seine Truppe irgendwie und irgendwann geschlossen den italienischen Truppen gegenüberzustellen. Seine Leute streifen in kleineren Gruppen durch das Gelände ... sie sind überall und nirgends, ohne drahtlose Stationen bleiben sie mit dem Zentrum in Fühlung. Sie verschwinden für ganze Wochen und tauchen dann plötzlich wieder auf.»[32]

Die Italiener waren indessen übermächtig. 1931 ergriffen sie Umar al-Muchtar. Im September desselben Jahres ermordeten sie ihn.

Verhinderte deutsche Kolonialherren äußerten Genugtuung. «Italien war entschlossen, mit dieser Handvoll Leute, die sich seiner Mission in Nord-Afrika entgegenstellte, aufzuräumen», schrieb ein Oberstleutnant a. D. W. Paschen. «Endlich ist es jetzt gelungen, und wenige Tage darauf hat er den Treuebruch mit dem Tode gebüßt. ... Mit Umar al-Muchtar aber ist wohl der letzte der in ihrer Art großen Freiheitskämpfer unter den Berbern Nordafrikas abgetreten, die sich wie vor ihm Abd al-Qader und Abdel Krim dem Vormarsch der europäischen Zivilisation entgegenstellten.»[33] Anders las sich, was die «Neue Zürcher Zeitung» schrieb, die letzten verzweifelten Verteidigungsanstrengungen der libyschen Patrioten vor Augen: «Und das Ende? Ein ungeheurer Gedanke kann nicht spurlos verschwinden.»[34]

Als die Muslims im 7. Jahrhundert zum *dschihad* angetreten waren, hatten sie gesiegt. Jetzt, im 19. und 20. Jahrhundert, erlitten sie Niederlagen. Eine deprimierende Erfahrung. Die Welt und die Rolle des Islam in ihr hatten sich gewandelt. Gewiß, die Muslims verstanden ihren Kampf jeweils als von Gott geboten. Sie verfolgten jedoch, das war das Entscheidende, unterschiedliche Anliegen. Als sie im 7. Jahrhundert ein Weltreich eroberten, gingen sie auf Feudalexpansion aus. Anders war es im vergangenen Jahrhundert. Indem Muslims sich gegen koloniale Unterdrückung auflehnten, verfochten sie zweifellos eine gerechte Sache. Doch orientierten sie sich an vorkapitalistischen Verhältnissen, während ihre Gegner mit dem Kapitalismus eine fortgeschrittenere Gesellschaftsordnung verkörperten. Der hatten sie keine tragfähige Alternative entgegenzusetzen. Dort, wo sich ihre Gesellschaftsvorstellungen am weitestgehenden verkörperten, im Mahdi-Staat im Sudan, zerbrachen die dem Antikolonialismus innewohnenden Gerechtigkeitsideale gerade an den Realitäten einer rückwärts gewandten Ausbeuterordnung.

Dennoch war weder der Kampf umsonst, noch seine Motivierung als «heilig» gegenstandslos. Es bedurfte fortgesetzter Anstrengungen der Völker, um die Eigenstaatlichkeit zu erreichen. Hier ordneten sich die «heiligen Kriege» gegen den Kolonialismus ein. Im Zusammenhang damit bilden sie eine eigene Traditionslinie des antikolonialen Widerstandes. Im November 1979 beispielsweise trafen sich Wissenschaftler aus verschiedenen Ländern in Benghasi, um im Rahmen der Feierlichkeiten zum 10. Jahrestag der libyschen Revolution ein Festival zu Ehren von Umar al-Muchtar zu begehen. Immer wieder stellten Redner aus einem antikolonialen und antiimperialistischen Engagement heraus eine Verbindung zwischen Vergangenheit und Gegenwart her: Die Araber können Umar al-Muchtar nicht vergessen; er wurde zum Symbol ihres Befreiungskampfes.[35]

Dort, wo kapitalistische Verhältnisse relativ weit gediehen waren, traten im Zeichen des Antikolonialismus im Islam Reformer auf. Sie wollten Überkommenes mit den Anforderungen der Gegenwart in Übereinstimmung bringen. Der Inder Saiyid Ahmad Khan (1817 bis 1898) stellte seinen muslimischen Landsleuten Großbritannien als Vorbild hin. Ihre Religion sollte sie nicht daran hindern, sich mit den Errungenschaften der europäischen Zivilisation vertraut zu machen. Muslims waren seiner Meinung nach nur dann zum *dschihad* verpflichtet, wenn sie ihren religiösen Geboten nicht nachkommen können. Dschamal al-Din al-Afghani (1838/39 bis 1897), offenbar im Iran geboren – wenngleich er mit seinem Namen andeutete, aus Afghanistan zu stammen –, glaubte, der Islam seiner Zeit sei verderbt und von Aberglauben überwuchert. In seiner ursprünglichen Reinheit widerspreche er nicht der menschlichen Vernunft. Er hindere deshalb seine Anhänger nicht, es den Europäern in Wissenschaft und Technik gleichzutun. Muhammad Abduh (1849 bis 1905), ein Ägypter und Schüler al-Afghanis, erklärte gleichfalls, der «wahre Islam» sei mit der

Vernunft vereinbar. Deshalb sollten die Fehler beseitigt werden, die sich in die Religion durch das Mißverständnis ihrer grundlegenden Texte eingeschlichen hätten. Das Handeln der Muslims werde dann «frei von Unordnung und Verworrenheit» sein und ihr Verstand erleuchtet durch die «wahren religiösen und weltlichen Wissenschaften».[36] Wie sein Lehrer al-Afghani forderte Abduh, zur eigenständigen Rechtsfindung *(idschtihad)* zurückzukehren.

Versuche dieser Art, den Islam – analog den Reformationen im europäischen Christentum – zu reformieren, blieben indessen im Ansatz stecken. Gerhard Höpp spricht von einer «blockierten Reform»[37]. Diese Inkonsequenz rührte daher, daß die Bourgeoisie in den vom Islam dominierten Ländern weltgeschichtlich verspätet aufkam, sich in Abhängigkeit von den Kolonialmetropolen entwickelte und so nicht die Tatkraft und den Mut aufbrachte wie ihr europäisches Pendant.

Zwischenfälle in Mekka

Die Reislamisierung bahnte sich nach dem zweiten Weltkrieg allmählich und nahezu unmerklich ihren Weg. Aufmerksamen Beobachtern war sie dennoch nicht entgangen. Ian Dixon Scott, Erster Sekretär der britischen Botschaft in Beirut, stellte 1956 in einem Bericht an das Foreign Office in London fest, daß sich in Reaktion auf die Palästinafrage und den Algerienkrieg unter Muslims eine Solidarisierung und Fanatisierung vollziehe. Finde man für beide Probleme keine Lösung, würden sich die Christen in Libanon im Verlauf weniger Jahre gegenüber den muslimischen Landsleuten in einer schwierigen Situation befinden.[38]

Unmittelbarer – in gewisser Weise datierbarer – Ausgangspunkt der Reislamisierung war die militärische Niederlage, die arabische Staaten im Juni 1967 gegen Israel erlitten. Sie kam völlig unerwartet. Der Befreiungskampf der Araber hatte zuvor eine unerhörte Dynamik entwickelt. 1952 hatten in Ägypten die «Freien Offiziere» unter Gamal Abdel Nasser die Macht übernommen, zwei Jahre später algerische Patrioten den bewaffneten Befreiungskampf gegen Frankreich begonnen. Als 1956 Frankreich, Großbritannien und Israel Ägypten überfielen, um die von der ägyptischen Führung vorgenommene Verstaatlichung der Suezkanalgesellschaft rückgängig zu machen, hatten sie zwar auf dem Schlachtfeld gesiegt, im nachhinein jedoch politisch eine schwere Niederlage hinnehmen müssen. Es zeigte sich: Die Welt hatte sich gegenüber der Zeit, da herkömmliche Kolonialpraktiken erfolgreich waren, radikal geändert. Das imperialistische Kolonialsystem war im Verfall begriffen. 1955 hatte in Bandung (Indonesien) die afro-asiatische Staatenkonferenz stattgefunden, auf der sich sozialistische, nichtpaktgebundene und paktgebundene Staaten zu den Prinzipien der friedlichen Koexistenz bekannten und den Kolonialismus in allen seinen Äußerungen verdammten. Der Sozialismus war erstarkt. Die an sie gerichtete ernste Warnung der Sowjetunion vor allem hatte die drei Aggressoren veranlaßt, die Kampfhandlungen einzustellen. Die Autorität Nassers stieg 1956 und danach sprunghaft. Er war der unumstrittene Führer in der arabischen Welt. Sein Porträt nahm in vielen Wohnungen einen Ehrenplatz ein. 1958 schlossen sich Ägypten und Syrien zur Vereinigten Arabischen Republik (VAR) zusammen. War das der entscheidende Schritt zur arabischen Einheit? Viele Araber hofften das. Die VAR bestand allerdings nur drei Jahre. In den wieder selbständigen Staaten Ägypten und Syrien bahnten die Führungskräfte in den sechziger Jahren eine sozialistisch orientierte Entwicklung an. Die Erwartung, mit ihr zu voller nationaler Unabhängigkeit und sozialer Gerechtigkeit zu gelangen, war groß. Und nun, 1967, diese Niederlage. Nasser, der gefeierte Held, übernahm die Verantwortung dafür und bot seinen Rücktritt an. Zwar hielten Millionen Ägypter, indem sie für ihn demonstrierten, ihn davon zurück, bei seinem Rücktrittsangebot zu bleiben; doch die Frage blieb und ließ sich nicht beiseite schieben: Wie hatte es dazu kommen können? Araber erörterten sie wieder und wieder. Da war der Boden bereitet auch für ein religiöses Wunder. Im Frühjahr 1968 machte in Kairo die Nachricht die Runde, bei einer koptischen Kirche in dem Vorort Saitun sei die Jungfrau Maria erschienen. Auf den ersten Blick mochte das als christliche Angelegenheit erscheinen. Doch angesichts allgemeiner Niedergedrücktheit fühlten sich Muslims gleichermaßen angesprochen. Tausende Ägypter beider Religionsgemeinschaften strömten allabendlich nach Saitun, um Augenzeugen des ermutigenden Ereignisses zu sein. Vielleicht ließ sich mit der nationalen Errettung auch gleich diese oder jene persönliche Angelegenheit erledigen? Verkrüppelte Menschen auf dem Kirchengelände baten Maria, daß sie sich ihrer erbarme. Gläubige behaupteten, die Jungfrau gesehen zu haben. Die Presse veröffentlichte Interviews mit solchen Personen, auch Abbildungen mit der Erscheinung. Viele arabische Muslims blickten in dieser Situation zugleich auf die Glaubensgenossen in der nichtarabischen Welt. War von ihnen, es waren damals über 500 Millionen, nicht Beistand in der Auseinandersetzung mit Israel und dem Imperialismus zu erwarten?

Die Reislamisierung, seitdem vorangeschritten, läßt sich quantitativ wie qualitativ erfassen.

Zum quantitativen Aspekt. Die Zahl der Muslims wächst. Zu den gegenwärtig etwa 800 Millionen kommen jährlich 10 Millionen hinzu, einmal durch den natürlichen Geburtenzuwachs in den Ländern, in denen der Islam dominiert, zum anderen durch Missionserfolge, die er – vornehmlich, aber nicht nur, im subsaharischen Afrika – zu verzeichnen hat. Der Islam ist damit gegenwärtig die Weltreligion, die am stärksten wächst. Zu Beginn des kommenden Jahrtausends dürfte er, was die Verbreitung betrifft, das Christentum überflügeln, das hier mit 1,2 Milliarden Anhängern bisher an der Spitze steht. (Zum Vergleich

Unterricht von Koranschülern in der Republik Mali

die dritt- und viertgrößte Weltreligion: Die Zahl der Hindus beträgt etwa 700 Millionen, die der Buddhisten 400 Millionen.)

Zum qualitativen Aspekt. Muslims suchen in zunehmender Zahl aus ihrer Religion Leitlinien für das individuelle wie das gesellschaftliche Leben herzuleiten. Das ist an sich nichts grundsätzlich Neues. Der Islam ist von seinem Ursprung her stark sozial geprägt. Doch hat er sich, nachdem er, Neues hervorbringend, der Feudalgesellschaft den Weg geebnet hatte, mehr oder weniger den allgemeinen Gesellschaftstrends eingeordnet. Das wollen diejenigen, die sich jetzt programmatisch auf ihn besinnen, nicht länger dulden. Sie stemmen sich, wie z. B. in der «islamischen Revolution» im Iran, dominierenden gesellschaftlichen Trends entgegen, vor allem dem, was sie «Verwestlichung» nennen, und möchten die Gesellschaft – dafür steht der Begriff Fundamentalismus bzw. Neofundamentalismus – auf der Grundlage eines in seiner ursprünglichen Reinheit wiederhergestellten Islam umgestaltet wissen. Authentizität ist gefragt, mit ihr eine eigenständige Alternative zur jeweils gegebenen Situation.

Die «islamische Revolution» im Iran war noch nicht aus den Schlagzeilen der Medien verschwunden, da lenkten muslimische Radikale in Saudi-Arabien die Aufmerksamkeit auf sich. Einige Hundert von ihnen – offiziellen Angaben zufolge waren es 210, andere Quellen sprechen von 700[39] –, gut bewaffnet, besetzten am 20. November 1979 die Moschee der Kaaba in Mekka. Offenbar wollten sie König Khalid ibn Abd al-Asis gefangennehmen. Doch dieser fühlte sich unpäßlich und war nicht gekommen. Daraufhin nahmen die Rebellen einige Tausend Pilger – 150 000 waren zugegen – als Geiseln und zogen sich mit diesen in die Kellergewölbe der Moschee zurück. In Reden, die Moscheelautsprecher in die Stadt übertrugen, brandmarkten sie die Lebensweise der Herrschenden und der Reichen als unislamisch. Heuchelei und Korruption hätten sich ausgebreitet. Es sei höchste Zeit, zur Herrschaft der Gerechtigkeit zurückzukehren, wie es sie in der Frühzeit des Islam gegeben habe. Im Zusammenhang damit forderten die Rebellen, Fernsehen und Fußball zu verbieten sowie die nichtmuslimischen Gastarbeiter aus Saudi-Arabien auszuweisen.[40]

Das saudische Herrscherhaus war überrascht und betreten. Nicht «Ungläubige» rebellierten; nein, Glaubensgenossen stellten seinen Anspruch in Frage, Inkarnation des reinen Islam zu sein. Der Herrscher ordnete an, die Moschee zu stürmen. Regierungstruppen versuchten dies am 21. und 22. November, doch sie scheiterten. Noch am 20. November, dem Tag der Moscheebesetzung, begann in Tunis eine arabische Gipfelkonferenz. Die Saudis mühten sich, das, was ihnen widerfahren war, herunterzuspielen. Doch konnten sie sich seiner Wirkung nicht entziehen. Sie stimmten – was sie sonst möglicherweise nicht getan hätten – Resolutionen zu, die die USA wegen der Abkommen von Camp David verurteilten. Ferner verlangten sie, zur Durchsetzung arabischer Interessen mit größerer Konsequenz das Erdöl als politische Waffe einzusetzen.[41]

Am 28. November, die Moscheebesetzung dauerte noch an, versuchten die Schiiten von Katif ungeachtet eines Verbotes des Provinzgouverneurs, die alljährlichen Aschura'-Feierlichkeiten zu zelebrieren. Die Nationalgarde griff ein, um das zu verhindern. Tätliche Auseinandersetzungen entbrannten, die sich 24 Stunden hinzogen und 17 Tote forderten.

Erst am 4. Dezember gelang es saudischen Truppen, die besetzte Moschee in Mekka zu stürmen. Jordanische und ägyptische Einheiten sollen daran beteiligt gewesen sein, ebenso französische Anti-Terror-Spezialisten. Die Verluste unter den Beteiligten waren hoch. Gefangene Rebellen wurden in verschiedenen Städten des Landes hingerichtet. Die Betroffenheit in den herrschenden Kreisen blieb. Muslimische Ideologen suchten zu beschwichtigen. Die eigene Regierung, meinten sie, sei die vortrefflichste, die die Welt seit Muhammad und den rechtgeleiteten Kalifen kenne. Sie habe nichts getan, was die Rebellion rechtfertigen könne.[42]

Iranische Fundamentalisten suchten ihr Islamverständnis als das ihrer Meinung nach einzig authentische der muslimischen wie der nichtmuslimischen

Blick auf die Kaaba in Mekka (1974)

Welt nahezubringen. Wiederholt nutzten sie dazu auch die Wallfahrt nach Mekka. Khomeini rechtfertigte dies unter Hinweis darauf, daß im Islam Religion und Politik untrennbar miteinander verbunden seien. Das saudische Königshaus mochte das nicht akzeptieren. Während der Pilgerfahrt sollten unter Muslims weder Kampf noch Streit noch Diskussionen entstehen. Wiederholt kam es zu Zusammenstößen zwischen iranischen Pilgern und saudischen Polizisten.

Am 31. Juli 1987 fand vor der Moschee der Kaaba in Mekka der bislang ernsthafteste und folgenschwerste Zwischenfall statt. Einzelheiten lassen sich aufgrund widersprüchlicher Aussagen und Meldungen nur schwer rekonstruieren. Offenbar formierten sich Iraner, um durch die Menge der zweieinhalb Millionen Pilger zu ziehen. Die Situation war im Zusammenhang mit dem Golfkrieg, in dem Saudi-Arabien auf der Seite des Irak stand, außerordentlich gespannt. Saudische Sicherheitskräfte wollten die iranische Demonstration verhindern. Beide Seiten wurden gewalttätig. Eine Panik brach aus. Nach offiziellen Angaben aus Riad fanden 275 iranische Pilger, 42 Pilger anderer Nationalität und 85 saudische Sicherheitsbeamte den Tod. Teheran sprach von 412 getöteten Iranern.

Als Reaktion auf die blutigen Ereignisse in Mekka stürmten in Teheran Muslims die Botschaften Saudi-Arabiens und Kuweits und demonstrierten vor der französischen Botschaft. Ein Streit um die Zukunft der Heiligen Stätten entbrannte. König Fah'd ibn Abd al-Asis hatte sich erst kürzlich in einem neu angenommenen Titel als deren Diener bezeichnet. Der iranische Präsident Sejjed Ali Khamene'i nannte den saudischen Herrscher einen Diener der USA und forderte, die Heiligen Stätten zu internationalisieren.

Am 5. August landete ein Flugzeug mit verletzten und toten iranischen Pilgern auf dem Flughafen von Teheran. Ein weiteres folgte am 7. August. Innenminister Ali Akbar Mohtaschami machte die USA für das Blutbad in Mekka verantwortlich. «Die Islamische Republik Iran und die Hisbollah (Partei Gottes – M. R.) in der ganzen Welt werden die unerwarteten Schandtaten der Polizei und der Regierung Saudiarabiens nicht unbeantwortet lassen.»[43] Der saudische Innenminister Prinz Nadschif ibn Abd al-Asis erklärte am 25. August vor der Presse in Riad: «Seit den Anfängen der iranischen Revolution ist das Königreich Saudiarabien ebenso wie die ganze arabische Welt bestürzt über die lärmenden und demagogischen Demonstrationen der iranischen Pilger ... Es entspricht dem Wunsch des allmächtigen Gottes, daß die beiden heiligen Moscheen und die Pilgersitze in diesem Land und nicht anderswo sind. Es war sein Wunsch, all dies zu einem Hort der Geborgenheit zu machen.»[44]

Reislamisierung: Krisen- und Selbstbewußtsein

Der Begriff «Reislamisierung» kann in zweierlei Hinsicht irreführen.

Einmal mag er die Vorstellung wecken oder nähren, einem Niedergang des Islam in der Vergangenheit stehe dessen steiler Aufstieg in der Gegenwart gegenüber. Gewiß, der Islam erlitt im 19. und 20. Jahrhundert einen gewissen Substanzverlust und büßte Geltung ein. Die Türkei, am 29. Oktober 1923 zur Republik geworden, schaffte am 3. März 1924 das Kalifat ab. Der Ägypter Ali Abd al-Rasik sah sich durch diesen Schritt ermutigt, ein Jahr später in seinem Buch «Der Islam und die Grundlagen der Staatsgewalt» die Trennung von Staat und Religion zu fordern. Muhammad, argumentierte er, habe einer religiösen, nicht einer politischen Berufung gelebt, und die Notwendigkeit des Kalifats könne aus seinen Lehren nicht hergeleitet werden. Doch das war eher ein kühner Alleingang, der auf heftigen Widerstand traf; Abd al-Rasik verlor sein Amt als Richter. Denn wenn auch die Trennung von Staat und Religion im islamischen Bereich voranschritt, der Islam war zu keinem Zeitpunkt so an den Rand der Gesellschaft gedrängt worden wie das Christentum in einigen entwickelten kapitalistischen Staaten. In den Gesellschaften, in denen er zu Hause war, war er lebendig geblieben, das Leben seiner Anhänger regelnd und ihm einen Sinn gebend. Fritz Steppat verweist in diesem Sinne darauf, daß der Islam für die breiten Volksmassen «immer das maßgebliche Bestimmungsmerkmal der Gruppe» gewesen sei, woraus er – seine Überlegung zuspitzend – schlußfolgert, daß eine «Reislamisierung» eigentlich niemals stattgefunden habe.[45]

Rituelle Reinigung vor dem Gebet
an einer Moschee in Sarajevo (Jugoslawien)

Zum anderen täuscht der Begriff «Reislamisierung», darauf macht Johannes Reissner aufmerksam[46], mehr Einheitlichkeit vor, als vorhanden ist. Zu den vorgesehenen Zeiten beispielsweise verrichten heute mehr Muslims als früher, doch bei weitem nicht alle, das Gebet. Unter den Fundamentalisten – etwa zwischen denen im Iran und denen in Saudi-Arabien – herrschen ernste Meinungsverschiedenheiten. Und es gibt im Islam die Modernisten, die bereit sind, sich von Überholtem zu trennen und sich neuen Entwicklungen zu öffnen. Sie betonen, wie Holger Preißler schreibt, weniger als die Fundamentalisten das religiöse Gesetz und streben eine stärkere Verinnerlichung und Ethisierung des Islam an.[47] In letzter Zeit traten sie stärker als zuvor dem Fundamentalismus entgegen und machten auf Gefahren aufmerksam, die von diesem ausgehen.

Doch jeder Begriff vergewaltigt bis zu einem gewissen Grade Sachbestände. Dies berücksichtigend, kann schon von «Reislamisierung» gesprochen werden in dem Sinne, daß der Islam wächst und eine zunehmende Zahl seiner Anhänger heute mehr von ihm erhofft als noch vor zwanzig oder dreißig Jahren.

Welche Ursachen hat die Reislamisierung?

Muslims errangen mit der Eigenstaatlichkeit einen großen Sieg. Fortan verfügten sie über neue Möglichkeiten, ihre eigenen Geschicke zu gestalten wie am internationalen Geschehen maßgeblich teilzuhaben. Bestehen blieb indessen die Unterentwicklung, die Abhängigkeit vom Imperialismus, Ausbeutung durch imperialistische Staaten und internationale Monopole sowie die ständige Reproduktion eines einmal eingetretenen historischen Rückstandes umschließt. Für die betroffenen Menschen bedeutet sie Armut, Analphabetentum, Hunger, Krankheit. Dieser Widerspruch von Eigenstaatlichkeit und Unterentwicklung, charakteristisch für alle Entwicklungsländer, äußert sich in der Reislamisierung in spezifischer Weise und bringt in ihr gegenläufige Tendenzen hervor.

Viele Muslims zogen im antikolonialen und antiimperialistischen Kampf Kraft und Zuversicht aus ihrer Religion. Das, davon sind sie überzeugt, befähigte sie zum Sieg. Ihre Schlußfolgerung: Wenn wir noch fester am Islam festhalten und uns auf seinem Boden zusammenschließen, werden wir noch erfolgreicher sein. Bekräftigt ein Blick in die Vergangenheit nicht diese ihre Überzeugung? Hatten Muslims, durch ihren neuen Glauben in Aufbruchstimmung versetzt, nicht ein Weltreich erobert und durch Pionierleistungen zum Menschheitsfortschritt beigetragen? Ist der Islam nicht seinem Wesen nach eine Erfolgsgarantie?

Die Reislamisierung artikuliert so ein gewachsenes und wachsendes Selbstbewußtsein vieler Muslims.

Doch das ist nur die eine Seite oder eine Tendenz. Solange sie noch kolonial und halbkolonial versklavt waren, knüpften die Menschen unerhörte Erwartungen an die Eigenstaatlichkeit. Ihre Misere, das war ihnen klar, ging von der Kolonialherrschaft aus. War diese erst einmal beseitigt, folgerten sie, müßte alles anders und besser werden. Was da konkret auf sie zukommen würde – darüber machten sich die meisten kaum oder keine Gedanken. Der Tag der Eigenstaatlichkeit kam. Die Menschen begingen ihn festlich, zu Recht. Doch der Alltag danach – er unterschied sich gar nicht von dem davor. Das war eine neue Erfahrung. Koloniale Ausbeutung setzte sich im Neokolonialismus fort. Vielfach bauten einheimische Ausbeuter ihre Position aus. Die Kluft zwischen arm und reich wuchs und im Zusammenhang damit die Zahl der «absolut Armen». Im Jahre 1973, als Robert McNamara den Begriff prägte, betrug sie 700 Millionen, jetzt ist sie auf eine Milliarde angestiegen. Arbeitslosigkeit gewann eine neue Dimension: Für viele wurde sie ein Lebensschicksal. Korruption, Amtsmißbrauch und andere dunkle Machenschaften waren allgegenwärtig. Ernüchterung und Enttäuschung griffen unter den Muslims um sich. Wo war ein Ausweg?

Proimperialistische Politiker und Ideologen empfahlen die «Modernisierung» als Heilmittel gegen Unterentwicklung. Sie dachten dabei an einen Nachvollzug der Entwicklungen, die hochindustrialisierte kapitalistische Staaten einst durchgemacht hatten. Doch das konnte nicht funktionieren. In Ländern, die der Imperialismus ausgesaugt hatte, weiter aussaugte und in Abhängigkeit hielt, und angesichts der zu bewältigenden wissenschaftlich-technischen Revolution konnte nicht wiederholt werden, was der Kapitalismus in seiner Sturm- und Drangperiode in Westeuropa, Nordamerika und schließlich Japan vollbracht hatte.[48] Muslims zweifelten in zunehmender Zahl an allem Modernen. Auch bürgerliche Soziologen gestanden ein, daß das Modernisierungskonzept allenfalls ein Wirtschaftswachstum im Auge habe, das die Reichen reicher und die Armen ärmer mache, nicht aber Fortschritt im Interesse aller. Sie empfahlen Entwicklungskonzeptionen, die sich an den «Grundbedürfnissen» wie Ernährung, Kleidung, Wohnung, Gesundheitsfürsorge und Bildung der Armen und Ärmsten orientieren.

In der internationalen Situation sahen viele Muslims in Entwicklungsländern eine Bipolarität wirksam, in der sie selbst nicht Partei ergreifen mochten. Den Imperialismus setzten sie aus ihrer geschichtlichen Erfahrung heraus weitgehend mit dem Kolonialismus gleich. Der Sozialismus, in seiner staatlichen Gestalt als Bundesgenosse im antikolonialen und antiimperialistischen Kampf vielfach akzeptiert, blieb ihnen weiterhin klassenmäßig fremd. Nicht wenige Muslims meinten gar, daß die «bipolare» Weltentwicklung ihren Ländern schade bzw. auf ihre Kosten erfolge. Tatsächlich hindert die Bipolarität in ihrer bisherigen Existenzform, d. h. bis vor kurzem konfrontativ ausgefochten, die Menschheit daran, die Probleme der «dritten Welt» und damit deren «absolute Armut» und Verschuldung als ihre eigenen zu behandeln. Rufe, dies zu tun, verhallen zwar nicht mehr ungehört, aber das Wettrüsten entzieht noch immer auf mehrfache Weise den Entwicklungsländern unerhörte materielle Mittel.

Konfrontiert mit Krisen mancherlei Art, setzten viele Muslims ihre Hoffnungen auf den Islam. Das war keine «Rückkehr zum Mittelalter», wie zuweilen unbedacht zu hören und zu lesen war, sondern vielmehr der Versuch, in Rückgriff auf das Überkommene und Altbewährte und damit in Besinnung auf die eigene Authentizität Krisen zu überwinden. Ali Schariati machte dies in einem Brief deutlich, den er am 16. Mai 1977, kurz vor seinem Tode, an seinen Vater richtete. «Es ist klar, daß der Islam im Begriff ist, eine Wiedergeburt zu erleben ...», heißt es darin. «Die wirksamsten Faktoren hierfür sind die Tatsache, daß die Intellektuellen dieser Epoche in eine Sackgasse geraten sind, sowie die Niederlage der Wissenschaft und die Hilflosigkeit der Ideologien ... Die Wissenschaft, die ein besserer Ersatz für die Religion zu werden behauptete, führte zur Atombombe und wurde zur Sklavin des Kapitalismus und der Gewalt. Aus dem modernen Menschen machte sie einen unglücklichen Reichen und einen zivilisierten Wilden. Freiheit und Demokratie wurden zu einem Tummelplatz für einen zügellosen Angriff des Geldes und der Wollust, für die hemmungslose Ausplünderung des Menschen und für die Verleumdung aller menschlichen Werte. Alle diese bitteren Erfahrungen haben günstige Voraussetzungen für die Auferstehung des Glaubens geschaffen.»[49] Schariati, selbst ein Mann der Religion, gibt die Stimmung wieder, aus der die Reislamisierung erwuchs. Der Islam soll weiterhelfen, weil sich andere Wege in die Zukunft als Irrwege erwiesen. Er soll, wie Reissner formulierte, heutigen Muslims einen Aufbruch ins zwanzigste Jahrhundert unter Wahrung ihrer Identität gestatten.[50] Die Reislamisierung trifft sich hier mit analogen Bemühungen um Authentizität in anderen Teilen der «dritten Welt», etwa der Négritude in Afrika oder der Herausbildung präkolumbianischer Indio-Identität in Mittel- und Südamerika.[51]

Ruf nach der Polizei?

Welche gesellschaftlichen Konsequenzen zeitigt die Reislamisierung?

Der XXXI. Kongreß für Asien- und Nordafrikakunde, der 1983 in Japan stattfand, hatte eine Diskussion zu dem Thema angesetzt: «Die gegenwärtige Phase des islamischen Radikalismus». Die Diskussionspartner gaben indes gleich zu Beginn zu bedenken, ob der Begriff «Radikalismus» geeignet sei, den zu behandelnden Gegenstand zu bezeichnen. Politiker und Polizisten benutzten ihn, um Gegner als angeblich außerhalb des Gesetzes stehend zu disqualifizieren. Für den Wissenschaftler sei es zumindest unangebracht, von Radikalen zu sprechen; es komme dies allzuleicht einem Ruf nach der Polizei gleich.

Bedenken dieser Art mögen in manchen Staaten berechtigt sein. In erster Linie äußert sich in ihnen jedoch eine gewisse Unsicherheit, wie das Phänomen, um das es geht, darzustellen und zu beurteilen sei.[52]

Was die Reislamisierung bringt, hat schon mit Radikalismus zu tun. Damit ist nicht, was vielleicht naheliegen mag, die Ausübung von Terror gemeint. Der Begriff «radikal» bezieht sich auf das Verständnis und die Praktizierung des Islam: Muslims gehen davon aus, daß dieser menschlicher Existenz erst ihre eigentümliche Qualität verleiht. Deshalb soll der Islam im Leben der Gesellschaft wie des Individuums höchste Sinngebung und Richtschnur sein und ohne Abstriche in gesellschaftliche Praxis umgesetzt werden. Es kann dies, ohne sich darauf zu reduzieren, Terrorausübung einschließen. Gerade der Absolutheitsanspruch, mit dem der Islam hier verstanden und praktiziert wird, bietet wenig Raum für Toleranz, vielmehr eine abstrakte Benennung des Feindes, die dahin tendiert, diesen zu verteufeln mit der ausgesprochenen oder unausgesprochenen Forderung, ihn zu vernichten.

In erster Linie verhalf bzw. verhilft die Reislamisierung dem Fundamentalismus bzw. Neofundamentalismus zu größerer Wirksamkeit. Dessen Anhänger wollen, indem sie eine Rückkehr zum ursprünglichen Islam fordern, die Übel, die sie in der Gesellschaft ausmachen oder auszumachen glauben, mit den Wurzeln ausrotten. Der Ur- bzw. Frühislam besitzt für sie als Modell eine eigene Anziehungskraft. Hinzu kommt: Ein anderer Islam als der ursprüngliche stand und steht denen, die in ihm nach Leitlinien für ihr Handeln suchen, aufgrund unterbliebener tiefgreifender Reformen nicht zur Verfügung.

Fundamentalisten bewegen sich dabei in einem komplizierten gesellschaftlichen Interessengeflecht sowie im Spannungsfeld zwischen Realität und Anspruch. In ihren Reihen vollziehen sich Differenzierungen und Polarisierungen.

In Saudi-Arabien ist das, was Fundamentalisten begehren, erlebbar. Das Land hat keine Verfassung, der Koran nimmt ihre Stelle ein. Die *scharia* ist geltendes Recht. Die Herrschenden in Saudi-Arabien verteidigen mit dem Islam den gesellschaftlichen Status quo, den die Rebellen, die 1979 die Moschee der Kaaba besetzten, als höchst unislamisch angriffen. Fundamentalisten waren die einen wie die anderen.

Abu'l-A'la al-Maududi (1904 bis 1979), ein Pakistaner, erarbeitete Grundzüge eines Programms, dem in fundamentalistischen Kreisen lange eine Art Modellcharakter zukam. Als im August 1941 in Lahore die Islamische Gesellschaft (Dschama'at-i Islami) gegründet wurde, übernahm er deren Führung. Er bejahte die Teilung des asiatischen Subkontinents und setzte sich dafür ein, aus Pakistan einen islamischen Staat zu machen. Das bedeutete: Gott allein – und niemand anders, weder ein König, noch eine Klasse oder Gruppe oder auch das Volk als Ganzes – sollte der Souverän und Gesetzgeber sein.[53] Radikal wie die Gesellschaftsprogrammatik war das Feindbild. Da alles in der Welt, so Maududi, dem Gesetz Gottes gehorche, «von den winzigsten Staubkörnchen bis zu den Milchstraßen im Weltraum», sei dies alles auch «Muslim». Menschen hingegen, die sich weigerten, die Oberherrschaft Gottes anzuerkennen, seien Rebellen. «Auch wenn sie sich nicht schlecht benehmen und weder Verderben noch Gewalttätigkeit verbreiten, bleiben sie Aufrührer, und ihre scheinbar guten Taten sind von geringem Wert. Solche Menschen sind wie Gesetzesbrecher.»[54]

Maududi gab hier den Fundamentalisten eine Argumentation, gegen jeden – auch gegen Muslims – vorzugehen, der nicht ihre Auffassung teilte. Das eigene Islamverständnis avancierte zum absoluten Maßstab, um andere zu be- und abzuurteilen.

Für die islamische Geistlichkeit im Iran bedeutete fundamentalistische Interpretation des Islam zunächst Rebellion. Inzwischen hat sie errungene Machtpositionen zu verteidigen. Mit Blick auf die regionale und internationale Situation behielt sie ein auf Veränderung zielendes Islamkonzept bei. Da war der Konflikt mit Saudi-Arabien unvermeidbar. Er reproduziert sich im Verhältnis zwischen islamischen Organisationen in anderen Ländern.

Mit der Reislamisierung verstärkten sich gleichfalls die Bestrebungen der Muslims, sich zu solidarisieren.

Ursprünglich bildeten die Muslims in Gestalt der *umma*, ihrer Gemeinschaft, eine Einheit. Gewiß, schon bald machten sich in ihren Reihen Oppositionsbewegungen, Rivalitäten, dynastische Streitigkeiten usw. bemerkbar. Doch erst als sie unter die Herrschaft verschiedener europäischer Kolonialmächte gerieten, wurde unübersehbar: Mit ihrer Einheit war es vorbei. Die Idee – in Gestalt des Panislamismus –, sie wiederherzustellen, erwuchs im 19. Jahrhundert aus dem antikolonialen Kampf. Würden die Muslims in ihrer Solidarisierung nicht die Stärke gewinnen, die sie brauchten, um sich vom Kolonialjoch zu befreien? Die dieser Frage eigene Logik war einleuchtend, und al-Afghani vor allem wollte die Gemeinsamkeit des Islamischen in eine gemeinsame antikoloniale Haltung ummünzen. Doch zweierlei stand dem entgegen. Der antikoloniale Kampf setzte, da er darauf zielte, einer eigenständigen Entwicklung von Kapitalismus den Weg zu ebnen, die Schaffung von Nationalstaaten auf die Tagesordnung. Und Dynastien pochten auf den Panislamismus, um ihre Ansprüche zu untermauern, was Muslims nicht einte, sondern gegeneinander aufbrachte. Der Allgemeine Islamische Kongreß, der im Dezember 1931 in Jerusalem zusammentrat und das bedeutendste panislamische Ereignis in der Periode des antikolonialen Kampfes war, dokumentierte zwar die Solidarität der Muslims mit der Sache der Palästinenser, doch im Grunde blieb er wirkungslos.

Nach dem zweiten Weltkrieg erhielt der Panislamismus neue Chancen, vordergründig zumindest. Immer mehr Muslims lebten jetzt in souveränen Staaten, so daß sie ihn zur Leitlinie ihrer Staatspolitik erheben konnten. Das geschah auch. Doch da die Staaten unterschiedliche, ja gegensätzliche Ziele verfolgten, geriet der Panislamismus in dieses Gegeneinander hinein, was ihn lähmte. Drastisch zeigte sich dies in den sechziger Jahren im «arabischen kalten Krieg». Saudi-Arabien suchte gegen die Fortschrittsbestrebungen, die von Ägypten und Nasser ausgingen, mit einem «Islampakt» eine einheitliche islamische Front zu errichten. Die Ägypter konterten, indem sie gleichfalls panislamische Intentionen ins Spiel brachten, u. a. mit der Schaffung einer «Akademie für islamische Studien».

Das änderte sich Ende der sechziger Jahre, als die Reislamisierung gerade aus dem Wunsch arabischer Muslims erwuchs, sich angesichts einer außerordentlich komplizierten Situation zu solidarisieren, auch und gerade mit nichtarabischen Glaubensgenossen. Islamische Staaten standen weiterhin einander konträr gegenüber, doch im Zusammenhang mit der Schaffung der Organisation der Islamischen Konferenz (OIK), der inzwischen 46 Mitglieder angehören, erarbeiteten sie ein tragfähiges Konzept, das es erlaubte, gemeinsame Interessen ungeachtet tiefgreifender Meinungsverschiedenheiten zur Geltung zu bringen. Der Jerusalem- und der Palästinafrage räumten sie Vorrang ein, da, wie Habib Chatti, ehemaliger OIK-Generalsekretär, formulierte, «Jerusalem und Palästina für jeden Muslim – neben dem Land, aus dem er stammt – eine zweite Heimat sind.»[55] Sie nehmen dabei eine in ihren Grundzügen antiimperialistische Position ein, die grundsätzlich mit der Haltung sozialistischer Staaten übereinstimmte: Israel soll sich von allen besetzten arabischen Territorien zurückziehen, und die Palästinenser sollen die Möglichkeit erhalten, ihr Recht auf Eigenstaatlichkeit zu realisieren.[56]

Die Reislamisierung ist so eine spezifisch islamische Antwort auf gesellschaftliche Herausforderungen der Gegenwart. Ihre konkrete politische Aussage erwächst aus den jeweiligen gesamtgesellschaftlichen Zusammenhängen, unter denen sie wirksam wird.

Der tiefe Gegensatz, in dem sich muslimische Völker zum Imperialismus befinden, kann sich in einer verstärkten Rückbesinnung auf den Islam äußern. Die Reislamisierung kann dann in ihren verschiedenen Aspekten bis zu einem gewissen Umfang – wie im Iran – antiimperialistische Kämpfe motivieren und beflügeln.

Der Feind wird indessen nicht in seiner Konkretheit benannt, sondern gilt als das Fremde und deshalb Feindselige. Die Reislamisierung kann deshalb – wenn der Kommunismus als das Fremde erscheint – auch antikommunistisch aufgeladen werden. USA-Theoretiker und -Politiker empfehlen, Fundamentalisten zu unterstützen, wenn sie die Sowjetunion und ihr befreundete Regierungen bekämpfen, vor allem dann, wenn es sich bei ihnen um die einzig ernst zu nehmende antikommunistische Opposition in einem Land handle.[57] Antiimperialistische und antikommunistische Aspekte können unter Umständen nebeneinandergeraten. Eine iranisch orientierte islamische Zeitschrift nannte in einem Leitartikel die USA, die UdSSR, Israel, Indien und den arabischen Nationalismus «die Feinde des Islam»[58].

Schließlich tendiert die Reislamisierung dazu – wenn sie etwa altes islamisches Recht reaktiviert –, den Islam in seiner Eigenständigkeit zur Geltung zu bringen, in Abgrenzung zum Sozialismus wie zum Imperialismus. Nicht wenige Muslims sind davon fasziniert. Jahrzehnte und Jahrhunderte hatten die Kolonialherren in ihren Ländern das Sagen. Jetzt wollen die Muslims selbst über ihr Leben entscheiden. Die Alternative Kapitalismus oder Sozialismus, die sich in ihren Augen wesentlich aus der Konfrontation der Großmächte USA und UdSSR ergibt, wollen sie sich nicht aufdrängen lassen. Schließlich hatten sie eigene und bewährte Gesellschaftsnormen, bevor die Europäer kamen.

Es verführt Muslims dazu, der eigenen Tradition mehr oder weniger unkritisch und Neuem undifferenzierend-ablehnend gegenüberzustehen. Bruce B. Lawrence spricht von einem «antiintellektuellen» und «anti-modernistischen» Zug, der sich hier bemerkbar mache.[59] Eine solche Neigung ist im Zusammenhang mit dem historischen Kontext, aus dem sie erwächst, verständlich – doch ist sie auch tragfähig? Heftige Kontroversen löste Salman Rushdie, ein Brite indisch-islamischer Herkunft, aus, als er im September 1988 ein Buch «Die satanischen Verse» veröffentlichte. Mit dem Titel nahm er Bezug auf eine Episode im Leben Muhammads. Um die Mekkaner für sich zu gewinnen, war der Prophet entgegen seinem grundsätzlichen Bekenntnis zum Monotheismus bereit, Allah drei vorislamische lokale Göttinnen beizuordnen. Bald bereute er das Kompromißangebot. Er machte es rückgängig und behauptete unter Berufung auf den Engel Gabriel, der Satan habe ihn verleitet. Doch nicht das war das Ärgernis. Rushdie läßt in dem Buch, dessen Handlung in der Gegenwart spielt, in Träumen Gestalten aus der Ursprungszeit des Islams auftreten, und die Art, in der er das tat, erregte Anstoß. Da ist die Rede von einem Bordell, dessen 12 Insassinnen sich die Namen der Gattinnen Muhammads zulegten. Das ließ ihre Geschäfte um dreihundert Prozent ansteigen. Viele Muslims empfanden Passagen dieser Art als Blasphemie, d. h. als Gotteslästerung. Es kam zu Demonstrationen im Iran, in Pakistan und Indien – aber auch in Bradford und London. Khomeini rief dazu auf, den Autor, den er als Apostaten, d. h. als Abtrünnigen, betrachtete, zu töten. Am 14. Februar 1989 setzte er auf seinen Kopf umgerechnet drei Millionen Mark aus. Aus Protest gegen diese Entscheidung zogen die zwölf EG-Mitgliedstaaten ihre Botschafter aus Teheran zurück. Rushdie tauchte unter, bewacht von Scotland Yard.

Nach Udo Steinbach ist der Islam bislang den Beweis schuldig geblieben, «eine machbare ‹alternative Ordnung›» anzubieten.[60] Bassam Tibi meint, daß die Reislamisierung «keinen Beitrag zur Überwindung der Unterentwicklung» leisten wird.[61] Vielleicht ist das vorschnell geurteilt; die Geschichte jedenfalls wird ihr Urteil sprechen.

3. Kapitel

Ägypten zwischen Nasser und Muslimbrüdern

Islamischer Radikalismus regte sich in Ägypten, bevor der Iran ihn zum Thema der Weltpolitik machte.

Das Land hatte in der ersten Hälfte des 19. Jahrhunderts unter Muhammad Ali, einem Albaner, versucht, einen eigenständigen Entwicklungsweg einzuschlagen. Aufgrund innerer Schwächen und äußeren Drucks war dieser Versuch gescheitert; lediglich die von Muhammad Ali begründete Dynastie war geblieben. Schrittweise etablierten die Briten ihre Herrschaft am Nil und erklärten schließlich am 18. Dezember 1914 Ägypten offiziell zu ihrem Protektorat. Nach den Worten von Alexander Schölch durchlief das Land «eine geradezu exemplarische ‹Entwicklung zur Unterentwicklung›»[1].

Die Ägypter fanden sich damit nicht ab. Die Oktoberrevolution verlieh ihrem antikolonialen Kampf starke Impulse. Aus ihrem Versuch, mittels einer Delegation *(wafd)* eigene Positionen auf der Pariser Friedenskonferenz zur Geltung zu bringen, ging die Wafd-Partei als stärkste politische Kraft des Landes hervor. 1922 errangen die ägyptischen Patrioten einen ersten Erfolg: Großbritannien erklärte ihr Land formell zu einem unabhängigen Königreich. Sultan Fuad nahm noch im selben Jahr den Königstitel an. Die Briten behielten indessen entscheidende Positionen in ihren Händen.

Hassan al-Banna und die Muslimbrüder

Die Stadt Ismailia ließ die koloniale Situation des Landes augenfällig werden. Von hier aus hatte der Franzose Ferdinand Lesseps den Bau des Suezkanals dirigiert. Den Ägyptern waren für den Kanalbau große personelle und finanzielle Opfer auferlegt worden. Den fertigen Kanal betrieb eine von Briten und Franzosen beherrschte Gesellschaft, deren Sitz in Ismailia lag. Die Stadt war Zentrum auch der Suezkanalzone, in der britische Streitkräfte stationiert waren. Die Ausländer bewohnten elegante Häuser mit vielerlei Bequemlichkeiten. Die Ägypter hatten sich mit bescheideneren Wohnungen zu begnügen.

Hassan al-Banna, Jahrgang 1906, Sohn eines Uhrmachers, arbeitete in Ismailia als Grundschullehrer. Er litt unter der Erniedrigung seines Landes, die er täglich vor Augen hatte. In seiner Jugend war er antibritisch und in Zirkeln tätig, die die Gesellschaft gemäß islamischer Normen reformieren wollten. Ein vierjähriges Studium in Kairo hatte ihn alle vom Kolonialismus ausgehenden Wirkungen – die destruktiven, aber auch diejenigen, die auf eine Erneuerung der Gesellschaft zielten – noch stärker als Bedrohung der Identität seines Volkes empfinden lassen. In seiner Autobiographie spricht er von einer «Strömung der Auflösung in den Herzen, Ansichten und Gedanken» der Menschen und einer «Woge des Abfalls und des Libertinismus (der Zügellosigkeit – M. R.)», die stark und reißend war und vor der nichts standhielt.[2] Allein der Islam, glaubte er, könne seine Heimat retten. Er reaktivierte den Fundamentalismus zum Neofundamentalismus. Seine Überzeugung wußte er eindringlich vorzutragen. Belesenheit und Beredtheit verschafften ihm Autorität.

Das Frühjahr 1928 war in Ägypten reizvoll wie in jedem Jahr. Doch viele Ägypter hatten für seine Reize wenig Sinn. Die Weltwirtschaftskrise warf ihre Schatten voraus, für die einfachen Menschen – die Fellachen, Arbeiter und kleinen Angestellten – eine Bedrohung ihrer ohnehin kärglichen Existenz.

Am Abend eines Märztages des Jahres 1928 suchten sechs Männer Hassan al-Banna auf. Sie kannten dessen Auffassungen und teilten sie. Es drängte sie, etwas zu tun. «Wir haben dieses Leben satt – dieses Leben in Ketten und Erniedrigung», versicherten sie. «Du siehst doch, daß die Araber und die Muslims in diesem Land weder Rang noch Achtung besitzen; ihre Stellung ist noch geringer als die der Angestellten, die von den Ausländern beschäftigt werden. Wir haben nichts zu bieten als unser Blut, unser Leben, unseren Glauben, unsere Ehre und die paar Piaster, die wir vom Unterhalt unserer Kinder abgespart haben. Wir kennen nicht den Weg, der zur Aktion führt, noch wissen wir, wie wir unserem Lande, unserer Religion und unserem Volk dienen können, wie du es tust. Alles, was wir wollen, ist, dir anzubieten, was wir haben, damit wir unserer Verantwortlichkeit vor Gott gerecht werden können und damit wir dich gewinnen, für uns und unsere Pflichten Verantwortung vor Gott zu übernehmen.»[3] Die Männer schworen, als Brüder zu leben und für den Islam zu streiten. Einer fragte, wie sie sich nennen wollten – Vereinigung, Klub, Kult oder Union. «Nichts von alledem», antwortete Banna. «Laßt uns nicht förmlich und offiziell sein. Wir sind Brüder im Dienste des Islam, und deshalb sind wir ‹Die Muslimbruderschaft›.»[4] Eine Organisation war geboren, die fortan für den islamischen Radikalismus als Modell gelten sollte. Im folgenden Jahr gewann sie festere Umrisse. Deshalb wird oft auch 1929 als ihr Gründungsjahr genannt. Die Bruderschaft wählte den Slogan «Gott ist der Größte; ihm gebührt Dank». Ihr Emblem zeigt einen Koran zwischen zwei Schwertern. Banna selbst leistete ein gewaltiges Arbeitspensum, um seiner Sache zum Durchbruch zu verhelfen.

Die Muslimbruderschaft (dschama'at al-ikhwan al-muslimin) rekrutierte sich vornehmlich aus Angehörigen der städtischen Zwischenschichten, konkret aus Lehrern, Verwaltungsangestellten, Verkäufern, Studenten und kleinen Geschäftsleuten. Soldaten und Polizisten gehörten ihr gleichfalls an. Später traten ihr auch Fabrikarbeiter und Handwerker in größerer Anzahl bei.

Die Muslimbrüder trachteten danach, angesichts der widrigen gesellschaftlichen Bedingungen das Leben ihrer Glaubensgenossen erträglicher zu gestalten. Sie richteten Schulen, Moscheen, Kindergärten und Musterfarmen ein. Die erforderlichen Mittel verschafften sie sich durch Sammlungen, Spenden und eigene Wirtschaftstätigkeit. Das brachte ihnen Anerkennung und Zulauf. Großen Wert legte die Bruderschaft auf die religiöse Unterweisung wie auf die Gewinnung Jugendlicher. Deshalb zog sie einen Stamm von Lehrern und Propagandisten heran.

Im Mai 1933 befaßte sich die erste Generalkonferenz der Organisation mit christlichen Missionsaktivitäten. Es sei dringlich, meinte sie in einem Brief an König Fuad, die Tätigkeiten ausländischer Missionen zu kontrollieren.[5]

1934 verlegte die Muslimbruderschaft ihren Sitz nach Kairo. Von Banna, ihrem Obersten Führer, nahezu diktatorisch geleitet, bildete sie hierarchische Strukturen heraus. Jeder, der ihr beitrat, wurde auf den Koran und das Schwert eingeschworen. Bevor er die Vollmitgliedschaft erhielt, hatte er eine Art Kandidatenzeit zu absolvieren. Zeitweise nahm der *mudschahid*, der Glaubenskämpfer, eine Vorzugsstellung unter den Mitgliedern ein.

In ihrer Programmatik radikalisierte sich die Muslimbruderschaft. Es genügte ihr nicht mehr, die überkommenen Zustände erträglicher zu gestalten, sie propagierte vielmehr den radikalen Wandel durch einen Rückgriff auf den Islam, wie er zur Zeit Muhammads und seiner vier ersten Nachfolger, der sogenannten rechtgeleiteten Kalifen, bestand. Koran und Sunna sollten zur Verfassung eines Staates werden, dessen Lebensbereiche die *scharia*, das ursprüngliche islamische Recht, zu regeln hätte. Denn der Islam mit seinen Regeln und Lehren ist geeignet, die Angelegenheiten der Menschen im Diesseits wie im Jenseits umfassend zu ordnen, meinte Banna. «Er ist Dogma und Gottesdienst, Heimat und Nationalität, Religion und Staat, Geist und Tat, Schrift und Schwert ... Er ordnete für alle Zeiten die Lebensfragen bei allen Völkern und Nationen.»[6] Die Muslimbrüder sahen die nationale und die soziale Frage im Zusammenhang. Sie wollten jeglichen ausländischen Einfluß auf alle Bereiche der Gesellschaft beschränken bzw. ausschalten, Wohlstand für alle und soziale Gerechtigkeit durchsetzen sowie Krankheit und Analphabetentum bekämpfen. Parteien und Gewerkschaften bedurfte das zu errichtende Staatswesen ihrer Meinung nach nicht. Denn die sozialen Unterschiede sollten nicht durch Klassenkampf, sondern durch die Almosensteuer *(sakat)* überwunden werden. Den Fellachen und ihren Lebensbedingungen, die sie zunächst vernachlässigt hatten, begann die Bruderschaft größere Aufmerksamkeit zu schenken.

Dem *dschihad*, dem heiligen Krieg für Allahs Sache, maßen die Muslimbrüder zentrale Bedeutung bei. Sie wollten ihn vor allem gegen diejenigen «Ungläubigen» geführt wissen, die das Land der Muslims unterjocht hielten.

Diese Haltung war zutiefst widersprüchlich. Zunächst einmal war sie antikolonial. Das war die Hauptsache, denn der Antikolonialismus stand auf der Tagesordnung. Aber ließ sich Eigenstaatlichkeit auf den ursprünglichen Islam gründen? Diese Frage mochte im Augenblick nicht spruchreif sein. Doch berührte das Gesellschaftsideal, um das es hierbei ging, das Verhältnis der Muslimbrüder zu den anderen Kräften im oppositionellen Lager.

Den Kommunisten, die in Ägypten unter außerordentlich komplizierten Bedingungen operierten – sie wurden verfolgt, und ihre Bewegung war zersplittert –, standen die Muslimbrüder ablehnend gegenüber. Das ergab sich aus der Gegensätzlichkeit der Ideale. Doch war auch Konkurrenz im Spiel: Die Muslimbrüder befürchteten, potentielle Anhänger an die Kommunisten zu verlieren. Das schloß nicht aus, daß in konkreten Situationen des antikolonialen Kampfes Kommunisten und Muslimbrüder zusammenwirkten.

1936 gestanden die Briten den Ägyptern vertraglich einen größeren Bewegungsraum zu. Das ermöglichte es Ägypten, 1937 dem Völkerbund beizutreten. Doch behielt Großbritannien entscheidende Machtpositionen, darunter seine Truppenpräsenz in der Suezkanalzone.

1936 sandte Banna ein Memorandum «Hin zum Licht» an König Faruk (1920 bis 1965), der im selben Jahr den Thron bestiegen hatte und im Ruf stand, ein frommer Mann zu sein. Darin entwickelte Banna Grundzüge einer – wie wir es heute nennen würden – Reislamisierung Ägyptens. Zwei Wege öffneten sich seiner Meinung nach dem ägyptischen Volk: der des Islam und der der westlichen Lebenshaltung. Der islamische Weg habe den Vorteil, daß er schon erprobt worden sei und ein Volk herangebildet habe, «das zu den stärksten, vortrefflichsten, barmherzigsten und frömmsten Völkern gehört und das der Menschheit den größten Segen gebracht hat»[7]. Die westliche Zivilisation, die eine Zeitlang in ihrer wissenschaftlichen Schönheit geleuchtet habe, sei demgegenüber jetzt bankrott und breche zusammen. Die Menschheit sei gequält, unglücklich, unruhig und ängstlich. Deshalb gerade sehne sie sich nach der Jugendkraft des Islam. Der Islam befriedige insbesondere die Bedürfnisse der erwachenden Völker. Er gebe ihnen Hoffnung, ein Vaterland, militärische Macht, allgemeine Gesundheit und befördere die Wissenschaft, die Sitten und die Wirtschaft. Deshalb, so Banna, «gibt es für uns keine Entschuldigung, wenn wir vom Weg der Wahrheit – vom Weg des Islam – abweichen und den Weg der Begierden und des (irdischen) Tands einschlagen – den Weg Europas –, denn er ist der Weg des Flitters und des Prunks, des Genusses und Überflusses, der Auflösung und des Anarchismus, all dessen, was die Sinne an Genuß lieben». «Der Weg des Islam hingegen bedeutet Macht, Stärke, Wahrheit, Kraft, Segen, Richtigkeit, Festigkeit, Tugend und Großmut.»[8] Banna unterbreitete Vorschläge, wie die Reislamisierung im einzelnen zu bewerkstelligen sei. Das Parteiwesen sei aufzulösen, und die politischen Kräfte des Volkes seien in eine einzige Richtung zu lenken. Eine Gesetzesreform sei durchzuführen, «bis eine Übereinstimmung mit der islamischen Gesetzgebung in allen ihren Zweigen erreicht ist»[9]. Die öffentliche Prostitution müsse als abscheuliches Verbrechen gebrandmarkt und mit Auspeitschen bestraft werden. Die Frauen seien auf das Notwendige hinzulenken, wobei besonders gegenüber Lehrerinnen, Schülerinnen, Ärztinnen und Studentinnen Strenge zu walten habe. Ballsäle und liederliche Tanzlokale seien zu schließen, das Tanzen und das Weintrinken zu verbieten. Der Rundfunk müsse der nationalen und moralischen Erziehung dienen, weshalb die Sendungen sorgfältig auszuwählen seien. Es sei zu kontrollieren, womit sich die Besucher von Cafés beschäftigen; sinnvoll sei es, in ihnen Analphabeten im Lesen und Schreiben zu unterrichten. *Sakat* sei in Übereinstimmung mit der *scharia* zu regeln. Das Zinsnehmen müsse verboten und das Bankwesen in diesem Sinne neu geordnet werden. Unternehmen, die Fremden gehörten, sollten in einheimische Hände übergehen. Einheimische Arbeitslose sollten Beschäftigung finden.

Banna lehnte einen radikalen Nationalismus ab, wie er ihn im italienischen und deutschen Faschismus verkörpert sah und dem bis zu einem gewissen Grade auch Organisationen erlagen, die sich dem antikolonialen Kampf verschrieben hatten, in Ägypten etwa die 1933 von Ahmad Hussein und Fat'hi Radwan gegründete Gemeinschaft Junges Ägypten. Er sah in ihm eine rassistische Selbstüberhöhung, die dazu verleite, andere Rassen herabzusetzen, sich ihnen gegenüber aggressiv zu verhalten und sie um des Ruhmes und der Fortexistenz der eigenen Nation willen zu opfern.[10]

Die Muslimbruderschaft wuchs rasch. Gab es 1934 etwa 50 Zellen in Ägypten, so waren es 1939 schon 500. Zu Beginn der vierziger Jahre begann sie Periodika herauszugeben. In ihren Reihen setzte sich die Radikalisierung fort. Begrenzt suchte sie die Möglichkeiten des Parlamentarismus zu nutzen. Banna bewarb sich 1942 um einen Parlamentssitz, zog seine Kandidatur jedoch wieder zurück. 1944 kandidierten mehrere Muslimbrüder für das Parlament, allerdings erfolglos.

1939 begann die Organisation einen geheimen Apparat aufzubauen, dem bald einige Tausend Mitglieder angehörten. Sie beschaffte sich Waffen und setzte im Kampf gegen Personen und Einrichtungen der Kolonialherren wie gegen kompromißbereite einheimische Politiker zunehmend auf Terror.

1932 war innerhalb der Muslimbruderschaft eine Sektion für Frauen gegründet worden. Im Oktober 1947 erhielten die Muslimschwestern ein eigenes Programm. Danach hatten sie sich in ihrer Kleidung wie in ihrem Verhalten freiwillig islamischen Normen zu unterwerfen.

Nach dem zweiten Weltkrieg verstärkten die Ägypter den antikolonialen Kampf. Die Muslimbrüder waren dabei. 1946 verlangten sie von den Briten, sich aus dem Lande zurückzuziehen. Ein «heiliger Krieg» sollte vorbereitet werden.[11] Banna forderte im selben Jahr seine Gefolgsleute auf, dem Gebet folgende Worte hinzuzufügen: «O Gott, Beherrscher der Welten, Sicherheit der Furchtsamen, Demütiger der Stolzen, Unterjocher der Tyrannen, nimm unser Gebet an, antworte uns, gewähre uns unsere Rechte, gib uns Freiheit und Unabhängigkeit zurück. O Gott, diese britischen Usurpatoren haben unser Land besetzt, leugnen unsere Rechte, tyrannisieren uns und haben die Korruption vermehrt. Nimm deshalb, o Gott, von uns ihre Tyrannei, verderbe sie, strafe sie und diejenigen, die ihnen helfen und mit ihnen verhandeln. Strafe sie durch deine Macht. O Gott, wende dich gegen sie, überziehe sie mit Unrecht, erniedrige ihren Staat und nimm ihnen die Autorität über dein Land. Laß sie keine Mittel gegen einen der Gläubigen haben.»[12] Der zeitweiligen Aktionseinheit von Kommunisten und Wafd-Partei schlossen sich die Muslimbrüder indessen nicht an. Vielmehr kursierten Gerüchte, sie kollaborierten insgeheim mit den Briten. Der Augenschein mochte dafür sprechen, insofern Banna zu Brigadier Iltyd Clayton von der britischen Botschaft in Kairo Kontakte unterhielt.

Nach dem Vorbild der ägyptischen Muslimbrüder formierten sich Organisationen in anderen Ländern. Syrien gewann dabei besondere Bedeutung. Nach dem ersten Weltkrieg war das Land ebenso wie Libanon als Mandat an Frankreich gefallen. 1945/46 vereinigten sich verschiedene in den dreißiger und vierziger Jahren entstandene islamische Gesellschaften unter der Führung von Mustafa al-Siba'i (geb. 1915) zur Organisation der Muslimbrüder. Diese forderte, den Islam zur Staatsreligion zu erheben. 1947 nahm sie an den Parlamentswahlen teil. Im Wahlkampf prangerte sie soziale und moralische Mißstände an. «Was hat diese Zeit seit dem Abzug der Franzosen aus Syrien bis jetzt für die Nation gebracht?» fragten ihre Redner. Sie antworteten selbst: «Haben wir etwas anderes gesehen als Inflation, Bestechung, Diebstahl, Ausbreitung von Laster, lange Kinoveranstaltungen, Apathie, Tänzerinnen, Klubs, das Herausputzen von Frauen und die Abnahme des Schleiers?»[13] Die syrischen Muslimbrüder brachten drei ihrer Kandidaten ins Parlament. Damit errangen sie einen Erfolg, der ihren ägyptischen Mitstreitern vorerst verwehrt blieb.

Die Kommunisten waren in Syrien stärker als in Ägypten, und die syrischen Muslimbrüder traten militant antikommunistisch auf. Sie warfen den Kommunisten vor, Diener Moskaus zu sein. Der Islam sei besser als der Kommunismus geeignet, behaupteten sie, wirtschaftliche und soziale Probleme zu lösen. Wiederholt kam es, vornehmlich in Homs, zu handgreiflichen Auseinandersetzungen.

Engagement für die Palästinenser

1948 brach in und um Palästina ein Krieg aus. Er erschütterte die Region und hinterließ den Nahostkonflikt.

Seit Jahrhunderten besiedelten Araber Palästina. Juden bildeten eine respektierte Minderheit. Im 19. Jahrhundert suchten europäische Mächte sich das zum Osmanischen Reich gehörige Land zu «öffnen», u. a. dadurch, daß sie – Großbritannien begann 1838 – Konsuln entsandten, die jeweils religiös-ethnische

Minderheiten zu ihren «Schützlingen» erkoren.[14] Sie motivierten ihr Vorgehen mit dem Anspruch, etwas für das Heilige Land zu tun, was in einigen extremen Aussagen einer Neuauflage der Kreuzfahrerideologie gleichkam. Das Osmanische Reich suchte dem europäischen Expansionismus zu begegnen, indem es seinerseits Reformen durchführte. Palästina geriet im Ergebnis dieser Entwicklungen zunehmend als Peripherie in die kapitalistische Weltwirtschaft hinein. Für seine inneren Strukturen hatte dies Folgen in zweierlei Hinsicht: Die agrarischen Besitzverhältnisse veränderten sich – Großgrundbesitz entstand –, und es bildete sich eine Handels- und Finanzbourgeoisie heraus, deren Kapital auch das landwirtschaftliche Hinterland zu durchdringen begann.[15] Viele Palästinenser waren über den wachsenden europäischen Einfluß beunruhigt. Sie befanden sich auf dem Wege zur Nationalstaatlichkeit, und ihr Land begann sich als historisch-geographische Größe herauszubilden: War dies alles jetzt gefährdet?

In Europa formierte sich zu dieser Zeit eine Bewegung, die ein besonderes Anrecht auf Palästina geltend machte, nämlich dort einen jüdischen Staat zu gründen: der politische Zionismus. Unterschiedliche Bestrebungen flossen hier zusammen. In Großbritannien hatten einflußreiche nichtjüdische Persönlichkeiten, geleitet von puritanisch-protestantischen wie imperialen Erwägungen, bereits zu Beginn des 19. Jahrhunderts vorgeschlagen, Juden in Palästina anzusiedeln.[16] Osteuropäische Juden, von ihrer Umgebung weithin ausgestoßen, geächtet und verfolgt, hofften, diesen Bedrängnissen zu entgehen und anderswo Geborgenheit finden zu können. Jüdische Angehörige des Kleinbürgertums ließen sich von der Jagd nach Kolonien mitreißen, die für den Übergang des Kapitalismus in sein imperialistisches Stadium charakteristisch war. Dem Wiener Journalisten und Schriftsteller Theodor Herzl (1860 bis 1904) gelang es, die verschiedenen Initiativen zu bündeln. 1896 veröffentlichte er seine programmatische Schrift «Der Judenstaat». Im darauffolgenden Jahr trat auf seine Initiative hin in Basel der I. Zionistenkongreß zusammen; dieser forderte für das jüdische Volk «die Schaffung einer öffentlich-rechtlich gesicherten Heimstätte in Palästina»[17].

Die politischen Zionisten machten sich die durch kapitalistische Kolonialmächte begonnene «Öffnung» des Landes zunutze und siedelten zunehmend Juden in Palästina an, um so dem erstrebten Judenstaat näherzukommen. Die Folgen waren verhängnisvoll. Bis dahin hatten, wenngleich nicht in völliger Harmonie, so doch wesentlich friedlich Araber und Juden zusammengelebt. Das änderte sich jetzt. Denn die Juden, die im Rahmen der zionistisch organisierten Einwanderung nach Palästina kamen, wollten sich nicht dem bestehenden Gemeinwesen einordnen, sondern einen eigenen Staat gründen. Das mochten die Palästinenser nicht akzeptieren. Eine arabisch-jüdische Kluft begann sich aufzutun.

Im ersten Weltkrieg eroberte Großbritannien Palästina und errichtete dort, mit Zustimmung des Völkerbundes, als Mandatar seine Herrschaft. Die britische Regierung unterstützte die politischen Zionisten. Sie sah sich in arabischen Ländern, darunter in Ägypten, mit einer erstarkenden Nationalbewegung konfrontiert: Konnte da, kalkulierte sie, ein ihm verbundenes Staatswesen nicht helfen, seine Positionen am Suezkanal zu sichern? Am 2. November 1917 versprach die britische Regierung in einem Brief ihres Außenministers Arthur James Balfour den politischen Zionisten, «die Errichtung einer nationalen Heimstätte für das jüdische Volk in Palästina» mit Wohlwollen zu betrachten und ihr Bestes zu tun, «die Erreichung dieses Zieles zu erleichtern»[18] (Balfour-Deklaration). Ermuntert durch diese Zusage, aktivierten zionistische Institutionen ihre Siedlungstätigkeit. Die Palästinenser fürchteten, in ihrem eigenen Lande wirtschaftlich an die Peripherie gedrängt und einer neuen Herrschaft unterworfen zu werden. Sie verstärkten ihren Widerstand gegen die britische Mandatsherrschaft und die zionistische Siedlungspolitik. 1936 führten sie, begleitet von bewaffneten Aktionen, einen halbjährigen Generalstreik durch. Die arabisch-jüdische Kluft vertiefte sich.

Der faschistische Holocaust schuf im Hinblick auf die Palästinafrage neue Realitäten. 6 Millionen Juden waren ihm zum Opfer gefallen. Von denen, die überlebt hatten, suchten viele eine neue Heimat. Die UNO, 1945 geschaffen, der Welt den teuer erkauften Frieden zu bewahren, stellte sich der Aufgabe. Dabei setzte sich bis zu einem gewissen Grade noch die Allianz fort, zu der sich im zweiten Weltkrieg Staaten unterschiedlicher Gesellschaftsordnung, darunter die UdSSR und die USA, zur Niederringung der faschistischen Mächte Deutschland und Italien und des militaristischen Japan zusammengeschlossen hatten. Mit der erforderlichen Zweidrittelmehrheit befürwortete die UNO am 29. November 1947 auf Empfehlung eines von ihr eingesetzten Sonderausschusses (UNSCOP) einen Kompromiß (Resolution 181): Sowohl Palästinenser als auch Juden sollten auf palästinensischem Territorium ihre nationale Selbstbestimmung verwirklichen und einen eigenen Staat errichten; das Gebiet von Jerusalem, auf dem sich die heiligen Stätten dreier Religionen befanden – der jüdischen, der christlichen und der islamischen –, sollte internationalisiert werden.

Die Zionisten waren damit einverstanden, selbst die Extremisten in ihren Reihen, hofften diese doch, der Staat, den sie bekamen, werde sich nutzen lassen, ihr Maximalziel – ein «Großisrael» – durchzusetzen. Die arabische Seite lehnte die Resolution 181 ab. Durch reaktionäre Regimes repräsentiert und einen bürgerlichen bzw. kleinbürgerlichen Nationalismus geleitet, sah und akzeptierte sie nicht die Veränderungen, die der Holocaust in der Palästinafrage herbeigeführt hatte. Sie wollte ganz Palästina für den zu gründenden Staat. Einem jüdischen Staat, falls er entstehen sollte, drohte sie die Vernichtung an.

Der kalte Krieg, den imperialistische Mächte, voran die USA, in der Folgezeit gegen den Sozialismus und die Sache der nationalen Befreiung entfachten, vergiftete zunehmend die internationale Atmosphäre. Die Staaten, die in der UNO gemeinsam für die Resolution 181 gestimmt hatten, waren dadurch nicht mehr willens bzw. fähig, diese auch durchzusetzen. Insbesondere Großbritannien, noch immer Mandatsmacht in Palästina, nahm hier eine destruktive Haltung ein.

Viele Araber und viele Muslims zeigten sich über das, was sich da anbahnte, tief betroffen und empört. Aus dem Zusammenbruch des imperialistischen Kolonialsystems, der in Asien eingesetzt hatte, ging ein souveräner Staat nach dem anderen hervor. Und nun sollte ein Teil arabischen Territoriums, ein traditionsreicher dazu, unter fremde Herrschaft geraten. Daß es dabei wesentlich darum ging, die Folgen des an Juden verübten Massenmordes zu lindern, vermochte die aufgebrachten Gemüter nicht zu beschwichtigen. Schließlich waren es Europäer und nicht Palästinenser, die diese Verbrechen begangen hatten. Warum sollten dann letztere dafür büßen?

Schon im Prozeß ihrer Formierung ergriff die Muslimbruderschaft für die palästinensische Sache Partei. Hassan al-Bannas Bruder Abd al-Rahman besuchte 1935 Palästina und sprach mit Muhammad Amin al-Husseini, dem Mufti von Jerusalem. Materiell wie ideell unterstützten die Muslimbrüder die Palästinenser in ihren Kämpfen 1936/37. Dieses ihr Engagement trug beträchtlich zu ihrer eigenen Politisierung und politischen Profilierung bei.

Den UN-Entscheidungsprozeß verfolgten die Muslimbrüder mit großer Anteilnahme. Am 12. September 1947, einem Freitag, führten sie in der Umaijaden-Moschee in Damaskus eine Kundgebung durch. Die Teilnehmer leisteten einen Schwur auf einen «Pakt der großen vaterländischen Konferenz». In ihm hieß es u. a.: In Palästina ist ein arabischer Staat zu errichten und jeder Plan zu bekämpfen, der auf seine Teilung zielt. Alle Juden, die nach dem ersten Weltkrieg aufgrund der Balfour-Deklaration nach Palästina einwanderten, sind als Fremde zu betrachten und haben in ihre ursprüngliche Heimat zurückzukehren.[19] Ende September 1947 beschloß das oberste Gremium der ägyptischen Muslimbrüder den *dschihad* um der Sache der Palästinenser willen. Banna telegraphierte Anfang Oktober 1947 an Abd al-Rahman Assam, den Generalsekretär der Arabischen Liga, Palästina sei nur durch Gewalt zu retten. Er bot an, der Arabischen Liga 10 000 junge Männer zur Verfügung zu stellen – als erste Abteilung, bereit, sich auf eine Anforderung hin sofort in Bewegung zu setzen.[20] In einer Erklärung vom 2. Dezember 1947 nannten die Muslimbrüder die UN-Resolution 181 ein Unglück und sagten ihr den Kampf an. «Unsere Väter schon blieben zweihundert Jahre lang bei einem ähnlichen ruchlosen Überfall standhaft, in den ersten Kreuzzügen» hieß es. «Dann siegten sie. Und so gelobt die Umma (die islamische Gemeinschaft – M. R.) einen langen Kampf, unerbittlich und mühevoll. Doch das Ergebnis ist ihr verbürgt und der Sieg ihr gesichert durch Gottes Macht.»[21]

Zionisten eigneten sich bereits in dem Ende 1947 in Palästina ausbrechenden Bürgerkrieg Gebiete an und vertrieben aus ihnen durch das Massaker in Deir

Jasin und Angriffe auf Haifa, Jaffa sowie weitere Ortschaften gewaltsam Palästinenser.[22] Am 14. Mai 1948 proklamierte David Ben Gurion (1886 bis 1973) im Namen eines Provisorischen Volksrates in Tel Aviv den souveränen Staat Israel. In der Nacht zum folgenden Tage überschritten die Armeen arabischer Staaten die Grenzen zu Palästina. Der Bürgerkrieg wuchs in den ersten arabisch-israelischen Krieg hinüber. Die Israelis verteidigten in ihm zunächst die ihnen von der UNO zugesprochene Eigenstaatlichkeit. Dann machten sie sich daran – die gewaltsame Vertreibung von Palästinensern fortsetzend –, etwa die Hälfte des Gebietes zu erobern, das für den zu gründenden arabisch-palästinensischen Staat vorgesehen war. Was davon noch übrigblieb, eignete sich Jordanien an (das Westjordangebiet) bzw. nahm Ägypten als autonome Zone in Verwaltung (den Ghazastreifen). 1949 bilateral abgeschlossene Waffenstillstandsabkommen beendeten den Krieg.

Die Palästinenser blieben ohne eigenen Staat. Sie nannten das, was über sie hereingebrochen war, *al-nakba,* «die Katastrophe». Insgesamt 900 000 mußten ihre Heimat verlassen.

Muslimbrüder beteiligten sich diszipliniert und todesmutig an den Kämpfen in und um Palästina, etwa 400 aus Ägypten, nicht ganz so viele aus Syrien. Die sich abzeichnende Niederlage mochten sie nicht hinnehmen. Siba'i forderte am 25. Juli 1948 in einem Artikel u. a.: Aufhebung des Waffenstillstandes und Wiederaufnahme der Kämpfe mit Entschlossenheit, ohne Mattheit und Ermüdung; Formierung eines arabisch-islamischen Bündnisses, das sich als hindernder Damm erstens gegenüber der zionistischen Tyrannei und zweitens gegen die Wünsche der Engländer und Amerikaner erhebt; Beseitigung aller Symptome der Verweichlichung, der Auflösung und der Verderbtheit inmitten der *umma,* bis in ihr die verborgenen Eigenschaften der Mannhaftigkeit und des Heldentums hervortreten; Entfernung derjenigen Führer der arabischen Staaten, die feste Beziehungen der gegenseitigen Hilfe mit den beiden verbrecherischen Staaten England und Amerika haben.[23]

Für die Niederlage, die sie sehr schmerzte, machten die Muslimbrüder die arabische Reaktion verantwortlich, die die Armeen hatte verludern lassen und auf dem Schlachtfeld zu einem großen Teil dynastische Zwistigkeiten austrug. Ihre Forderung, die Gesellschaft nach islamischen Prinzipien umzugestalten, sahen sie bekräftigt.

Die Auseinandersetzungen in Ägypten spitzten sich zu. Die Regierung sah sich gefährdet. Anfang Dezember 1948 verbot sie die Muslimbruderschaft, die, wie sie ihr u. a. vorwarf, die bestehende politische Ordnung durch Terror stürzen wollte.[24] Die Antwort blieb nicht lange aus. Abd al-Madschid Ahmad Hassan, ein Student der Veterinärmedizin, der der Muslimbruderschaft seit 1944 angehörte, erschoß am 28. Dezember den Ministerpräsidenten Mahmud al-Nukraschi. Das Königsregime ließ daraufhin am 12. Februar 1949 durch einen Spezialtrupp Banna erschießen. Gerüchte hielten sich, wonach dieser nicht sofort tot gewesen sein soll, sondern man ihn hinterher in einem Krankenhaus habe sterben lassen.

Syrien geriet in eine krisenhafte Situation. Wiederholt putschten Militärs. Den Muslimbrüdern brachte das Verbote, das erste 1949, dann – zwischenzeitlich waren sie kurz an der Regierung beteiligt – das zweite und längerfristige 1952.

Mit dem ersten arabisch-israelischen Krieg 1948/49 und Palästina als historischem Ausgangspunkt entstand der Nahostkonflikt. Er wurde zum Kristallisationspunkt der in der Region um Unabhängigkeit und sozialen Fortschritt geführten Auseinandersetzungen. Die Palästinafrage blieb in seinem Mittelpunkt. Ferner ging es, so in der Suezkrise 1956, um größere Konsequenz im antiimperialistischen Kampf sowie um die Möglichkeit – im Juni-Krieg 1967 wurde darum gerungen – in arabischen Ländern eine sozialistische Orientierung anzubahnen.

Imperialistische Mächte fanden in Israel einen Bundesgenossen an Ort und Stelle. Die israelischen Machthaber machten sich allgemeinimperialistische Interessen zu eigen. Und sie verfochten eigene Belange. Insbesondere waren sie auf eine Erweiterung ihres Territoriums aus. Den Palästinensern verweigerten und verweigern sie militant die Eigenstaatlichkeit.

Die Konfrontationen, zu denen es im Nahostkonflikt kam, und die Emotionen, die sich in ihm entluden, haben – dies zeigte sich ansatzweise in der Reaktion der Muslimbrüder auf die palästinensische Tragödie und wurde augenfällig nach der arabischen Niederlage im Junikrieg 1967 – die Reislamisierung wesentlich gefördert und geprägt. Im Feindbild der Fundamentalisten nahmen Israel und die politischen Zionisten einen zentralen Platz ein. Viele Muslims machten sich eine solche Sicht zu eigen, weil ihnen die Sache der Palästinenser am Herzen lag. Doch gab es auch einige, die damit von sozialen und politischen Problemen zu Hause ablenken und ein Defizit an konstruktiver Gesellschaftsprogrammatik wettmachen wollten.

Streit mit Nasser

Dic Kämpfc in Ägypten eskalierten Ende der vierziger, Anfang der fünfziger Jahre. Eine revolutionäre Situation bildete sich heraus.

Die Muslimbruderschaft war neben der bürgerlich-nationalistischen Wafd-Partei zur einflußreichsten politischen Kraft geworden. Sie zählte eine Million Anhänger (manche sprachen auch von 5 Millionen Sympathisanten). Viele Menschen, die ihren angestammten sozialen Platz verloren – Dorfbewohner etwa, die in der Stadt eine neue Existenzgrundlage suchten –, fühlten sich zu ihr hingezogen.[25]

Die Muslimbrüder waren auf vielfältige Weise tätig. Sie schleusten Arbeiter in britische Einrichtungen, die dort Spionage und Sabotage betrieben. Durch religiöse Propaganda festigten sie ihre Beziehungen zu Dorfvorstehern, Stammesscheichs und anderen örtlichen Würdenträgern. Ferner sammelten sie Geld und verschafften sich Waffen und Munition. Als in der Kanalzone bewaffnete Kämpfe zwischen ägyptischen Patrioten und britischen Truppen entbrannten, beteiligten sie sich an ihnen.

Ungeachtet ihrer Stärke waren die Muslimbrüder nach der Ermordung Bannas in eine Krise geraten. Differenzierungen und Auseinandersetzungen vollzogen sich in ihren Reihen. Im Ergebnis eines Kompromisses und gegen nicht geringen Widerstand übernahm der Richter Hassan al-Hudeibi 1951 ihre Führung. Er distanzierte sich vom äußersten Extremismus. «Es gibt kein Geheimnis in unserer Botschaft und keinen religiösen Terror. Warum sollten wir ein Gewehr benutzen, wenn wir eine Zunge haben? Wofür brauchen wir eine Handgranate, solange die Schreie der Verfolgten lauter sind als Dynamitexplosionen?»[26]

Im Oktober 1951 gewann die Bruderschaft ihre Legalität zurück. Der König hoffte, sie für sich gewinnen zu können. Er traf sich mit Hudeibi. Angeblich soll er von diesem gefordert haben, die Organisation von revolutionären Elementen zu reinigen, Frieden mit den Briten zu schließen und einen entschieden antikommunistischen Kurs zu steuern.[27]

Die heraufziehende Revolution ließ sich indessen nicht aufhalten. Ihre Akteure formierten sich außerhalb der professionellen politischen Szene, nämlich in der Armee. Ende der dreißiger Jahre schlossen sie sich zu einer oppositionellen Geheimorganisation zusammen. Etwa 10 Jahre später gaben sie sich den Namen «Gemeinschaft der Freien Offiziere». Sie wollten den britischen Einfluß und deren einheimische Stützen beseitigen. Gamal Abdel Nasser, Jahrgang 1918, übernahm ihre Führung.

Die Freien Offiziere unterhielten Verbindungen zu den verschiedenen «zivilen» Oppositionskräften, darunter zu den Muslimbrüdern. Anwar al-Sadat traf erstmals 1940 mit Banna zusammen, den er nach seinen eigenen Worten grenzenlos bewunderte.[28] Er schilderte auch, wie sich die Aufnahme von Kameraden in die Muslimbruderschaft vollzog. Der Bewerber mußte sich zur Nachtzeit bereithalten. Vertreter der Muslimbrüder geleiteten ihn durch ein Labyrinth enger, dunkler Gänge in einen schwach erleuchteten Saal. Dort nahm er an einem Tisch Platz, auf dem ein Koranexemplar und ein Revolver lagen. Wort für Wort mußte er die Eidesformel nachsprechen, die eine Hand auf dem Koran, die andere auf der Waffe. Er gelobte der Bruderschaft Gehorsam und absolute Treue sowie die unverbrüchliche Wahrung ihrer Geheimnisse. Damit war er Mitglied.[29]

In der Nacht vom 22. zum 23. Juli 1952 ergriffen die Freien Offiziere die Macht in der Armee und im Staat. Sie waren ungefähr gleichaltrig, um die Mitte der Dreißiger. Auch im militärischen Rang gab es kaum Unterschiede, es handelte sich um Oberstleutnante und Oberste. Nur mit Muhammad Nagib

Faruk I. verläßt 1936 Großbritannien,
um in Kairo die Nachfolge seines Vaters, König Fuad I., anzutreten

Gamal Abdel Nasser als Schüler
der Militärakademie in Kairo

war ein General zu ihnen gestoßen. Er übernahm offiziell den Vorsitz des Revolutionären Kommandorates, des höchsten Legislativ- und Exekutivorgans der Revolution. König Faruk, Sproß der von Muhammad Ali begründeten Dynastie, mußte am 26. Juli 1952 das Land verlassen.

Die Freien Offiziere wollten zunächst «nur» einer patriotischen Politik den Weg ebnen. Doch unter den professionellen Politikern fanden sie niemanden, der willens war, ihre Vorstellungen durchzusetzen. Sie sahen sich gezwungen, die politische Macht in ihren Händen zu behalten. In Konfrontation mit den Mächten der alten Ordnung, Lernprozesse bewältigend, leiteten sie eine antimonarchische, antifeudale und antikoloniale Revolution ein.

Nasser profilierte sich dabei zum überragenden Politiker. Er war, dies spürten und bezeugten seine Gefährten früh, eine starke Persönlichkeit. Politische Rezepte mochte er nicht; er liebte es vielmehr zu experimentieren und verwarf zuweilen Erfahrungen, die andere gemacht hatten. Doch war er bereit, Fehler einzugestehen und aus ihnen zu lernen. Das ließ ihn in Ägypten, in der arabischen Welt wie darüber hinaus ein hohes Maß an Authentizität gewinnen. Menschen, die den Kolonialismus kennengelernt hatten und für Unabhängigkeit kämpften, sahen in ihm wie kaum in einem anderen Politiker ihre Hoffnungen und Ideale verkörpert. Die Erwartungen, die sie an ihn knüpften, waren zuweilen so hoch, daß ihre Erfüllung seine Möglichkeiten überschritt.

Nasser war Muslim und bekannte sich zum Islam. Niemals stellte er dieses Bekenntnis in Frage, sondern erteilte dem Atheismus eine Absage. Doch entnahm er seiner Religion – im Unterschied zu den Muslimbrüdern – keine Gesellschaftsprogrammatik. Er ging von den Realitäten aus und suchte in ihrem Rahmen nach Wegen, in Ägypten bzw. in der arabischen Welt nationale Unabhängigkeit und soziale Gerechtigkeit zu verwirklichen. Allerdings verstand er seine religiöse Überzeugung auch wiederum nicht als etwas Unverbindliches. Er glaubte, daß der Islam, richtig interpretiert, seinen Anhängern gebot zu handeln wie er. Das islamische Establishment suchte er für sich zu gewinnen. Al-Azhar, die in Kairo gelegene höchste islamische Lehrstätte, reformierte er zugunsten einer größeren Repräsentanz nichtreligiöser Disziplinen.

Bald nach ihrer Machtergreifung, am 16. Januar 1953, verboten die Freien Offiziere alle Parteien. Bei der Muslimbruderschaft machten sie eine Ausnahme. Sie honorierten damit deren Verdienste im antikolonialen Kampf. Und sie erwarteten, daß die Muslimbrüder ihre Anstrengungen unterstützten. Formell konnten sie ins Feld führen, daß die Ausnahmeregelung keine Partei im eigentlichen Sinne betraf. Die Offiziere hatten auch die Untersuchungen wieder aufnehmen lassen, die den Mord an Banna aufklären sollten. Und sie hatten eine allgemeine Amnestie für politische Gefangene verkündet, was eine Reihe von Muslimbrüdern betraf.

Die Muslimbrüder hatten anderes im Sinn. Viele begrüßten zwar die Machtergreifung der Freien Offiziere, und einige waren bereit, Nasser zu unterstützen, doch sie wurden bald aus ihrer Organisation ausgeschlossen. Die meisten erwarteten, die Revolution, deren Sieg sie mitunter sogar für sich beanspruchten, werde dem Fundamentalismus zum Triumph verhelfen.[30] Der Oberste Führer verlangte ultimativ von Nasser, sofort das islamische Gesetz in Kraft zu setzen. Nasser wies dieses Ansinnen zurück. Ziel der Revolution sei, erklärte er, soziale Ungerechtigkeit, politische Tyrannei sowie den britischen Imperialismus zu bekämpfen. Der Oberste Führer gab sich damit nicht zufrieden. Seine Organisation könne die Regierung nur unterstützen, wenn sie das Recht habe, eine Vorentscheidung über deren Maßnahmen zu treffen. Nasser lehnte eine solche Vormundschaft, wie er es nannte, ab. Das bedeute nicht, daß sich die Revolutionsführung nicht mit anderen Kräften beraten werde. Nur gehe sie dabei nicht von vornherein Verbindlichkeiten ein.

Am 9. September 1952 beschloß das neue Regime eine Landreform, die die Höchstgrenze für Grundbesitz auf 200 Feddan (1 Feddan = 0,42 ha) festlegte. Die Muslimbrüder waren mit dieser Begrenzung nicht einverstanden. Sie brachten 500 Feddan in Vorschlag.

Nach dem Parteienverbot meldeten sich die Muslimbrüder erneut bei Nasser. Sie seien jetzt die einzige Kraft, die die Revolution unterstütze, führten sie ins Feld. Deshalb hätten sie das Recht, in der Regierung vertreten zu sein. «Wir sind in keiner Zwangslage», erwiderte Nasser. «Wer glaubt, die Gelegenheit sei günstig, Forderungen zu erheben und Bedingungen zu stellen, der irrt.» Die Muslimbrüder blieben hartnäckig. Sie wollten zumindest ein Komitee stellen, das Gesetze zu billigen habe, bevor diese erlassen würden, anders könnten sie die Revolution nicht unterstützen. Nasser verwies darauf, er habe schon einmal jede Vormundschaft für die Revolution abgelehnt; er tue dies jetzt noch einmal, und zwar mit Nachdruck.[31]

Der Konflikt war vorprogrammiert. Die Unvereinbarkeit der Gesellschaftsideale, im antibritischen Kampf sekundär, riß jetzt eine unüberbrückbare Kluft zwischen beiden Seiten auf. Die Muslimbrüder, so Nagib rückschauend, wollten zurück zu den Tagen Saladins, als Ägypten ein theokratischer Staat war. Nach Auffassung der Offiziere konnte die Wiedergeburt Ägyptens nur aus einer Modernisierung seiner sozialen, politischen und ökonomischen Institutionen erwachsen. Das bedeutete nicht, daß seine Kameraden und er sich vom Islam abgewandt hätten. Im Gegenteil, sie wollten den Glauben stärken, indem sie seine Lehren einsichtig und nicht blind verwirklichten.[32]

Die Muslimbrüder griffen fortan in Zeitungen des In- und Auslandes wie auf Versammlungen die Revolution und ihre Führung an. Als im Februar 1953 die «Befreiungsfront» geschaffen wurde, sprachen sie sich gegen diesen Schritt aus. Solange sie existierten, sei eine neue Organisation nicht vonnöten.[33] Sie setzten ihre Bemühungen fort, eine eigene Armee aufzubauen. Einem britischen Geheimdienstbericht zufolge umfaßte diese zu dem Zeitpunkt 10 bis 12 Einheiten, Katibas genannt, zu je 500 Mann, so daß sich ihre Gesamtstärke auf etwa

6 000 Mann belief. Einige Katibas bestanden aus drei Sektionen: einem Selbstmordkommando, dem Junggesellen angehörten, und zwei Sektionen mit verheirateten Männern, eine davon mit Kinderlosen, die andere mit solchen, die Kinder besaßen.[34]

Führer der Muslimbrüder scheuten sich nicht, Kontakte zur britischen Botschaft, insbesondere zu deren Oriental Councellor Trefor Evans, herzustellen. Sie bekundeten ihre Bereitschaft, mit Großbritannien – wenn nicht mit dem «Westen» überhaupt – zusammenzuarbeiten, womit sie, wie es in einem Bericht der britischen Botschaft hieß, die unversöhnliche Gegnerschaft der Extremisten gegenüber allem Westlichen aufgaben.[35]

Die Revolutionsführung erfuhr im Mai 1953 von diesen Kontakten. Nasser bekundete dem Obersten Führer der Muslimbrüder seine Entrüstung darüber. Im Mai 1953 lagen dem ägyptischen Geheimdienst Informationen vor, daß die Bruderschaft ihre Aktivitäten in der Armee und in der Polizei verstärkte. In beiden Bereichen wollte sie die Zahl ihrer Anhänger erhöhen, um selbst die Macht in Ägypten ergreifen zu können.[36] Auf einer Kundgebung am 12. Januar 1954, veranstaltet auf dem Gelände der Kairo-Universität, griffen Sprecher der Muslimbruderschaft die Regierung an. Es kam zu einem blutigen Zusammenstoß zwischen Muslimbrüdern und Studenten, die die Revolution unterstützten.

Der Revolutionäre Kommandorat nahm das nicht hin. Noch am 12. Januar 1954 beschloß er, die Muslimbruderschaft als politische Partei zu betrachten. Dadurch war auch sie verboten. Der Innenminister gab wenige Tage später bekannt, daß 450 Muslimbrüder verhaftet worden seien.

Ralph Skrine Stevenson, der britische Botschafter in Kairo, berichtete am 18. Januar 1954 über das Jahr 1953 nach Hause: Es war ein Jahr der Konsolidierung, und das Regime war an seinem Ende stärker als zu seinem Beginn. Zwar büßte es etwas an Unterstützung seitens der Bevölkerung ein, doch machte es dies mehr als wett dadurch, daß es das Land besser in den Griff bekam. Es machte sich viele Feinde, doch zugleich entwaffnete es diese. Die Muslimbruderschaft erfuhr im Laufe des Jahres eine Schwächung.[37] Deren Führer lagen, wie Nasser einen Monat zuvor Trefor Evans informiert hatte, einander in den Haaren. Hudeibis Hauptbeschäftigung sei es, seinen Posten als Oberster Führer zu verteidigen, während die übrigen in seine Schuhe schlüpfen wollten. Obwohl die Armee, so Nasser, die Bruderschaft unter Kontrolle habe – es dürfe kein Staat im Staate geduldet werden –, fürchte er, daß letztere auch künftig Unruhe stiften werde.[38]

Fehlgeschlagenes Attentat in Alexandria

Die Muslimbrüder gaben in der Tat nicht auf. Sie suchten Schwierigkeiten, die im revolutionären Prozeß auftraten, für sich auszuschlachten.

Noch hatten die Briten Truppen in Ägypten stationiert. Die Freien Offiziere verlangten deren Rückzug. Die britische Regierung verstand, daß sie um einen solchen Schritt nicht umhinkam, doch wollte sie bestimmte Positionen im Bereich des Suezkanals behalten. Dabei kalkulierte sie die Opposition ein, mit der Nasser – er hatte seine überragende Führungsposition noch nicht gewonnen – zu tun hatte und die ihn unter Erfolgszwang setzte, zugleich aber seinen Bewegungsraum absteckte. Doch spürten die Briten auch, daß sie selbst in Zeitnot gerieten. Täglich gingen in London Nachrichten ein über Zwischenfälle in der Kanalzone, bei denen es Tote, Verletzte und Sachbeschädigungen gab. Der konservative Abgeordnete Charles Mott-Radclyffe sprach in einem im Mai 1954 abgefaßten Bericht davon, daß die britische Basis, die er zuvor besucht hatte, sich in einem Zustand der Auflösung befinde. Die britischen Truppen hätten dies vor Augen. Sie wüßten, daß die Ägypter den Kanal jederzeit sabotieren könnten. 80 000 Soldaten würden weder die Basis noch den Kanal, sondern in erster Linie einander beschützen.[39] Würden sich die Verhandlungen zu lange hinziehen, gab das Außenministerium am 21. Mai 1954 in einer «Top secret» eingestuften Stellungnahme zu bedenken, könne es fraglich werden, ob sie überhaupt noch zu einem Ergebnis führten.[40] Ein Kompromiß kam zustande. Die Briten verpflichteten sich in einer am 19. Oktober 1954 in Kairo unterzeichneten Übereinkunft, ihre Truppen im Verlauf von 20 Monaten vollständig vom ägyptischen Territorium zurückzuziehen. Die Ägypter ihrerseits machten einige Zugeständnisse. Großbritannien konnte einige Einrichtungen am Suezkanal – um ihre Auswahl und «Verfügbarkeit» war zähe verhandelt worden – weiter betreiben. Sollte ein Mitgliedstaat der Arabischen Liga oder die Türkei in einen Krieg verwickelt werden, durfte es partiell ägyptisches Territorium nutzen.[41]

Die Muslimbrüder wollten den Erfolg, den Nasser erreicht hatte, nicht wahrhaben. Demagogisch stellten sie allein die Zugeständnisse heraus, die er gemacht hatte, und warfen ihm Verrat am Vaterland, an der Religion und an der Revolution vor.[42] Hudeibi unternahm eine Reise durch arabische Staaten, auf der er gegen die ägyptische Führung Stimmung machte.

Am 26. Oktober 1954 sprach Nasser auf einer Kundgebung in Alexandria. Er erläuterte den Nutzen des neuen ägyptisch-britischen Vertrages. Die Menge hörte gebannt zu. Da feuerte Mahmud Abd al-Latif, ein Mitglied der Muslimbruderschaft, neun Schüsse auf ihn ab. Über Nassers Kopf zersprang eine Glühlampe, einige Personen erlitten Verletzungen. Nasser forderte die Anwesenden auf, ihre Plätze nicht zu verlassen. «Mein Leben gehört euch, mein Blut ist ein Opfer für Ägypten», fuhr er fort. «Ich spreche zu euch mit Gottes Hilfe, nachdem die Schädlinge versuchten, mich zu töten. Gamal Abdel Nassers Leben ist euer Eigentum. Ich habe für euch gelebt, und ich will dies bis zu meinem Tode tun, kämpfend um euretwillen.»[43]

Die Muslimbrüder erlitten durch das fehlgeschlagene Attentat einen schweren Rückschlag. Nassers Popularität wuchs. Als er am 27. Oktober nach Kairo zurückkehrte, empfingen ihn 200 000 Menschen. Losungen waren zu hören: «Tod den Verrätern!», «Tod den Teufelsbrüdern!». Die Regierung machte Ernst mit dem Verbot der Muslimbruderschaft. Sechs ihrer Mitglieder, darunter der Attentäter, erhielten die Todesstrafe. Am 9. Dezember 1954 wurden sie gehängt. Tausende, darunter Hudeibi, mußten in Gefängnisse; die meisten Führer in das Tura-Gefängnis. Die Ulama von al-Azhar gratulierten Nasser, daß er das Attentat überlebt hatte. Der Rat der Ulama der Azhar-Universität wandte sich in einem Aufruf an die Muslims in Ägypten und in anderen Teilen der Welt. Er würdigte frühere Bemühungen der Muslimbruderschaft, Menschen den Islam nahezubringen. Doch eine Gruppe dieser Organisation habe den rechten Weg verlassen und gegen andere Muslims konspiriert. Das verstoße gegen die Vorschriften Gottes.[44]

Für April 1955 war eine repräsentative afro-asiatische Staatenkonferenz nach Bandung (Indonesien) einberufen. Nasser beabsichtigte teilzunehmen. Ein ernsthaftes Problem ergab sich. In Indonesien operierte der islamisch-extremistische Dar ul-Islam. Er stellte für die geplante Konferenz ohnehin ein Sicherheitsrisiko dar. Mochte die Muslimbruderschaft möglicherweise Kontakt zu ihm aufnehmen und erneut ein Attentat gegen Nasser vorbereiten? Die ägyptischen Sicherheitsbehörden befürchteten dies. Sie wollten Nasser eine Leibwache von 30 Mann mitgeben. Die zuständigen indonesischen Behörden wollten nur drei Mann zugestehen; für mehr fehlten, wie sie erklärten, Unterbringungsmöglichkeiten. Die Ägypter meinten daraufhin: Die übrigen 27 Mann könnten sich vor Nassers Unterkunft im Freien einrichten. Die Indonesier gaben zu bedenken, dies errege unnötig Aufsehen. Sie selbst könnten und wollten für Nassers Sicherheit sorgen – und das taten sie dann auch.[45]

Humphrey Trevelyan, seit August 1955 neuer britischer Botschafter in Kairo, übermittelte am 31. Januar 1956 an Selwyn Lloyd einen Jahresrückblick. Ägypten habe 1955 erstmals wirkliche Unabhängigkeit genossen. Es habe in seiner Außenpolitik nicht mehr mit Sanktionen rechnen müssen, die aus der Anwesenheit britischer Truppen erwachsen könnten. Innenpolitisch sei es ein ruhiges Jahr gewesen. In den ersten Monaten sei die Muslimbruderschaft endgültig zerstört worden. Danach sei die Regierung ohne ernsthaften Rivalen.[46]

Am 26. Juli 1956 verstaatlichte Ägypten die Suezkanalgesellschaft. Großbritannien und Frankreich, die Hauptaktionäre der Gesellschaft, wollten dies, obwohl ihnen eine angemessene Entschädigung zugesichert war, nicht hinnehmen. Beide Mächte hatten darüber hinaus besondere Gründe, gegen Ägypten vorzugehen. Großbritannien sah seine Kolonialpositionen «östlich von Suez»

Gamal Abdel Nasser im Jahre 1956

gefährdet. Frankreich hoffte, indem es Nasser treffe, die algerische Befreiungsbewegung zu schwächen, die dessen Unterstützung genoß. Die britische und französische Regierung bereiteten, Bedenken in den eigenen Reihen unterdrükkend, gemeinsam mit den israelischen Machthabern, die darauf aus waren, ihr Territorium zu erweitern, eine Aggression gegen Ägypten vor.

Im Zuge der Aggressionsvorbereitungen beschäftigte sich der britische Geheimdienst auch mit der Muslimbruderschaft, die offenbar ein noch ernst zu nehmender Faktor war. In einem Bericht, der einen geschichtlichen Rückblick enthält, kam er u. a. zu folgenden Schlußfolgerungen: Die Muslimbruderschaft ist eine politisch-religiöse Organisation, die verlangt, Ägypten gemäß dem islamischen Gesetz zu regieren. Sie unterstützt möglicherweise eine nationalistische Regierung, die eine antiwestliche und proislamische Politik verfolgt, doch bleibt sie eine Bedrohung für eine Regierung, die sich ihren Forderungen widersetzt. Es ist durchaus möglich, daß sie noch die Unterstützung einflußreicher Persönlichkeiten genießt. Eine Reihe von Muslimbrüdern hat eine militärische Ausbildung erhalten. Möglicherweise existieren Waffenlager, die die Regierung nicht entdeckt hat. So kann eine Geheimorganisation existieren, befähigt, in größerem Umfange individuelle Terrorakte durchzuführen. Bei Bedarf mag sie sich mit anderen subversiven Organisationen verbünden.[47] Erlag der Geheimdienst hier dem Wunsch, in Ägypten eine «fünfte Kolonne» zu besitzen, die sich im Bedarfsfall aktivieren ließ? Oder verfügte er über gesicherte Informationen?

Während die Muslimbrüder in Ägypten verboten waren, erlangten sie in Syrien offiziell durch einen ministeriellen Erlaß vom 8. Juni 1955 ihre Legalität zurück. Die syrischen Muslimbrüder griffen Nasser scharf an. Über die Verfolgung ihrer ägyptischen Gefährten berichteten sie streckenweise in noch dramatischerer Form als seinerzeit über die Ereignisse in Palästina; viele Ausgaben ihrer Zeitung al-Manar erschienen schwarz umrandet.

Sajjid Kutb: «Wegmarkierungen»

Die Muslimbrüder ließen von ihrer Feindseligkeit gegenüber Nasser nicht ab. Am 1. Juni 1957 weigerten sich 21 von ihnen, die im Gefängnis einsaßen, zur Arbeit zu gehen. Daraufhin wurden sie erschossen. Muslimbrüder außerhalb der Gefängnisse begannen, sich erneut zu organisieren. Führend wirkten hierbei Abd al-Fattah Isma'il, ein Mann, von dem man sagte, er spreche seine fünf täglichen Gebete in fünf verschiedenen Gouvernoraten, und Seinab al-Ghasali, die die «Gesellschaft muslimischer Frauen» leitete. 1959 zeichneten sich neue Strukturen der Bruderschaft ab. Zentren besaß sie in Damietta, Alexandria, Buhaira und Kairo. Ein Direktorat, bestehend aus vier Männern, leitete sie.

Sajjid Kutb gewann in dieser Zeit eine führende Position unter den ägyptischen Muslimbrüdern. 1906 – im selben Jahr wie Banna – in Muska, Gouvernement Assiut, geboren, erhielt er eine pädagogische Ausbildung. Er fand Anstellung in einem Ministerium und trat der Wafd-Partei bei. Besonders fühlte er sich zur Schriftstellerei hingezogen, der er sich bald vollständig widmete. Zwischen 1933 und 1948 veröffentlichte er neun literarische Werke. Das Jahr 1948 sollte schicksalhaft für ihn werden: Er reiste in die USA, um das dortige Bildungssystem zu studieren. Die Erfahrungen, die er dort machte – die Anbetung des Dollars, sexuelle Promiskuität u. a. m. – brachten ihn dem Islam näher. Nach seiner Rückkehr im Sommer 1951, fünfundvierzigjährig, trat er der Muslimbruderschaft bei. «Ich wurde in diesem Jahr neu geboren», wertete er später diesen Schritt. In der Leitung der Bruderschaft war er für die Abteilung für die Verbreitung des Islam verantwortlich. Vor und nach der Revolution traf er einige Male mit Nasser zusammen. Die ersten drei Monate des Jahres 1954 verbrachte er im Gefängnis. Am 3. Juli 1954 ernannte Hudeibi ihn zum Chefredakteur der Zeitung «Die Muslimbrüder», von der nur 10 Ausgaben erschienen. Nach dem Attentat auf Nasser erneut verhaftet, wurde Kutb am 13. Juli 1955 zu 25 Jahren Zwangsarbeit verurteilt. Er kam ins Tura-Gefängnis. Sein Gesundheitszustand war schlecht; fast ständig lag er im Gefängniskrankenhaus. Er verfaßte in dieser Zeit verschiedene Schriften. 1964 wurde er aus dem Gefängnis entlassen.

Während die Muslimbrüder ihren Krieg mit Nasser ausfochten, veränderte sich einiges in ihrer Gedankenwelt. Das Zentrum des Fundamentalismus hatte sich nach Pakistan verlagert. Abu'l-A'la al-Maududi war sein Hauptvertreter geworden.

Kutb beförderte die Neubesinnung der ägyptischen Muslimbrüder.

Die gegenwärtige islamische Gesellschaft ist unislamisch, führte er in den fünfziger Jahren aus. Das habe mit den Umaijaden begonnen. Die erbliche Herrschaft, die sie eingeführt hätten, sei der vorislamischen Epoche der Unwissenheit, der *dschahilija,* geschuldet und widerspreche dem islamischen Geist. Jetzt sei die islamische Idee gefragt. Die Schwierigkeit sei, daß man in Begriffen denke, die wesentlich westlich und antiislamisch seien. Zwischen Amerika und Rußland gäbe es keinen Unterschied. Beide gründeten sich auf materialistisches Denken. Der wirkliche Kampf finde zwischen dem Islam auf der einen und Rußland und Amerika auf der anderen Seite statt. Das Christentum sei unfähig, die Herausforderung anzunehmen. Deshalb falle die Wahl jetzt auf den Islam.[48]

1962 begann Kutb, die Schrift «Wegmarkierungen» *(ma'alim fi al-tariq)* zu verfassen. Der gegenwärtige Zustand der Welt ist seiner Meinung nach der *dschahilija,* der vorislamischen Epoche der Unwissenheit, vergleichbar. Dies betreffe selbst das, was gemeinhin als islamisch erscheine. In allen Gesellschaften, auch in der islamischen, hätten die Herrschenden sich die allein

Gott zustehende rechtsetzende Gewalt *(hakimija)* angemaßt. Deshalb seien sie rückständig oder, in der islamischen Terminologie, *dschahili.* Das könne auf Dauer nicht geduldet werden. Gott müsse die ihm auf Erden zustehende Souveränität zurückerhalten, was bedeute, die *scharia* einzuführen. Das allein zivilisiere eine Gesellschaft. Der einzige Weg dorthin sei der *dschihad,* im Sinne nicht eines Verteidigungskrieges, sondern einer Offensive, die geographische und rassenbedingte Grenzen überschreitet. «Der Islam hat das Recht, die Initiative zu ergreifen. Er ist nicht das Erbe einer bestimmten Rasse oder eines bestimmten Landes; er ist Gottes Religion und für die ganze Welt da. Er hat das Recht, Institutionen und Traditionen zu zerstören, die des Menschen Freiheit einengen. Er greift keine Individuen an noch zwingt er ihnen ihren Glauben auf; er wendet sich gegen Institutionen und Traditionen, um die Menschen von deren verderblichen Einflüssen zu befreien, die die menschliche Natur entstellen und die menschliche Freiheit beschneiden.»[49] Der Übergang zum Islam bedeutet nach Kutb den radikalen Bruch mit der *dschahilija.* Entsprechend radikal sei der Kampf, den die Gläubigen zu führen hätten. Denn es gehe in ihm nicht, wenngleich die Ungläubigen dies so hinzustellen suchten, um politische, ökonomische oder rassenmäßige Belange, sondern um Unglauben oder Glauben, um *dschahilija* oder Islam.[50]

Kutb argumentierte weitschweifig. Immer wieder kehrte er zur Zeit Muhammads zurück. Wichtig war ihm das Verhältnis der ersten Muslims zur nichtislamischen Umgebung. Er deutete es manichäisch: Der Islam stand der *dschahilija* unvereinbar gegenüber bzw. löste sie ab. Die Gegenwart erfaßte er in denselben Kategorien. Es geht um Gut oder Böse, um Glaube oder Unglaube. Die gegenwärtigen Gesellschaften, Kutb hämmerte es seinen Lesern geradezu ein, seien *dschahili.* In dieser Abstraktheit gerieten Konfrontation wie Verdammung des Gegners absolut. Vermittlung verbot sich. Der Muslim konnte, wollte er seinen wahren Glauben leben, den Ungläubigen – auch und gerade denen in den Reihen der Muslims – nur unversöhnlich gegenübertreten.

Die Situation in Ägypten spitzte sich unterdessen zu. Die Regierung startete eine soziale Offensive und erhob den Sozialismus in einer nichtproletarischen Interpretation offiziell zum Leitbild gesellschaftlicher Entwicklung. Sie engte Großgrundbesitzer und Kapitalisten in ihrem ökonomischen und politischen Bewegungsraum ein. Arbeiter und Bauern sollten, dazu war die Arabische Sozialistische Union (ASU) geschaffen worden, größeren Einfluß auf die gesellschaftliche Entwicklung nehmen. Auf der anderen Seite waren die Muslimbrüder erstarkt, und ihre verschiedenen Gruppen gingen daran, sich enger zusammenzuschließen. Alle waren sich darin einig, die Macht zu übernehmen. Meinungsverschiedenheiten gab es darüber, wie dies zu geschehen habe. Die Radikalen unter ihnen erhoben Kutbs «Wegmarkierungen» – das erste Kapitel hatte bereits, als es beendet war, in ihrem Kreis zirkuliert – zu ihrem Manifest und plädierten für Gewaltanwendung. Andere traten gemäßigter auf. Sie setzten auf Erziehungsprogramme; durch sie sollte die Mehrheit der Bevölkerung gewonnen werden.

Kutb, aus dem Gefängnis entlassen, nahm Kontakt zur wiedererstandenen Bruderschaft auf. Diese informierte ihn über den Plan, gewaltsam die Macht zu ergreifen.

Die Regierung kam ihr zuvor. Am 29. Juli 1965 begann sie, führende Muslimbrüder festnehmen zu lassen, am 20. August auch Kutb. Einer der Festgenommenen legte ein Geständnis ab. Dadurch gelang es, der Organisation einen schweren Schlag zuzufügen. Am 22. August umstellten Truppen das Dorf Kardasa unweit der Pyramiden, einen traditionellen Stützpunkt der Bruderschaft.

Am 30. August 1965 gab Nasser in einer Rede bekannt, daß die Muslimbrüder in eine große Verschwörung verwickelt gewesen seien, die der Geheimdienst aufgedeckt habe. Die Medien verurteilten die Verschwörer. Hassan Ma'mun, der Scheich der Azhar-Moschee, nannte sie «mittelalterliche Terroristen». Die festgenommenen Muslimbrüder erhielten hohe Strafen. Kutb wurde am 29. August 1966 gehängt, ebenfalls Abd al-Fattah Isma'il. Seine Anhänger verehrten Kutb fortan als Märtyrer.

Die Auseinandersetzungen in Ägypten verschärften sich. Die Werktätigen hatten, entgegen anderslautenden Bekundungen, die Revolution nicht zu ihrer ureigenen Sache machen können. Aufgeblähte und ineffektive bürokratische Strukturen erstickten Initiativen. Die ägyptische Wirtschaft, die zuvor jährliche Wachstumsraten von 8 Prozent zu verzeichnen hatte, stagnierte Mitte der sechziger Jahre. Konterrevolutionäre Kräfte sahen sich ermutigt, zur Gegenoffensive überzugehen. In Khamschisch, einem Dorf im Nildelta, ließen sie am 30. April 1966 Salah Hussein Maglad ermorden, der sich innerhalb der ASU für größere Konsequenz in der sozialistisch orientierten Umgestaltung des Landes eingesetzt hatte. Die Linken werteten den Mord als Alarmzeichen. In vielen Dörfern werde ähnlich erbittert wie in Khamschisch gekämpft, warnten sie, und die Feudalherren hätten oft Staatsangestellte auf ihrer Seite. Doch das Regime beachtete die Warnungen nicht genügend, sondern reagierte in der gewohnten Weise: Es leitete eine gerichtliche Untersuchung des Mordfalles ein und schuf ein Komitee zur Liquidierung des Feudalismus, ohne die armen Fellachen, um deren Belange es ging, zu aktivieren.[51] Zur inneren trat die äußere Konterrevolution: Im Juni 1967 überfiel Israel Ägypten, Syrien und Jordanien und errang in sechs Tagen einen klaren militärischen Sieg (Sechstagekrieg). Nasser widerstand zwar der Forderung der inneren Konterrevolution, angesichts der katastrophalen Niederlage zurückzutreten, doch war seine politische Autorität geschwächt.

Die Muslimbrüder schöpften neue Hoffnung. Viele hatten im Ausland, vornehmlich in Saudi-Arabien, Zuflucht gesucht. Sa'id Ramadan, seit 1954 im Exil, hatte in Genf ein Islamisches Zentrum eingerichtet, das manche als «Hauptsitz der ägyptischen Opposition zur Regierung Nasser» verstanden. In Ägypten hatten die Muslimbrüder einige Positionen behaupten können. 1968 kündigten sie über einen Geheimsender den Beginn des «planmäßigen Widerstands durch Terroraktivitäten» an. Dadurch wollten sie das Land von der «Herrschaft des Unglaubens» befreien.

Sadats Flirt mit dem Fundamentalismus

1970 war für die Araber ein tragisches Jahr. In Jordanien brach ein Bürgerkrieg zwischen Palästinensern – viele hatten sich dort, von den Israelis aus ihrer Heimat vertrieben, niedergelassen – und Jordaniern aus. Die palästinensische Nationalbewegung hatte, von linksradikalen Tendenzen beeinflußt und ihre Stärke überschätzend, ihre Bewegungsmöglichkeiten im Lande über Gebühr auszuweiten gesucht. Die jordanische Aristokratie sah angesichts des großen palästinensischen Bevölkerungsanteils ihre angestammten Positionen bedroht. Sie wollte die PLO als politische Kraft im Lande ausschalten. Beide Seiten bekämpften einander erbittert. Nasser versuchte zu vermitteln – mit einem gewissen Erfolg. Doch bei diesen Bemühungen hatte er, ohnehin ein schwerkranker Mann, seine letzten Kräfte verzehrt. Am 28. September 1970 verstarb er.

Anwar al-Sadat, 1918 geboren, wurde neuer Präsident. Er hatte zu den Kampfgefährten Nassers gehört. Viele Ägypter hofften, das garantiere Kontinuität in der Politik. Sadat selbst versicherte, das Erbe Nassers sei bei ihm in guten Händen, doch er täuschte seine Landsleute. Die Großgrundbesitzer und Kapitalisten waren unter Nasser zwar geschwächt, doch nicht geschlagen worden. Jetzt rächten sie sich für die erlittenen Einbußen und erzwangen einen politischen Kurswechsel. Innenpolitisch betrieb Sadat – als Politik der «Öffnung» *(infitah)* – eine forcierte Förderung des Kapitalismus, verbunden mit der Einladung an das Auslandskapital, in Ägypten gewinnträchtig zu investieren. Außenpolitisch gab er die gute Zusammenarbeit mit der Sowjetunion preis. Er setzte einseitig auf die USA. Mit Israel tätigte er Separatvereinbarungen, für die der Name «Camp David» steht. Fast alle arabischen Staaten brachen daraufhin ihre diplomatischen Beziehungen zu Ägypten ab und schränkten die Wirtschaftsbeziehungen erheblich ein.

Warum konnte und wollte ein Kampfgefährte Nassers eine solche Kehrtwendung vollziehen? Dafür gab es mehrere Gründe. Nasser hatte sich in einer Dynamik des revolutionären Kampfes profiliert, die so nicht von Dauer war. Zugleich hatte er es versäumt, seinen Kurs zu stabilisieren, d. h. die Werktätigen zu organisieren und zu befähigen, ihre Belange selbst wirksam zu vertreten. Zu viel hing von seiner Person ab. Wandte er sich an die Bevölkerung, konnte er auf deren Vertrauen und Zustimmung rechnen. Das war letztlich zu wenig. Dadurch konnten schon in seinen letzten Lebensjahren die Bourgeoisie und die

Führende arabische Persönlichkeiten gedenken Nassers anläßlich des 40. Tages nach seinem Tode

Großgrundbesitzer verlorenen Boden zurückgewinnen. Sadat hatte es nie zu einem eigenständigen politischen Profil gebracht. Nach Nassers Tod witterte er seine Chance. Er engagierte sich für die sozialen und politischen Kräfte, die seinem Gespür zufolge im Kommen waren. Er tat dies vorsichtig taktierend. Zunächst versicherte er immer wieder, Nassers Kurs fortzuführen. Tatsächlich unternahm er Vorstöße in die entgegengesetzte Richtung. Traf er auf Widerstand, den er als zu stark erachtete, zog er sich wieder zurück. Doch nur vorübergehend. Neue Vorstöße zur Entnasserisierung erfolgten. Im Verhältnis zu den USA entwickelte er Eigeninitiativen. Persönlich hatte er hohen Anteil daran, daß sein Land einen proamerikanischen Kurs einschlug. USA-Politiker verstanden zunächst gar nicht, was ihnen da widerfuhr. Nasser hatte ihnen herbe Enttäuschungen bereitet. Sie hatten begreifen müssen, daß da ein Mann war, dem sie nicht beikommen konnten. Nun offerierte sich ihnen plötzlich ein anderer ägyptischer Politiker. Darauf mußten sie sich erst einmal einstellen.

Sadat verband seinen proimperialistischen Kurs mit einem konservativen Gesellschaftsideal. Im ägyptischen Dorf sah er eine heile Welt verkörpert, die es nicht gab und auch nie gegeben hatte. Den Islam nahm er als Legitimierung seines Regimes und als Quelle der von ihm proklamierten Wertvorstellungen in Anspruch. Muhammad habe durch seine Mission die Ägypter mit ihrer mächtigsten Waffe versorgt – dem Glauben, erklärte er am 6. Mai 1971. «In der Vergangenheit ist unser Land unter das Joch von Eroberern und Aggressoren geraten, doch hat es sich nie jemandem ausgeliefert. Unser Volk behielt letztlich immer die Oberhand, obgleich es keine andere Waffe als den Glauben besaß.»[52] Fernsehen und Rundfunk räumten religiösen Themen einen hervorragenden Platz ein.

Sadat brachte mit seiner prononcierten Parteinahme für den Islam das islamische Establishment auf seine Seite. Gelang ihm auch der Brückenschlag zu den Muslimbrüdern?

Im Sommer 1971 hatte er ein geheimes Treffen mit einigen ihrer Repräsentanten. Sie alle seien, meinte er, mit demselben Feind konfrontiert, nämlich mit Atheismus und Kommunismus, nicht zu erwähnen die überlebenden nasseristischen Ideen. Deshalb sei ein Bündnis geboten.[53] Sadat ließ eingekerkerte Muslimbrüder frei, die letzten offenbar 1975. Denen, die im Ausland lebten, erlaubte er die Rückkehr. Das betraf u. a. Abd al-Hakim Abdin, den früheren Generalsekretär der Bruderschaft, der 22 Jahre des Exils in Saudi-Arabien verbracht hatte, und Sa'id Ramadan.

Doch so einfach, wie sie zunächst schien, war die Sache nicht.

Da war die Vergangenheit. Der Konflikt mit den Freien Offizieren – und Sadat war einer von ihnen gewesen – hatte bei den Muslimbrüdern ein tiefes Mißtrauen hinterlassen, das sich nicht ohne weiteres ausräumen ließ. Gewiß, Sadat verfocht jetzt ein konservatives Islamverständnis. Doch war aus dem Saulus wirklich ein Paulus geworden? Die Politik der «Öffnung» kontrastierte zu der von Fundamentalisten erstrebten Islamisierung der Gesellschaft. Sie drohte, überkommene islamische Ideale durch neue Konsumgewohnheiten zu ersetzen. «Camp David» führte Ägypten an die Seite der USA und Israels auf Kosten seiner angestammten Beziehungen zu den anderen arabisch-islamischen Staaten. Wiederholt versprach Sadat seinen Landsleuten, ihr karges Leben werde sich verbessern, doch löste er keines seiner Versprechen ein.

Die Muslimbrüder wollten da nicht geschlossen und vorbehaltlos auf den Sadatschen Kurs einschwenken.

Gemäßigte Muslimbrüder, manche sprachen von «Neo-Muslimbrüdern», näherten sich Sadat. Umar al-Tilimsani, Jahrgang 1906, machte sich zu ihrem Sprecher (Hudeibi war 1973 gestorben). Uthman Ahmad Uthman, ein reicher Bauunternehmer, den manche den ägyptischen Rockefeller nannten, war eng mit dem Sadat-Regime liiert und förderte die Muslimbrüder. Ohne legalisiert zu sein – hierzu mochte Sadat sich nicht entschließen –, konnten diese ziemlich ungehindert wirken. Nicht wenige hatten im Exil Vermögen und Beziehungen gewonnen; das kam ihnen jetzt zugute. Die zu Beginn der siebziger Jahre mit behördlicher Unterstützung gegründeten «Islamischen Gemeinschaften» (aldschama'at al-islamijja) repräsentierten ihren Einfluß an den hoffnungslos überfüllten Universitäten, ohne ihnen formell zuzugehören, und drängten die Linken zurück. Ihre Angehörigen waren schon äußerlich auszumachen: Die

Mädchen trugen vielfach Schleier, die Männer Bärte. Mit dem Anspruch, die Probleme des Universitätslebens zu lösen, legten sie fest, was gelehrt und was (als «islamische Speisen») gegessen werden durfte. Um sich durchzusetzen, wandten sie ihren Kommilitonen gegenüber mitunter Gewalt an. 1979 erreichten sie an der Universität Assiut eine Trennung der Geschlechter; weiblichen Studenten wurden, ungeachtet der Proteste aus ihren Reihen, gesonderte Hörsäle zugewiesen. Endziel der Muslimbrüder war es, eine «Gemeinschaft der Gläubigen» wiederherzustellen, wie sie im «goldenen Zeitalter des Islam», d. h. zur Zeit der vier rechtgeleiteten Kalifen, existierte. Ihre Monatsschrift «Der Ruf» *(al-da'wa)*, seit 1954 verboten, konnte seit 1976 wieder erscheinen. Eine Schlagzeile auf der Titelseite lautete: «Der Koran steht über der Verfassung». Tilimsani unterstrich im Leitartikel, daß «der Herrscher Allah und den Menschen verantwortlich ist».[54] Als Hauptfeinde des Islam – als die vier Reiter der Apokalypse gewissermaßen – nannte die Zeitschrift immer wieder «Judentum», den «Kreuzzug», den «Kommunismus» und den «Säkularismus». 1980/81 erreichte sie eine Auflage von 500 000 Exemplaren.

Auch Muslimbrüder, die Sadat tolerierten bzw. stützten, hatten indessen Vorbehalte gegenüber den ägyptisch-israelischen Separatvereinbarungen. Sie verdammten diese als tödliche Gefahr, u. a. deswegen, weil sie Nichtmuslims erlaubten, islamisches Territorium besetzt zu halten. Tilimsani verwies während der ägyptisch-israelischen Verhandlungen 1978 darauf, daß Israel zum *dar al-harb*, zum «Haus des Krieges», gehöre, weshalb eine Regierung, die beanspruche, islamisch zu sein, den *dschihad*, den «heiligen Krieg», gegen diesen Staat führen müsse. Im Oktober 1979 schrieb er, die 40 Millionen Ägypter sollten im Dschihad für die Wiederherstellung ihrer Rechte kämpfen. Würden dabei auch 30 Millionen als Mudschahidun – als Widerstandskämpfer – sterben, so blieben 10 Millionen, die, ohne unter der Schande zu leiden, in Freiheit leben könnten.[55] Innerhalb der Islamischen Gemeinschaften vollzog sich in Reaktion auf «Camp David» eine Radikalisierung. Diejenigen, die auf einen Ausgleich mit Sadat drängten, verloren an Einfluß; Gegner der Sadatschen Politik gaben zunehmend den Ton an. Das alles ging mit größerer Militanz in Bejahung islamischer Traditionen und Werte und wachsender Intoleranz gegenüber Andersdenkenden einher.

Radikale Muslimbrüder versagten sich Sadat von vornherein. Während Nasser mit dem Knüppel zugeschlagen habe, brachten sie vor, wolle Sadat die Islamisten mit der Seidenschnur erwürgen.

Neue fundamentalistische Organisationen entstanden, teilweise personell und ideell durch die Muslimbrüder beeinflußt, insgesamt kleiner und radikaler als diese. Andere, die bereits im Ausland existierten, nahmen in Ägypten ihre Tätigkeit auf. Bis zu einem gewissen Grade stellten sie eine Art «Gegengesellschaften» dar, und zwar in zweifacher Hinsicht. Angesichts der sich türmenden wirtschaftlichen und sozialen Schwierigkeiten in Ägypten vermittelten sie ihren

Angehörigen eine gewisse Geborgenheit, u. a. durch Gemeinschaftswohnungen. Zum anderen traten sie an, die bestehende Gesellschaft, in die die Muslimbrüder sich einzuordnen begannen, ihrem Ideal gemäß radikal umzugestalten.

Da gab es die Islamische Befreiungspartei, von Taki al-Din al-Nabahani 1950 in Jordanien als Reaktion auf die Niederlage der arabischen Armeen im Krieg 1948/49 wie auf die Ermordung Bannas 1949 gegründet. Sie etablierte sich bald auch in anderen arabischen Ländern. «Alle Nationen sind Feinde des Islam, denn sie hängen Religionen und Prinzipien an, die dem Islam widersprechen», hieß es in einer 1973 von ihr herausgegebenen Broschüre. Kapitalismus und Kommunismus hätten versagt. Die islamische Gemeinschaft besitze demgegenüber die Ideologie, die die Welt brauche, und die Mittel, sie durchzusetzen. «Deshalb ist sie würdig, die Führung zu übernehmen.»[56]

Salih Sarrija, geboren 1933, Doktor der Philosophie, trug entscheidend dazu bei, daß die Islamische Befreiungspartei in Ägypten Fuß faßte. Er hatte zunächst in Jordanien gelebt. Nach der Niederlage, die die Palästinenser dort erlitten hatten, war er nach Bagdad, von dort nach Kairo gegangen, wo er eine Anstellung im Hauptquartier der Arabischen Liga fand. Er sammelte junge Leute um sich, vornehmlich Studenten in Kairo und Alexandria.

Am 18. April 1974 zog Sarrija mit Gefährten zur Militärakademie in Kairo Heliopolis. Dort versorgten sie sich mit Waffen. Ihr nächstes Ziel war das ASU-Hauptquartier, wo sie – weitere Männer hatten sich ihnen angeschlossen – Sadat und seine Gefährten töten wollten, um selbst die Macht zu übernehmen. Das Unternehmen war gleichermaßen naiv und todesmutig. Einige der Rebellen wurden noch während der Schießereien mit den Sicherheitsorganen getötet, ihre Führer später gehängt. Während des Prozesses kamen Verbindungen der Organisation zu Mitgliedern der Muslimbruderschaft zur Sprache.

1971 – manche nennen auch das Jahr 1966 – hatte sich die «Gemeinschaft der Muslims» formiert. Schukri Ahmad Mustafa, 1942 geboren, übernahm ihre Führung. Er hatte den Muslimbrüdern angehört und war 1965 verhaftet worden. Sechs Jahre verbrachte er im Gefängnis. Beeinflußt von den Gedanken Kutbs, trennte er sich von den Muslimbrüdern, da diese seiner Meinung nach die Ziele des Islam nicht genügend konsequent verfolgten. Die Mitglieder der Organisation – ihr gehörten Männer wie Frauen an – wollten mit der Gesellschaft, in der sie lebten und die sie als unislamisch *(dschahili)* betrachteten, nichts zu tun haben, sondern sich aus ihr zurückziehen. Die ägyptischen Sicherheitsbehörden gaben ihr deshalb den Namen «Gemeinschaft der Bezichtigung des Unglaubens und der Auswanderung» (*dschama'at al-takfir wa 'l-hidschra*, kurz Takfir-Gruppe genannt). Die Organisation bot möblierte Wohnungen. Das war angesichts der akuten Wohnungsnot eine echte Hilfe für junge Muslims und ermöglichte es ihnen, früh zu heiraten, während sonst der Mann oft Jahre hindurch in einem ölproduzierenden Land arbeiten und sparen mußte, um zu einer Wohnung zu kommen und sich eine Frau nehmen zu können. Doch mehr war damit verbunden: eine Zufluchtsstätte inmitten der gottlosen Umgebung, wobei Distanz gewahrt blieb. Denn möbliert wohnten sonst Ausländer, Prostituierte und andere Menschen, die in der gegebenen Gesellschaft nicht heimisch werden konnten oder wollten. Die Gemeinschaft unterhielt ferner Lager, in denen sie ihre Mitglieder befähigte, mit der Waffe umzugehen. In Alexandria betrieb sie einen Kiosk, in dem sie Obst und Gemüse zu niedrigeren Preisen verkaufte. An den Universitäten Kairo, Alexandria, Mansura und Assiut besaß sie Stützpunkte. 1975 und 1976 war die Regierung gegen die Takfir-Gruppe vorgegangen und hatte Mitglieder festgenommen.

Am 3. Juli 1977 entführten neun Angehörige der Takfir-Gruppe den früheren Waqf-Minister (Minister für religiöse Stiftungen) Scheich Muhammad Hussein al-Dhahabi. Er hatte einmal mit der Organisation sympathisiert, dann jedoch, als Minister, in einem *fatwa*, einem islamischen Rechtsgutachten, gegen sie Stellung genommen. Die Entführer wollten, wie sie am folgenden Tag in einem Kommuniqué mitteilten, ihn freilassen, falls ihre gefangengehaltenen Gefährten – es dürfte sich um 60 gehandelt haben – auf freien Fuß gesetzt würden, sie 200 000 ägyptische Pfund erhielten und in Medien erklären durften, daß das Land nicht nach den Prinzipien des Islam regiert werde und daß sich dies ändern müsse. Ferner verlangten sie, daß eine zu bildende Expertengruppe die Aktivitäten der Geheimdienste untersuchen solle.[57] Zwei Tage verhandelten sie mit den Behörden. Dann ermordeten sie den Entführten – zwei Tage bevor ihr Ultimatum ablief. An den folgenden Tagen legten Angehörige der Takfir-Gruppe Bomben in Kinos, Parks und anderen öffentlichen Einrichtungen. Es war zu hören, weitere Entführungen seien geplant. Ein Sprecher der Gruppe sprach von einem Krieg gegen das Sadat-Regime. Die ägyptische Regierung ließ 600 Verdächtige festnehmen, darunter die Entführer Dhahabis. Ein Gericht verhängte 5 Todesurteile und 12 lebenslängliche Freiheitsstrafen.

Es gab weitere fundamentalistische Zusammenschlüsse. In Alexandria beispielsweise wirkten u. a. die «Soldaten Allahs» und die «Gemeinschaft des Heiligen Krieges». Eine vollständige Übersicht dürfte sich kaum gewinnen lassen. Nicht nur, daß die Organisationen im Untergrund tätig waren; zwischen ihnen bestanden Rivalitäten, es kam zu Spaltungen und Neugründungen. Die Regierung ging in Reaktion auf die Ermordung Dhahabis gegen den islamischen Extremismus, soweit sie auf ihn stieß, insgesamt vor. Von den «Soldaten Allahs» ließ sie 104 Mitglieder, von der «Gemeinschaft des Heiligen Krieges» 80 Mitglieder verhaften.

Die zunehmend spannungsgeladene Situation in Ägypten brachte auch Gruppen Zulauf, die in der Tradition der Bruderschaften standen, in denen eine mystische Ausdeutung des Islam mit der Pflege sozialer Beziehungen einhergeht. Dazu gehörte die Farmawija, benannt nach ihrem Gründer Muhammad Salim al-Farmawi. Wie andere Fundamentalisten, kritisierten ihre Mitglieder die bestehenden gesellschaftlichen Verhältnisse. Doch gingen sie nicht so weit, die ägyptische Gesellschaft pauschal als ungläubig zu verurteilen. «Wir sind überzeugt, daß wir uns vor allem selbst bessern müssen, und sind sicher, daß jeder für das zur Rechenschaft gezogen wird, was er getan hat.»[58] Die Mitglieder der Farmawija weigerten sich im Krankheitsfall, einen Arzt aufzusuchen oder sich gar in ein Krankenhaus einliefern zu lassen. Gott sei der einzige, der zu heilen vermöge, weshalb alle Ärzte überflüssig seien. Im übrigen machten die Krankenhäuser die Menschen erst eigentlich krank. Ihr Führer beanspruchte, sein Wissen durch göttliche Eingebung erhalten zu haben. Jedwede ökonomisch orientierte Tätigkeit schloß seiner Meinung nach die Verehrung Gottes aus. In einem Gespräch, zu dessen Zeitpunkt er eigenen Angaben zufolge 90 Jahre alt war, behauptete er, in seinem Leben nie gearbeitet zu haben. Gott habe immer Wege gefunden, ihn mit dem Lebensnotwendigen zu versorgen.[59]

Scheich Abd al-Hamid al-Asis Muhammad Kischk profilierte sich, ihre Widersprüche verkörpernd, zum Star der Reislamisierung unter Sadat. 1933 in einem Dorf nahe Alexandria geboren, studierte er an der Theologischen Fakultät der Azhar-Universität und erhielt eine Anstellung als Prediger an einer Kairoer Moschee. Seine Predigten machten ihn rasch berühmt. Viele kamen zur Moschee, sie zu hören. Auf Kassetten fanden sie Verbreitung in Ägypten wie in der ganzen arabischen Welt. Wer ein Taxi bestieg, Obst bei einem Straßenhändler kaufte oder einen Pförtner um Auskunft ersuchte: Überall konnte er die Stimme von Kischk vernehmen. Das Geheimnis seines Erfolges? Er griff Probleme des Alltags wie der Weltpolitik auf, die den einfachen Muslim beschäftigten, wetterte gegen das Establishment, ohne die Position der Radikalen einzunehmen. Nach einer Einleitung und einem Korankommentar kam er zur eigentlichen Predigt (alles zusammen konnte eineinhalb Stunden dauern, dreimal so lang wie eine übliche Predigt). Manches sagte er offen, manches verschlüsselt, Humor und Demagogie waren im Spiel. Am 10. April 1981 beispielsweise berichtete er, daß in Kairo eine Sekte aufgetreten sei, die sich beim Gebet nicht, wie vorgeschrieben, gen Mekka, sondern gen Jerusalem ausrichte. Er schloß daran die Überlegung: «Diese Sekte will, indem sie sich Jerusalem zuwendet, dem Islam Schaden zufügen! Ich sage euch in aller Offenheit – und Schmerz lastet schwer auf meiner Seele –: Seit Israel Ägypten betrat und in Kairo eine Botschaft einrichtete, bin ich absolut sicher, daß es eine verdächtige Sekte gibt, die ihre Instruktionen von einer geheimen Hand erhält, um Gerüchte sowie Zweifel an Gott und Seinem Gesandten zu verbreiten.» Militant griff Kischk die Azhar an. Ihre 1961 erfolgte Reformierung nannte er ihre Zerstörung. «Sagt mir, Azharisten, wieviel vom Koran habt ihr in eurem Herzen und wie viele Suren könnt ihr rezitieren, wenn ihr euer Studium abgeschlossen habt? Es gibt Azhar-Absolventen, die können den Koran nicht lesen, selbst wenn sie den Text vor sich haben.» Kischk beklagte, daß als Scheich an der Spitze der Azhar Männer gestanden hätten, die sich mit nichtreligiösen Disziplinen befaßt bzw. in Deutschland oder Frankreich promoviert hätten. «Sind die Muslims so einfallslos, daß sie zur Promotion nach Frankreich gehen müssen? Ich weiß nicht, wer der nächste Scheich sein wird! Vielleicht wird ein Armeegeneral die Azhar übernehmen? Wer weiß?»[60]

Muslimisch-koptische Feindseligkeiten

Sadat geriet durch seinen Flirt mit dem Fundamentalismus in Schwierigkeiten. War es, wenn er schon islamische Ideale beschwor, nicht konsequent, wenn er weiterging – bis zur Einführung der *scharia*? Muslimbrüder erwarteten das, Sadat aber zögerte. Zwar setzte sein Justizminister 1975 ein Komitee ein, das auf den Grundlagen des islamischen Rechts drei Gesetzesentwürfe erarbeitete. Sie sahen das Verbot der Produktion, des Verkaufs, des Besitzes und des Trinkens alkoholischer Getränke, die Bestrafung von Raub durch Amputation von Gliedmaßen und das Auspeitschen bei Verleumdung vor. Ein am 1. August 1976 erlassenes Gesetz verbot die Verabreichung alkoholischer Getränke in der Öffentlichkeit. Ferner war daran gedacht, Unzucht (worunter u. a. Ehebruch zu verstehen war) mit Steinigung zu bestrafen, die Beschäftigung von Frauen außerhalb ihres Heimes einzuschränken und das Banksystem mit dem islamischen Gesetz über den Wucher in Übereinstimmung zu bringen. Auch legte Sadat persönlich den Entwurf eines Gesetzes vor, das für Apostasie, d. h. Abfall vom Glauben, die Todesstrafe forderte. Die Aussage zweier erwachsener Muslims sollte ausreichen, einen Apostaten zu verurteilen, falls dieser nicht innerhalb von 30 Tagen zum Islam zurückfand. Schließlich wurde im Mai 1980 durch ein Referendum eine Verfassungsänderung beschlossen, die die *scharia* als Hauptquelle der ägyptischen Gesetzgebung bezeichnet (zuvor galt sie als eine neben anderen). Doch der Durchbruch zum Fundamentalismus war das alles nicht. Ohne weiteres war er nicht zu bewerkstelligen. Verglichen mit anderen arabisch-islamischen Ländern, war die Säkularisierung in Ägypten relativ weit fortgeschritten, so daß Sadat mit Widerstand rechnen mußte. Zum anderen wollte er diesen Durchbruch wohl auch nicht. Denn konnte man sich aus dem Fenster stürzen, um plötzlich einen halben Meter über dem Erdboden im Sturz innezuhalten? Anders gefragt: Konnte Sadat den Fundamentalisten Ägypten überantworten, ohne selbst Macht einzubüßen? Er grenzte sich deshalb wiederholt gegenüber den Muslimbrüdern ab. In einer am 20. Februar 1976 gehaltenen Rede deutete er an, daß diese und die Marxisten eine Allianz eingegangen sein könnten. Wenn dies der Fall sei, störe ihn das allerdings nicht.[61] Den sich zunehmend intoleranter gebärdenden Gruppen an den Universitäten warf er vor, einen «Staat im Staat» zu bilden und eine unhaltbare Situation geschaffen zu haben.

Die «islamische Revolution» im Iran führte Sadat drastisch die politischen Konsequenzen einer Radikalisierung des Islam vor Augen. In Reaktion darauf kritisierte er die Muslimbruderschaft. Sein Wahlspruch, den er seitdem häufig wiederholte: «Keine Religion in der Politik – keine Politik in der Religion.» Den Islam wollte er als Kultur verstanden wissen. Vom religiösen Establishment verlangte er, den Einfluß des radikalen «abweichenden» religiösen Denkens auf die Jugend zu bekämpfen. 1979 wurde ein Gesetz verabschiedet, das der von Fundamentalisten erstrebten Islamisierung des gesellschaftlichen Lebens zuwiderlief. Es räumte einer Frau das Recht ein, sich scheiden zu lassen, falls ihr Mann gegen ihren Willen eine zweite Frau nahm. Falls der Ehemann die Scheidung begehrte, hatte er dies vor zwei Zeugen zu tun und der geschiedenen Frau zusätzlich zu ihrem Unterhalt einen finanziellen Ausgleich zu zahlen. «Ägypten wird nicht wieder auf einem Bein hinken», rechtfertigte Sadat diesen Schritt. «Mann und Frau sind gleichberechtigt, und zum Bauen bedarf es der Kooperation beider auf gleicher Grundlage. Es gibt einige, die möchten die Frauen wieder verschleiern. Nein! ... Wie können wir die Frau mißachten? Das islamische Recht garantiert ihr volle Freiheit. ... Gleichwohl gehen ihr – im Ergebnis einer verstockten Auslegung von Religion – noch einige Rechte ab.»[62]

Am 20. August 1979 traf Sadat in Ismailia mit Repräsentanten der Religion, darunter mit führenden Muslimbrüdern, zusammen. Religion, beklagte er sich, werde mißbraucht. «Einige Imame – manche gehören zur Bruderschaft, andere zu ihren Helfern – benutzen die Moscheen zu Angriffen gegen den Staat.» Religion und Politik dürften jedoch nicht vermischt werden. Wer dies tue, arbeite nicht legal. Es betreffe dies die Muslimbruderschaft. «Wenn ich Maßnahmen ergriffe, hätte ich das Gesetz auf meiner Seite.» Tilimsani wies die Vorwürfe zurück. «Ich erhebe meine Stimme zu Allah. Ich bin schuldlos an allem, was du sagst. Ich bin rein. Ich bin Muslim ... Ich habe Allah gebeten, daß er die Herrschaft al-Sadats so lange wie möglich mache. Wir genießen unsere Freiheit. Wenn das meine Strafe bei Anwar al-Sadat ist – Dank sei Allah.»[63]

Die Kopten, ägyptische Christen, die beanspruchen, Traditionen der altägyptischen Kultur zu bewahren, beobachteten mit Sorge das Anwachsen fundamentalistischer Bestrebungen. Ihrer Auffassung nach waren sie ohnehin im öffentlichen Leben unterrepräsentiert. Schon ihre Zahl war umstritten: Laut der offiziellen Volkszählung von 1976 betrug sie 2,3 Millionen, nach eigenen Angaben, die sich auf die Kirchenbücher stützten, lag sie doppelt so hoch. Auf jeden Fall handelte es sich um eine starke Minderheit, zudem in einigen Orten, vornehmlich in Kairo, Assiut, Minia und Sohag, konzentriert. In ihren Reihen gab es Bemühungen um eine Renaissance ihrer kulturellen Identität. Kopten waren besonders über die Absicht beunruhigt, Apostasie künftig mit der Todesstrafe zu ahnden. Gab es in ihren Reihen doch die Gewohnheit, zeitweise zum Islam überzutreten, um so die koptische Ehe und Beschränkungen im persönlichen gesetzlichen Status zu umgehen, dann aber zum Christentum zurückzukehren. Würde das als Apostasie gelten? Patriarch Schinuda III., das Oberhaupt der Kopten, rief zu einem fünftägigen Fasten auf, um gegen den Gesetzesentwurf zu protestieren. Gemeinsam mit 44 Bischöfen wollte er sich dem Fasten in der Kathedrale St. Markus in Kairo unterziehen. Der Ministerpräsident sah sich gezwungen, den Patriarchen aufzusuchen und ihm zu versprechen, das in Aussicht genommene Gesetz werde nicht verabschiedet.

Die sich allgemein im Lande anstauenden Konflikte äußerten sich in muslimisch-koptischen Zwistigkeiten. Muslimische Fanatiker gingen gewaltsam gegen Eigentum und Personen der Gegenseite vor. So zündeten sie am 20. Mai 1978 in Minia eine Kirche an. Im September desselben Jahres prügelten sie in Samalawt einen Priester in seiner Wohnung zu Tode; seiner Frau und zwei Söhnen fügten sie ernsthafte Verletzungen zu. Die Kopten nahmen das nicht hin. Am 24. Oktober 1978 fand sich eine Gruppe von Glaubensgenossen vor dem UNO-Gebäude in New York zusammen, um gegen die beunruhigenden Vorgänge in Ägypten zu protestieren. Am 30. März 1980 sagte die Synode der koptischen Kirche die offiziellen Feierlichkeiten zu Ostern ab, womit auch der Austausch von Grüßen zwischen der Kirche und der Regierung unterblieb. Jahrhunderte hindurch hatte es so etwas nicht gegeben.

1981 eskalierten die muslimisch-koptischen Feindseligkeiten. Scheich Kischk gehörte zu denen, die sie anheizten. «Nirgendwo auf der Erde gibt es eine Minderheit, die sich derselben Rechte erfreut wie die Christen in Ägypten», erklärte er am 6. Juni in einer Predigt. «Sie bekleiden viele wichtige Ämter: Minister, Vorsitzende der Aufsichtsräte von Banken, Generale, und ihr Papst, welcher mit seiner ganzen Autorität auf dem Thron der Kirche sitzt ... Schinuda flüstere ich zu: ‹Befreie Dein Gemüt von dem Begehren nach Vorherrschaft. Denke nicht, daß Du eines Tages Staatsoberhaupt sein wirst. Wenn Du erwartest, Amerika wird Dich retten, wisse, wir sind Gott anvertraut, der ewig ist.›»[64] Vom 17. bis 19. Juni gingen in einem Armenviertel Kairos Muslims und Kopten gewalttätig gegeneinander los. Die offizielle Bilanz: 17 Tote, 112 Verwundete. Tatsächlich soll die Zahl der Opfer höher gewesen sein. Am 2. August explodierte in einer koptischen Kirche im Kairoer Stadtteil Schubra während einer Hochzeit eine Handgranate. Es gab drei Tote und 56 Verletzte. Fundamentalisten warfen den Kopten, wie schon häufig zuvor, Arroganz und Militanz vor. Die Kopten, behaupteten sie, mißachteten den Staat, der ihnen Schutz biete, provozierten ihre muslimischen Nachbarn, verleumdeten in ihren Publikationen den Islam und sammelten Waffen, um Muslims zu töten.[65]

Sadats Regime war zu diesem Zeitpunkt in eine tiefe Krise geraten. Immer wieder hatte er den Ägyptern versprochen, ihre Lebenslage werde sich bessern. Viele hatten ihm geglaubt. Doch er tat nichts, seine Versprechungen einzulösen. Eine kleine Schicht, im Volksmund die «fetten Katzen» genannt, bereicherte sich maßlos, u. a. durch Korruption und dunkle Geschäfte. Die Zahl der Millionäre war von 500 im Jahre 1975 auf 17 000 im Jahre 1981 gestiegen. Sadat und seine Familie hatten Anteil am Leben der Reichen. Auf der Gegenseite mußten sich 20 Prozent der Bevölkerung mit 5 Prozent des Nationaleinkommens begnügen. In der arabischen Welt stand Ägypten nach «Camp David» weithin isoliert da. Das traf die Ägypter um so härter, als ihr Land unter Nasser in hervorragender Weise gesamtarabische Belange wahrgenommen hatte. Enttäuschung und Erbitterung breiteten sich in der ägyptischen Bevölkerung aus. In unterschiedlichen sozialen und politischen Bereichen wuchs die Zahl derer, die sich für eine Alternativentwicklung engagierten.

Sadat nahm die konfessionellen Auseinandersetzungen zum Anlaß, um gegen die Opposition loszuschlagen. Am 3. September 1981 ließ er über 3 000 Personen verhaften, darunter Politiker, Journalisten, Schriftsteller, Wissenschaftler und Geistliche. Zur Prominenz unter den Verhafteten – sie war beträchtlich – gehörten Tilimsani, Kischk und Muhammad Hassanein Heikal. 67 Journalisten und 64 Universitätsprofessoren verloren ihren Posten, ebenfalls Schinuda III. Die Regierung verbot oppositionelle Zeitungen und Zeitschriften. Um Unruhen zuvorzukommen, verschob sie den Beginn des Studienjahres um 3 Wochen.

«Ich tötete den Pharao, und ich fürchte nicht den Tod»

In den Islamischen Gemeinschaften setzte sich die Radikalisierung fort. Die «islamische Revolution» in Iran zeitigte hierbei zunehmend Wirkung. Plakate verhießen Regierungen, die sich weigerten, die *scharia* einzuführen, ein ähnliches Schicksal wie das des Schahregimes.

Muslimische Radikale, die vornehmlich in Kairo und Mittelägypten wirkten, schlossen sich unter dem Namen Dschihad zusammen. Sie waren in kleinen Gruppen organisiert, die sich *anaqud* – «Weintrauben» (Singular: *unqud*) – nannten. Jede operierte selbständig. Das war eine Vorsichtsmaßnahme: Sollte einer von ihnen etwas widerfahren, sollten die übrigen nicht in Mitleidenschaft gezogen werden – wie das Abtrennen einer Beere nicht die ganze Traube vernichten würde. Die Führer der Gruppen trafen sich, vielfach in Moscheen, um ihre Aktivitäten abzustimmen.

Im Milieu der Dschihad-Gruppen wurde der Gedanke geboren, Sadat zu töten. Umar Abd al-Rahman, «der blinde Scheich», genoß bei ihnen hohes Ansehen. Er focht für die Einführung der *scharia.* Viele anerkannten ihn als Mufti, als Rechtsgelehrten. Als solcher war er gefragt worden, ob es gesetzlich sei, das Blut eines Herrschers zu vergießen, wenn dieser sich nicht an die von Allah gegebenen Richtlinien hält. Es sei dies rechtens, antwortete Abd al-Rahman. Weder die Frage noch die Antwort enthielten einen Namen, doch war klar, wer gemeint war.

Eine *unqud,* eine «Traube», schritt zur Tat.

Abd al-Salam Faradsch, Elektroingenieur von Beruf, gehörte dieser Gruppe an. Er verfaßte 1980 das Büchlein «Die vergessene Pflicht», 54 Seiten im Kleinformat. Es diente seinen Gefährten offenbar zur Selbstverständigung. Die Muslims, davon ging der Autor aus, sind von einem fremden und feindseligen Westen unterworfen worden. In ihren eigenen Reihen lebten Ungläubige. Wenngleich sie eine Minderheit bildeten, seien sie einflußreich und gefährlich; gehörten doch nicht wenige Herrscher zu ihnen. Ein gläubiger Muslim müsse – hier grenzte Faradsch sich gegenüber der von Schukri Ahmad Mustafa gegebenen Empfehlung einer «Auswanderung» *(hidschra)*, d. h. eines Rückzuges aus der gegebenen Gesellschaft, ab – eine ungläubige Obrigkeit bekämpfen. Der Weg dazu sei der *dschihad* in Gestalt eines bewaffneten Kampfes (ihn meinte Faradsch mit der «vergessenen Pflicht»). Er sei die höchste Form des Gehorsams Gott gegenüber. Politische Methoden zeugten von Feigheit und Dummheit und seien zwecklos. Wenn man etwa eine islamische Partei gründe, stütze man das System, indem man sich ihm einordne und es legitimiere, statt es zu schwächen. Seit seinen Anfängen habe der Islam nur durch Gewaltanwendung verbreitet werden können. Zuerst müßten die Ungläubigen in den eigenen Ländern, dann die übrigen bekämpft werden. Jerusalem könne deshalb erst befreit werden, wenn die ungläubige Regierung im eigenen Land gestürzt sei. Das Ziel aller Muslims müsse es sein, einen islamischen Staat zu errichten; nur in seinem Rahmen könnten sie ihre Probleme regeln. «Einige Menschen nennen als Ziel des dschihad heute die Befreiung Jerusalems, des heiligen Landes. Natürlich ist das eine bindende Verpflichtung und eine Pflicht für alle Muslims, ... aber:

Erstens: Der Kampf gegen die Feinde zu Hause hat Vorrang vor dem Kampf gegen den Feind im Ausland.

Zweitens: Seit das Blut der Muslims für den Sieg fließt, mag man berechtigterweise fragen, wer aus diesem Sieg Nutzen zog. War es der islamische Staat oder das ungläubige Regime, dessen Grundlagen durch diesen Sieg gefestigt wurden? ... Der uneingeschränkte Kampf muß unter ausschließlich islamischer Führung unternommen werden.

Drittens: Die Verantwortung für die Existenz von Kolonialismus oder Imperialismus in unseren islamischen Ländern tragen die ungläubigen Regierungen. Den Kampf gegen den Imperialismus aufzunehmen, ist deshalb nutzlos und ruhmlos, verlorene Zeit; wir müssen uns auf unser islamisches Problem konzentrieren, nämlich auf die Durchsetzung von Gottes Gesetz in unseren eigenen Ländern.»[66]

Faradsch nahm für seine Argumentation den fundamentalistischen Rebellen Ibn Taimija als Gewährsmann in Anspruch. Traf er in allem dessen Intentionen? Darüber läßt sich offenbar streiten. Entscheidend für Faradsch war die Idee – und hier traf er sich mit Ibn Taimija –: Der *dschihad* ist nicht nur gegen einen äußeren Feind zu führen; unter gewissen Umständen kann er innerhalb der islamischen Gemeinschaft unumgänglich werden.

Den Namen Sadat erwähnte Faradsch nicht. Doch war es ihm wesentlich darum zu tun, ein Attentat gerade gegen den ägyptischen Präsidenten zu rechtfertigen. Was nach dessen möglicher Beseitigung konkret zu geschehen habe – dazu äußerte er sich nicht. Offenbar war er überzeugt, daß sich die Angelegenheiten in Ägypten dann gewissermaßen von selbst in seinem Sinne regeln würden.

Abbud Abd al-Latif Hassan al-Samr war das militärische Oberhaupt der Gruppe. Er gehörte als Oberstleutnant dem militärischen Geheimdienst an. Als er argwöhnte, beobachtet zu werden, ging er, um einer drohenden Verhaftung zuvorzukommen, in den Untergrund.

Khalid Ahmad Schauki al-Islambuli, Oberleutnant der Artillerie, war ein weiteres Mitglied der Gruppe. Seine Einheit lag in der Nähe von Kairo. Seinen Bruder Muhammad hatte Sadat Anfang September 1981 einsperren lassen.

Sadat hatte neben seinem Wohnsitz in Kairo im Lande verstreut mehrere Residenzen. Eine lag am Nildamm nördlich von Kairo. Die Dschihad-Gruppe erwog, das geplante Attentat dort auszuführen. Doch das Gelände war gut bewacht. Sadat beim An- und Abflug mit dem Hubschrauber zu treffen barg große Risiken in sich. Es flogen immer drei Hubschrauber: Woher sollte man wissen, in welchem der Gesuchte saß?

Ein anderer Plan erschien aussichtsreicher. Am 6. Oktober 1973 hatten Ägypten und Syrien Israel angegriffen, um das ihnen 1967 geraubte Territorium zurückzuerlangen. Die Ägypter überquerten den Suezkanal und erzielten auf der Sinaihalbinsel einen beträchtlichen Geländegewinn. Ihr Vormarsch geriet dann zwar ins Stocken, und den Israelis gelang es, westlich des Suezkanals einen Brückenkopf zu errichten, womit sie erstmals afrikanischen Boden betraten – dennoch war der arabischen Seite zumindest ein Teilerfolg beschieden. Zum 8. Jahrestag der Kanalüberquerung sollte am 6. Oktober 1981 eine Parade stattfinden. Sadat würde zugegen sein, um sich als Held und Sieger feiern zu lassen. Und Islambuli würde an der Parade teilnehmen, als Kommandeur einer Abteilung von 12 Geschützen.

Islambuli übernahm es, das Attentat vorzubereiten. Er brauchte Helfer. Abu'l-Hamid Abd al-Salam, ein früherer Offizier, der, um Gott besser dienen zu können, Buchhändler geworden war, Ata Taiil Hamida, Ingenieur und Reserveoffizier, sowie Hussein Abbas Muhammad erklärten sich bereit, ihn zu unterstützen. Den Märtyrertod kalkulierten sie ein.

Samr hatte Bedenken. Das Attentat sei schwer auszuführen, meinte er. Auch reiche es nicht aus, Sadat zu töten; man müsse selbst die Macht übernehmen. Er sprach von einer «Volksrevolution». Deren Vorbereitung nehme mindestens zwei Jahre in Anspruch. Faradsch zerstreute die Bedenken. Islambuli sei in der Lage, das Attentat auszuführen. Danach entstehe eine neue Situation. Neben Sadat würden andere Säulen der Macht fallen. Wie zuvor im Iran, würden sich die Volksmassen erheben.

Die Attentatsvorbereitungen verliefen weiterhin komplikationslos. Islambuli verschaffte sich Waffen und Munition, darunter ein Maschinengewehr, einen Revolver und Handgranaten. Er sorgte dafür, daß drei Mitglieder der regulären Geschützbesatzung, mit der er normalerweise hätte fahren müssen, nicht

Am 6. Oktober 1981 verüben Muslims während einer Militärparade in Kairo ein Attentat auf den ägyptischen Präsidenten Anwar al-Sadat

an der Parade teilnahmen. Dafür schleuste er mit einem gefälschten Schreiben drei Gefährten, die Uniform angelegt hatten, in seine Einheit. Zusätzlich ließ er das Gerücht verbreiten, es handle sich um Männer vom Geheimdienst.

Am 6. Oktober um 6.30 Uhr bestiegen die Besatzungen, die Islambuli befehligte, ihre Fahrzeuge. Sadat nahm um 11 Uhr seinen Platz auf der Ehrentribüne ein, in einer Art Vorbau, gleich hinter der Brüstung. Um 11.05 Uhr rezitierte ein Imam Koranverse. Der Verteidigungsminister hielt eine kurze Ansprache. Dann begann die Parade. Gegen 13 Uhr näherte sie sich ihrem Ende. Am wolkenlosen Himmel donnerten Phantom-Flugzeuge vorüber, und Mirage-Maschinen verströmten rote, blaue und grüne Rauchwolken. Die Gäste waren fasziniert. Von den Lastkraftwagen mit schweren Feldgeschützen, die zur selben Zeit an der Tribüne vorüberrollten, nahmen sie kaum Notiz. Islambuli fuhr mit seinem Wagen in der Kolonne rechts. Als er die Tribüne erreicht hatte, zog er seine Pistole und befahl dem Fahrer, den Wagen zu stoppen. Dieser trat so stark auf die Bremse, daß der Wagen ins Schleudern geriet. Auch das erregte noch keine Aufmerksamkeit. Doch dann begann ein nicht vorgesehenes Feuerwerk. Islambuli und seine Gefährten warfen Handgranaten in Richtung der Tribüne. Dann stürmten sie vorwärts. Sadat brach, von mehreren Kugeln getroffen, zusammen. Seine Leibwächter hatten, statt ihn zu schützen, sich selbst in Sicherheit gebracht. Erst nach 30 Sekunden schossen sie zurück. Ein Hubschrauber flog den schwerverletzten Sadat in das 15 Kilometer entfernte Maadi-Hospital. Die Ärzte taten das Menschenmögliche, ihn zu retten: künstliche Beatmung, künstliche Luftröhre, Herzmassage, Versorgung der Wunden. Es war vergeblich. Sadat starb. Sieben weitere Personen fanden bei dem Attentat den Tod. 28 erlitten Verletzungen.

Die Attentäter flüchteten. Drei wurden noch am selben Tage, der vierte am 9. Oktober festgenommen. Islambuli soll unmittelbar nach der Tat gerufen haben: «Ich bin Khalid al-Islambuli, ich tötete den Pharao, und ich fürchte nicht den Tod.» Ob dem so war? Der Ausspruch machte jedenfalls in der ägyptischen Bevölkerung die Runde.

Am 8. Oktober 1981, zwei Tage nach der Ermordung Sadats, entfachten muslimische Radikale, die zum Dschihad-Kreis gehörten, in Assiut einen bewaffneten Aufstand. Die Kämpfe waren heftig. 87 Menschen fanden in ihnen den Tod, darunter 68 Polizisten. Die örtlichen Sicherheitskräfte wurden mit der Situation nicht fertig. Erst aus Kairo eingeflogenen Fallschirmjägern gelang es, den Aufstand niederzuschlagen.

Am 21. November 1981 begann das Oberste Kriegsgericht – ihm gehörten 3 Generale an –, gegen 24 Personen, angeklagt des Mordes an Sadat, zu verhandeln. Der Prozeß unterlag besonderer Geheimhaltung. Die Angeklagten befanden sich in Käfigen. Immer wieder bekundeten sie, im Geiste ihrer Religion gehandelt zu haben. «Allah ist der Größte!» riefen sie. «Allein Allah ist unser Richter!» Einige Angeklagte verzichteten auf einen Rechtsanwalt. «Gott ist unser Verteidiger», begründeten sie ihre Entscheidung.

Noch während des Prozesses, am 14. Dezember 1981, veröffentlichte die Kairoer Zeitung «al-Ahrar» die Schrift «Die vergessene Pflicht», die sie eine «Verfassung des Terrorismus» nannte. Der durchschnittliche ägyptische Leser sollte, wie der Herausgeber ausführte, mit dem gefährlichen Charakter der in ihr enthaltenen Theorien vertraut gemacht werden. Muslimische Extremisten mordeten nicht nur gottlose Herrscher; ihr Opfer könne auch der Mann auf der Straße werden, der eines der fünf täglichen Gebete auslasse oder gegen eine andere islamische Pflicht verstoße. Auch sein Leben sei in Gefahr.[67]

Im Prozeß kamen Einzelheiten des Attentats zur Sprache. Islambuli habe, als er die Tribüne erreichte, so seine Verteidiger, dem Vizepräsidenten Muhammad Husni Mubarak und dem Verteidigungsminister gegenübergestanden und beiden zugerufen: «Geht mir aus dem Weg. Ich will nur diesen Hundesohn!» Das stand im Widerspruch zur Absicht der Attentäter, auch andere Repräsentanten der Staatsmacht zu beseitigen. Es sei indessen denkbar, meint Muhammad Hassanein Heikal, daß Islambuli, als er sich Sadat gegenübersah, in seinem Haß alles andere vergaß. Er schoß weiter auf den Präsidenten, als dieser schon getroffen war, vermutlich in der Annahme, dieser trage eine kugelsichere Weste, und entschlossen, keine Chance auszulassen.[68]

Die Angeklagten rechtfertigten ihr Vorgehen. Die Gesetze des Landes hätten nicht mit dem Islam übereingestimmt, erklärte Islambuli, worunter Muslims zu

Prozeß gegen Muslims, die beschuldigt werden, sich an der Ermordung Sadats beteiligt zu haben

leiden gehabt hätten. Muslimische Führer seien eingekerkert und mißhandelt worden.[69] Er habe einen Ungläubigen getötet, und darauf sei er stolz. Die Verteidiger brachten vor, das Sadat-Regime habe sich mit der Praktizierung von Terror und Mord als «unislamisch» entlarvt. Die Attentäter hätten ihre Grundpflicht als Muslims erfüllt, «eine ungerechte und tyrannische Regierung zu bekämpfen»[70]. Samr sprach erneut von einer «Volksrevolution», die man habe angehen wollen. Er berief sich dabei auf die «iranischen Erfahrungen»: Für die bewaffneten Kräfte sei es schwer, Volksmassen zu bekämpfen, die die *scharia* verwirklichen wollten; es sei vielmehr zu erwarten gewesen, daß sich Teile von ihnen der Revolution anschließen würden.[71]

Die Anklage ließ diese Argumente nicht gelten. Die Obrigkeit sei von Gott eingesetzt und könne nur von diesem zur Verantwortung gezogen werden. Weder Koran noch Sunna erlaubten es, einen Herrscher zu töten.

Am 6. März 1982 verurteilte das Oberste Kriegsgericht die vier unmittelbaren Täter sowie Faradsch zum Tode. Für 17 Angeklagte sah es Zwangsarbeit vor. Zwei sprach es frei. In seiner Urteilsbegründung berief es sich auf den Koran, die Sunna, die Grundsätze der *scharia* sowie die Meinung muslimischer Rechtsgelehrter.[72] Am 15. April 1982 wurden die Todesurteile vollstreckt. Islambuli

Muslims, die im Zusammenhang mit der Ermordung des ägyptischen Präsidenten Anwar al-Sadat in Kairo vor Gericht stehen

und Muhammad wurden erschossen, die drei anderen Verurteilten gehängt. Islambuli weigerte sich, als er vor dem Erschießungskommando stand, die obligatorische Augenbinde anzulegen. Er sprach ein letztes Gebet. Als die Soldaten auf ihn anlegten, fixierte er sie mit starrem Blick.

Über 1 000 Fundamentalisten befanden sich zu diesem Zeitpunkt noch in Gefängnissen.

In Syrien verloren die Muslimbrüder Einfluß auf die Gesellschaft und manövrierten sich in eine feindselige Negation fortschrittlicher Positionen hinein. 1963 hatte dort die Baath-Partei die Regierungsverantwortung übernommen. 1966 setzten sich in ihr Kräfte durch, die mit größerer Konsequenz gegen den Imperialismus auftraten und soziale Gerechtigkeit forderten. Die Muslimbrüder, die sich in ihrem Bewegungsraum stark eingeengt sahen, widersetzten sich der neuen Politik. Wiederholt kam es zu Auseinandersetzungen, so 1964 in Hama und 1967. Mitte der siebziger Jahre radikalisierte sich ein Teil der syrischen Muslimbrüder und griff mit größerer Militanz die Regierung unter Hafis al-Asad an. Am 16. Juni 1979 verübten muslimische Radikale einen Anschlag auf die Offiziersschule in Aleppo, bei dem zahlreiche Offiziersschüler den Tod fanden. Die Regierung reagierte hart. Sie ahndete – dazu setzte sie Schnellgerichte ein – die Mitgliedschaft in der Muslimbruderschaft mit der Todesstrafe. Anfang 1982 unternahmen Muslimbrüder in Hama einen Aufstandsversuch. Regierungstruppen schlugen ihn nieder. Die Stadt wurde dabei stark in Mitleidenschaft gezogen. Die syrische Muslimbruderschaft erholte sich vorerst nicht von dieser Niederlage.

Die syrischen Muslimbrüder bezeichneten den Unglauben als ihren Hauptgegner. Dem Kampf gegen ihn räumten sie – wie muslimische Radikale in Ägypten – Vorrang ein. «Erst wenn wir unser Land von der Gottlosigkeit gesäubert haben, werden wir uns gegen Israel wenden», erklärte Husni Abbu, beteiligt an dem Aleppo-Attentat, vor Gericht.[73] War die Haltung der muslimischen Radikalen in Ägypten und Syrien vordergründig auch dieselbe, ihre Wirkung war aufgrund des unterschiedlichen politischen Umfelds gegensätzlich: In Ägypten unter Sadat unterstützten aus dieser Haltung heraus Muslims Aspekte eines antiimperialistischen Kampfes; in Syrien motivierte sie Aktivitäten, die darauf aus waren, ein progressives Regime zu destabilisieren.

Meuterei der Polizisten

Muhammad Husni Mubarak, nach Sadats Tod neuer ägyptischer Präsident, übernahm ein schweres Erbe. Die Infitah-Politik hatte der ägyptischen Wirtschaft eine gewisse Blüte gebracht. Ausländische Banken investierten, komfortable Wohnhäuser und Luxushotels schossen wie Pilze aus dem Boden, Konsumgüter aller Art strömten ins Land, darunter Autos aus den USA, Uhren aus der Schweiz, Butter aus Holland, Käse aus Dänemark, Tafelwasser aus Frankreich, Bier aus der Bundesrepublik Deutschland. Doch es war dies eher eine Scheinblüte. Denn die ohnehin einseitig strukturierte Wirtschaft wurde weiter deformiert. Die hauptsächlichen Deviseneinnahmen hingen mit dem Erdöl zusammen. Das Land exportierte selbst Öl. Viele Ägypter – 1985 über vier Millionen, d. h. ein Drittel der erwerbstätigen Bevölkerung – arbeiteten im Ausland, zumeist in erdölproduzierenden und -exportierenden Staaten (darunter 1,25 Millionen im Irak und 800 000 in Saudi-Arabien), und sandten beträchtliche Summen nach Hause (1984/85 vermutlich 5 Milliarden Dollar). Ein Großteil der Einnahmen aus dem Suezkanal stammte von Öltankern. Hinzu kam der Tourismus. Als Mitte der achtziger Jahre der Preis für Erdöl drastisch fiel, hatte das für die ägyptische Wirtschaft erhebliche Folgen. 1985/86 betrug das Handelsbilanzdefizit über 6 Milliarden Dollar. Die Deviseneinnahmen verringerten sich im Halbjahr 1986/87 um etwa 4 Milliarden Dollar. Die Inflationsrate betrug 1983 etwa 30 Prozent.

Ägypten ist inzwischen mit 45 Milliarden Dollar verschuldet. Die ägyptischen Guthaben im Ausland betragen ungefähr 40 Milliarden Dollar. Es ist eine zahlenmäßig durchaus beachtliche, doch im Verhältnis zur Gesamtbevölkerung kleine Oberschicht, die über diese riesigen Kapitalien verfügt. Ihr Vaterland ist ihnen zwar gut genug, hohe Gewinne zu erzielen, für seine wirtschaftliche Konsolidierung und damit eine gesunde nationale Entwicklung haben sie jedoch nichts übrig, sondern setzen auf eine enge Verbindung zum Auslandskapital.

Die kritische Wirtschaftslage betrifft vor allem die Armen und die Ärmsten, denen ein von staatlichen und religiösen Institutionen geknüpftes soziales Netz den Absturz in die Katastrophe bislang ersparte. Das BRD-Magazin «Der Spiegel» sprach zu Beginn des Jahres 1987 von einer «neuen Armut, die über das volkreichste Land Arabiens hereingebrochen ist»[74].

Mubarak versuchte offenbar, sich mit den Fundamentalisten zu arrangieren. Gegen diejenigen, die im Zusammenhang mit der Ermordung Sadats noch eingekerkert waren, ergingen 1984 relativ milde Urteile. Viele wurden freigesprochen, darunter Umar Abd al-Rahman, «der blinde Scheich».

Ging Mubaraks Rechnung auf?

Die Fundamentalisten gewannen an Einfluß. Im März 1982 sprachen sich bei einer Umfrage unter Studenten 72 Prozent der Befragten für die Umwandlung Ägyptens in eine islamische Gesellschaft aus; 13 Prozent befürworteten eine sozialistische Entwicklung, 11 Prozent ein liberales und 4 Prozent ein kapitalistisches «Modell».[75] Es gibt über 70 illegale oder halblegale islamische Gruppierungen.

Unter den Fundamentalisten setzten sich die Differenzierungen fort.

Die Muslimbruderschaft, die bedeutendste und traditionsreichste islamische Organisation, gab ihre grundsätzliche Opposition zur bestehenden Gesellschaft auf. Das war mit einer Absage an radikalfundamentalistische Positionen verbunden. Hudeibi schon hatte sich gegenüber Kutb distanziert verhalten. Seiner Meinung nach befand sich nicht die gesamte Gesellschaft im Zustand der *dschahilija*, sondern nur zahlreiche Muslims verhielten sich ignorant. Tilimsani erklärte 1982: «Sajjid Kutb repräsentiert nur sich selbst, nicht die Muslimbrüder.»[76]

Da war es nur konsequent, daß sich die Bruderschaft entschloß, sich mit Vertretern der Islamischen Gemeinschaften an Parlamentswahlen zu beteiligen. Zwei Schwierigkeiten ergaben sich: Erstens war die Bruderschaft nicht als reguläre Partei zugelassen, zweitens mußte eine Organisation, um ins Parlament zu gelangen, mindestens 8 Prozent der Wählerstimmen auf sich vereinen. Konnte die Bruderschaft diese Hürden nehmen? Zwar besaß sie große Resonanz. Doch nicht alle, die ihrem Ideal folgten, billigten ihre Entscheidung, sich in die Niederungen der «Realpolitik» zu begeben.

Es blieb ein Ausweg: ein Wahlbündnis mit einer der Oppositionsparteien.

Es boten sich an: die Sozialistische Partei der Arbeit (SPA), die Partei der Sozialistischen Liberalen und die islamische Umma-Partei. Die SPA war 1978 offiziell zugelassen worden. Sadat hatte ihre Gründung gefördert, um eine ihm genehme Opposition zu haben. Doch konnte sie eigenes Profil gewinnen, vornehmlich in Kritik der «Camp-David»-Separatabmachungen. Die Gesetzgebung sollte ihrer Meinung nach stärker auf die *scharia* zurückgreifen. Das könnte helfen, den durch die Infitah-Politik beschleunigten Sittenverfall, wie er sich im erhöhten Alkohol- und Drogenkonsum, in Korruption und Prostitution zeige, einzudämmen. Die Liberale Partei war nach dem Willen Sadats Mitte der siebziger Jahre als rechte Oppositionspartei aus der ASU hervorgegangen. Sie unterstützte die Sadatsche Außenpolitik; ihr Führer Mustafa Kamil Murad begleitete den ägyptischen Präsidenten im November 1977 auf seiner Jerusalem-Reise. Auch diese Partei wollte – unter dem Motto «Gott, Freiheit, Vaterland» – die Prinzipien der *scharia* respektiert wissen. Die Umma-Partei, im Juni 1983 zugelassen, bezeichnete die Durchsetzung der *scharia* geradezu als ihr Hauptanliegen; daneben wollte sie das 1924 aufgehobene Kalifat wieder einführen oder in anderer Form eine islamische Führung institutionalisieren.

Die Bruderschaft traf eine ganz andere Wahl. Sadat hatte seinerzeit im Februar 1978 die Neo-Wafd-Partei zugelassen, die auf die Tradition des 1918 entstandenen Wafd zurückgriff. Sie lehnte militant den Nasserismus ab und unterstützte ausdrücklich die Infitah-Politik. Das mochte Sadat recht sein. Doch traten der neuen Partei innerhalb von zweieinhalb Monaten 959 000 Mitglieder bei. Das stimmte Sadat besorgt. Erwuchs ihm hier eine politische Konkurrenz? Er übte Druck auf die Neo-Wafd-Partei aus, so daß diese ihre Tätigkeit vorerst «einfror». Am 2. Januar 1984 erhielt sie erneut eine Zulassung. Die Bruderschaft ging gemeinsam mit Vertretern der Islamischen Gemeinschaften vor den Parlamentswahlen ein Bündnis mit ihr ein.

Das überraschte. War doch der Wafd aus seiner liberalen Haltung heraus in den dreißiger und vierziger Jahren ein entschiedener Gegner der Bruderschaft gewesen. Einige führende Muslimbrüder machten auf diese Vergangenheit des Bündnispartners aufmerksam. Doch die Neo-Wafd-Partei nahm, von der allgemeinen Reislamisierung beeinflußt, am Liberalismus ihrer Vorgängerin Abstriche vor. Zwar sprach sie sich für die nationale Einheit von Muslims und Kopten aus, doch wollte sie – was sich damit schlecht vertrug – in den Prinzipien der *scharia* die Hauptquelle der ägyptischen Gesetzgebung sehen. Wafd-Mitglieder ihrerseits befürchteten, daß das Bündnis mit der Bruderschaft – auch wenn diese nicht mehr so militant und intolerant wie früher war – die von ihrer Organisation verfochtene Einheit von Muslims und Kopten gefährden könne.

Wahrscheinlich ließen sich die Führungen beider Organisationen in hohem Maße von pragmatischen Erwägungen leiten. Vor 1952 stellten die von ihnen verkörperten Ströme die beiden stärksten Oppositionskräfte. Geeint wuchsen ihre Chancen, die 8-Prozent-Hürde zu überwinden und Kandidaten ins Parlament zu bekommen.

Die Rechnung beider Seiten ging auf, vorerst zumindest. Der Neo-Wafd ging mit 58 Abgeordneten (von insgesamt 448) als stärkste Oppositionskraft aus den Parlamentswahlen 1984 hervor. Über seine Liste gelangten von etwa 25 Muslimbrüdern 8 ins Parlament. Ihr Stimmenanteil war in den städtischen Ballungsräumen in Kairo, Gisa und Alexandria besonders hoch.

Der eigentliche Gewinner war die Muslimbruderschaft, der erstmals der Start ins reguläre politische Establishment geglückt war. Um den Neo-Wafd kümmerte sie sich nicht weiter, sondern trat zu den Parlamentswahlen 1987 mit der Sozialistischen Partei der Arbeit und der Liberalen Partei, zuvor als Bündnispartner verschmäht, an. Die Allianz erwarb von 458 Parlamentssitzen 61, von denen 36 auf die Muslimbrüder entfielen. Der Neo-Wafd stellte nur noch 35 Abgeordnete.

Gaben die Muslimbrüder, indem sie sich in das parlamentarische System und damit in ein als unislamisch geschmähtes System integrierten, ursprüngliche Ideale preis? Radikale Muslims lasteten ihnen das an. Sie setzten, teilweise noch in Kontakt zur Muslimbruderschaft und den Islamischen Gemeinschaften, ihre Tätigkeit in Untergrundorganisationen fort.

Diese rekrutierten sich hauptsächlich aus den unteren Zwischenschichten. Studenten vornehmlich fühlten sich zu ihnen hingezogen. Ihre Lebens- und Studienbedingungen sind miserabel, ihre Zukunftsaussichten hoffnungslos, sowohl beruflich – die Chance, eine angemessene Arbeitsstelle zu bekommen, ist gering – als auch privat. Es besteht kaum Aussicht auf eine eigene Wohnung und damit auf die Möglichkeit, eine Familie zu gründen. Da sich für ein Mädchen traditionell Geschlechtsverkehr vor der Ehe verbietet, tritt sexuelle Frustration auf.

Ungeachtet der Mannigfaltigkeit von Positionen sind sich die muslimischen Radikalen in einer Frage einig: Die gegenwärtige Ordnung in Ägypten ist unislamisch, deshalb muß sie auf der Grundlage der *scharia* umgestaltet werden, was die Anwendung von bewaffneter Gewalt notfalls einschließt. Mubaraks Beschwichtigungspolitik deuten sie als Zeichen der Schwäche. Einige Gruppierungen sind extrem fanatisch. Jeden, der ihre Meinung nicht teilt, verleumden sie als Ungläubigen.

Am 25. Februar 1986 zeigte sich, wie explosiv die Lage in Ägypten ist. Das Innenministerium unterhält einen Zentralen Sicherheitsdienst, der öffentliche Einrichtungen zu bewachen und gegebenenfalls innere Unruhen niederzuschlagen hat. Er zählt 300 000 Angehörige, die zumeist aus ärmeren Schichten kommen. 17 000 von ihnen meuterten an diesem 25. Februar. In Kairo sowie in verschiedenen anderen Städten verließen sie ihre Kasernen und zerstörten nahegelegene Hotels, Restaurants, Nachtklubs sowie Polizeistationen und Gefängnisse. In Kairo betraf dies Einrichtungen entlang der Straße, die zu den Pyramiden führt. Die Meuterer protestierten allgemein gegen ihre schlechten Lebensbedingungen und ihre unwürdige Behandlung. Ganz unmittelbar waren sie über ein Gerücht erregt, wonach ihre Dienstzeit von 3 auf 4 Jahre verlängert werden sollte. Viele Indizien – nicht zuletzt die terminliche Abstimmung – deuteten darauf hin, daß muslimisch-radikale Organisationen bei der Organisierung der Meuterei mitgewirkt haben. Der Innenminister erwies sich nicht als Herr der Situation. Die Armee mußte eingesetzt werden, um die Meuterer gefangenzunehmen und zu entwaffnen. Die Botschaften in Kairo verblieben bis auf die der Sowjetunion und der USA für einige Wochen ohne ihre sonst übliche Bewachung.

Um eine Rechtfertigung zu haben, gegen Kopten vorzugehen, provozierten muslimische Ultras Zwischenfälle. Sie legten z. B. – so in der oberägyptischen Stadt Sohag – Feuer an einer Moschee. Das sollte ein Fanal sein, um Kirchen und Geschäfte koptischer Mitbürger anzuzünden.

Hamsa Daabas, Chefredakteur der Wochenzeitung «al-Nur», schlug vor, der ägyptische Botschafter in Tel Aviv solle den israelischen Staatspräsidenten auffordern, zum Islam überzutreten. Weigere sich dieser, müßten die Israelis eine Kopfsteuer bezahlen (wie früher von Nichtmuslims an Muslims zu entrichten). Kämen sie dieser Forderung nicht nach, hätten die Muslims das Recht, Israel mit Krieg zu überziehen, die Männer zu töten und Frauen und Kinder in die Gefangenschaft zu führen.[77]

Fundamentalisten betätigten sich ökonomisch und gründeten «Islamische Investitionsgesellschaften», insgesamt über 100. Im Unterschied zu anderen Finanzinstituten boten sie keine (im Koran verbotenen) Zinsen, sondern eine «Gewinnbeteiligung» von 20 bis 30 Prozent im Jahr. (Der normale Zinssatz betrug 7 bis 8 Prozent und durfte 12 Prozent nicht übersteigen, bei einer jährlichen Inflationsrate von 30 Prozent.) Hunderttausende Ägypter folgten dem verlockendem Angebot, dabei von vornherein auf jeden Rechtsschutz verzichtend. Die Gesellschaften erzielten ihre Einnahmen in hohem Maße durch illegalen Handel und Spekulationen. Teilweise griffen sie, um die versprochene Gewinnbeteiligung gewährleisten zu können, auch auf Einzahlungen der Sparer zurück. Der ägyptischen Wirtschaft brachte das alles zusätzliche Schwierigkeiten.

Mubarak suchte der fundamentalistischen Offensive einen nationalen Konsens entgegenzusetzen, der eine partielle Zusammenarbeit mit der Opposition einschloß. Gegen den außerparlamentarischen islamischen Radikalismus ging er entschieden vor. Er unterstellte alle Moscheen des Landes dem Ministerium für religiöse Stiftungen. Das bedeutete, daß es zu den bis dahin bereits 7 000 Moscheen hätte weitere 53 000 übernehmen müssen, wozu ihm die Mittel fehlten. In Wirklichkeit ging es darum, einige hundert Moscheen unter staatliche Aufsicht zu bekommen, die muslimischen Radikalen als Wirkungsstätten dienten. Ein im Juni 1988 erlassenes Gesetz unterstellte die «Islamischen Investitionsgesellschaften» staatlicher Kontrolle.

4. Kapitel

Tödliche Rivalitäten in Libanon

Libanon nimmt eine gewisse Sonderstellung in Nahost ein: Das Land ist arabisch, ohne daß der Islam in ihm – wie in anderen arabischen Ländern – eine absolute Dominanz erlangte; seit Jahrhunderten koexistiert er mit einem mannigfaltig ausgeprägten Christentum. Das mag nach Toleranz aussehen bzw. voraussetzen oder verlangen. In nicht geringem Umfang fand bzw. findet sie sich auch. Doch besitzen Religionen in Libanon – von seiner Konstitution her – eine außerordentliche politische Brisanz. Sie sind heute in die Auseinandersetzungen einbezogen, die Libanesen um ihre Identität und das Überleben führen. Unter Christen wie Muslims kam es im Zusammenhang damit zu Radikalisierungen.

Alternativen nationaler Identität?

Libanon, am Ostufer des Mittelmeers gelegen, war jahrhundertelang ein Durchgangsland. Das brachte ihm Vor- und Nachteile. Am «Durchgang», als Handel betrieben, konnten seine Bewohner verdienen. Heere der Großmächte, die das Land durchzogen, waren demgegenüber auf Herrschaft, Beute und Tribut aus.[1] Der Name Libanon (Lubnan) enthält denselben Stamm wie das arabische Wort für Milch. Er spielt auf die Schneekuppen an, die jeweils über ein halbes Jahr das von ihm bezeichnete Gebirge krönen, das sich – von einem nur wenige Kilometer breiten Küstenstreifen von diesem getrennt – am Meer entlang erstreckt und dessen höchste Erhebung die Dreitausendmetergrenze überschreitet. Von alters her gibt dieses Gebirge dem Land sein charakteristisches Gepräge.

Unterschiedliche Traditionsstränge bildeten sich in der libanesischen Geschichte heraus. Diejenigen, die um einen unabhängigen Libanon kämpften, hatten zu entscheiden, wie sie diese handhaben wollten: als einander ergänzende Beiträge zur nationalen Identität oder als Alternativen in deren Bestimmung? Libanon ist inzwischen staatlich souverän; doch diese Frage ist immer noch offen – mit tragischen Konsequenzen für das Land.

Zu der Zeit, aus der die frühesten Überlieferungen seiner Geschichte stammen, gehörte das Gebiet des heutigen Libanon Großreichen der Antike an. Sein «Goldenes Zeitalter» begann mit den Phönikern (Purpurhändlern), einem semitischen Handels- und Seefahrervolk. Sie errichteten Stadtstaaten, darunter Byblos, Tyrus (heute Sur) und Sidon (heute Saida), die zwischen 1200 und 900 v. u. Z. eine Blütezeit erlebten. Die Purpurgewinnung und -verarbeitung, auf die sie sich meisterhaft verstanden – die von ihnen gefärbten Stoffe zeichneten sich durch Lichtbeständigkeit und Waschfestigkeit aus –, brachten ihnen beträchtlichen Gewinn. Zeitweise beherrschten sie das Mittelmeer und gründeten an dessen Ufern Kolonien, darunter Karthago. Vergil sagte von dieser Stadt: «tyrische (d. h. libanesische – M. R.) Pflanzer wohnten daselbst –, an Besitztum reich und geübt in des Krieges rauhem Geschäft».[2]

Das Land war für seine Schönheit, insbesondere für seinen Reichtum an Zedern, berühmt. Die Bibel erwähnt es mehrfach. Im Hohelied bringt der Liebhaber die Reize seiner Braut mit ihm in Verbindung. «Deiner Gewänder Duft ist wie der Duft des Libanons!» sagt er ihr. Und: «Eine Quelle im Garten bist du, ein Born voll sprudelnden Wassers, und Bäche, die vom Libanon rieseln.»[3]

Von den einstigen Zedernbeständen ist wenig geblieben. Doch die Falangisten (arabisch: Kata'ib), politisch rechts stehende Christen, sehen sich im heutigen Libanon in der Tradition der Phöniker. Aus ihr wesentlich möchten sie die Identität ihres Landes gespeist sehen.

Im 9. Jahrhundert unterwarfen die Assyrer Libanon. Andere Fremdherrscher folgten. 64/63 v. u. Z. ging das Land als Teil der Provinz Syria in das Römische Reich ein. Wirtschaftlich und kulturell nahm es einen Aufschwung. Frühzeitig fand das Christentum in ihm Verbreitung. Tyrus, «die erste Stadt der Fabriken und des Handels im Orient», wurde, wie Adolf Harnack schreibt, «zur kirchlichen Hauptstadt der Provinz».[4]

Im Ergebnis der Teilung des Römischen Imperiums geriet Libanon unter die Herrschaft der Byzantiner. 636 u. Z., unter dem Kalifen Umar, eroberten die Araber das Land. Sie brachten eine neue Religion: den Islam. Die Islamisierung erfaßte zunächst die Küstenregion. Erst seit dem 9. Jahrhundert griff sie in größerem Umfang auf das Landesinnere über. Dort behaupteten sich indessen starke christliche Gemeinschaften, so daß Libanon nicht einheitlich arabisch-islamisch wurde; Christentum und Islam blieben die beiden Hauptreligionen, beide in sich wiederum im Ergebnis von Spaltungen und Sektenbildungen zersplittert.

Die Maroniten sind die stärkste christliche Gemeinschaft. Um die Mitte des 7. Jahrhunderts trennten sie sich von der byzantischen Reichskirche und verselbständigten sich. Zunächst hatten sie in der Nähe eines Klosters am Orontes (einem Fluß im heutigen westlichen Syrien) eine kleine Gemeinschaft gebildet. Nach der arabisch-islamischen Eroberung zogen sie sich in das Bergland zurück. Die Zeder, die in dem rauhen Klima dort besser als andere Baumarten gedieh, erhoben sie zu ihrem Symbol. Um sich erneuter Eroberer zu erwehren, schufen sie Milizen. Die wohlhabendsten Grundbesitzer übernahmen das Kommando. Zu deren wirtschaftlicher Stärke trat so politisch-militärische Potenz, und eine Art Landaristokratie bildete sich heraus. Ihre Repräsentanten legten sich den Titel Scheich oder Emir zu. Zu den Kreuzfahrern knüpften die Maroniten, zu diesem Zeitpunkt etwa 100 000 an der Zahl, freundschaftliche Beziehungen an. Sie halfen ihnen bei ihren Eroberungen, u. a. bei der Einnahme von Jerusalem. Dafür wurden sie anderen Bevölkerungsgruppen gegenüber bevorzugt. 1182 unterstellten sie sich dem Papst. Seitdem gehören sie der katholischen Kirche an.

Die Kreuzritter, besiegt von den Muslims, gingen. Die Maroniten blieben – bis auf einige wenige, die nach Zypern übersiedelten. Mit ihrer bevorrechteten Stellung war es vorbei. Die neuen Herren, die muslimischen Mamluken, verboten ihnen, zu ausländischen Mächten Kontakte aufzunehmen und zu unterhalten.

Innerislamische Auseinandersetzungen, ausgefochten in Ägypten, hinterließen Spuren in Gestalt der Drusen, die sich im Libanongebirge niederließen. Nach einem mißlungenen Aufstand gegen die Mamluken mußten sie sich im Schufgebirge südöstlich von Beirut ansiedeln. Wie bei den Maroniten, bildeten sich in ihren Reihen Feudalstrukturen heraus, und Milizen formierten sich. Ihre Religion ist von Geheimnissen umwittert. Gott umfaßt ihr zufolge alle Existenz. Die Seele eines Menschen wandert; beim Tod verläßt sie seinen Körper, um in einem anderen weiterzuleben. Sie ist bemüht, Ausgeglichenheit zu vermitteln. Lebt jemand in äußerem Reichtum, warnt sie ihn, diesen zu überschätzen. Leidet ein anderer Armut, hilft sie ihm, sich damit zurechtzufinden. Jede Seele gerät in alle Lebenslagen und sammelt Erfahrungen mit Reichtum und Armut, mit Gesundheit und Krankheit, mit einer hohen und niederen Position in der Gesellschaft. Jeder Druse hat sich, so erfordert es sein Glaube, Gott zu unterwerfen und ist zur Wahrheit, zur Gerechtigkeit und zur Liebe angehalten.

1516/17 eroberten die Osmanen unter Selim I. Syrien und Libanon. Begrenzt respektierten sie die überkommene Ordnung. Die Religionsgemeinschaften erfuhren eine Institutionalisierung als *millets*, was bedeutete, daß sie ihre internen Angelegenheiten weitgehend selbst regeln konnten.

Fakhr al-Din II. vom Drusenclan der Ma'an warf zu Beginn des 17. Jahrhunderts der osmanischen Herrschaft den Fehdehandschuh hin. Er schuf eine schlagkräftige Armee und dehnte seine Herrschaft über das angestammte Gebiet im Schufgebirge hinaus aus. Die Weisungen des Sultans ignorierte er; statt dessen knüpfte er Beziehungen zu Venedig, zum Papst und zum spanischen König Philipp II. an. Die Osmanen stellten sich ihm mit überlegenen Streitkräften entgegen. Dennoch errang er einige Siege; Tripolis und Damaskus fielen in seine Hände. In den von ihm beherrschten Gebieten brachten es viele Menschen zu Wohlstand – so in den Bergdörfern durch die Seidenherstellung. Doch dann siegten die Osmanen. 1635 nahmen sie den rebellischen Herrscher gefangen und brachten ihn nach Konstantinopel, wo sie ihn im Hof einer Moschee erdrosselten.

Auch wenn Fakhr al-Din II. letztlich unterlag: Jahrzehnte hatte er sich gegenüber den Osmanen behaupten können. Die Dauer seiner Herrschaft und ihr wirtschaftlicher Erfolg beruhten wesentlich darauf, daß er es Drusen, Christen und Muslims ermöglichte, gleichberechtigt nebeneinander zu leben.[5] In seinem Wirken zeichneten sich erste Konturen eines unabhängigen Libanon ab.

Als sich die Jagd kapitalistischer Mächte nach Kolonien zuspitzte, suchten die Franzosen in Libanon Fuß zu fassen. Sie sorgten sich angeblich um die Maroniten. König Ludwig XIV. stellte diese 1649 unter seinen Schutz.[6] Die Briten setzten auf die Drusen. Die ausländische Unterstützung begünstigte antiosmanische Aktivitäten und Bewegungen. Zugleich kämpften Maroniten und Drusen gegeneinander – mit den beiden miteinander rivalisierenden Kolonialmächten im Rücken – um die Vorherrschaft. Und es gab einen weiteren Konflikt: Zu den Maroniten gehörten viele Bauern, die gegen die Privilegien der Feudalherren, darunter der drusischen, aufbegehrten.

Im Januar 1859 brach eine Bauernrevolte aus. Daraus entwickelte sich, wesentlich von den Großgrundbesitzern kanalisiert, ein maronitisch-drusischer Bürgerkrieg. Die Drusen, obwohl in der Minderheit, siegten. Den unterlegenen Maroniten gegenüber verhielten sie sich gewalttätig.

Unter dem Druck europäischer Mächte, die auf Ausschreitungen gegenüber Christen verwiesen, gestanden die Osmanen Libanon als Provinz eine größere Autonomie zu. Der Mont Liban (Berglibanon) – das Gebirgsland um Beirut von Saida im Süden bis Tripolis im Norden – gewann seine historisch-geographische Identität. 1861 zählte er 296 000 Bewohner. Davon waren 225 000 Maroniten, die in ihrer Mehrzahl nördlich der Straße von Beirut nach Damaskus lebten. 25 000 waren Drusen. Sie hatten sich hauptsächlich südlich der genannten Straße im Schuf angesiedelt.[7] An der Spitze der Provinzialverwaltung stand ein nichtlibanesischer Katholik, der der Hohen Pforte direkt verantwortlich war und dessen Berufung Großbritannien, Frankreich, Österreich, Preußen, Rußland und seit 1867 auch Italien billigen mußten. Ihm zugeordnet war ein konfessionell zusammengesetzter Verwaltungsrat, dem 4 Maroniten, 3 Drusen, 2 Griechisch-Orthodoxe, 1 Griechisch-Katholischer, 1 Sunnit, 1 Schiit – d. h. 7 Christen und 5 Nicht-Christen – angehörten. Libanon entwickelte sich so dem maronitischen Verständnis nach zu einer «christlichen Insel im muslimischen Meer».

In der Wirtschaft des Landes gewannen die Produktion und der Export von Rohseide eine dominierende Rolle. Frankreich hatte daran entscheidenden Anteil: Es investierte das meiste Kapital in die Seidenproduktion und war Hauptabnehmer von deren Erzeugnissen. Die Maroniten unterstützten diese wirtschaftliche Bindung politisch-geistig. Sie besannen sich, daß einst die Phöniker libanesisches Territorium bewohnt hatten. Da war es nur noch ein Schritt, sich als deren Nachfahren zu betrachten. Wie einst die Phöniker, richteten auch sie ihren Blick gen Westen. Immer stärker bildeten sich «besondere Beziehungen» zwischen Libanon und Frankreich heraus.

Im Sommer 1915 – im ersten Jahr des ersten Weltkrieges – beseitigten die Osmanen den Autonomiestatus für Berglibanon und unterstellten ihn ihrer Militärherrschaft. Am 6. Mai 1916 hängten sie 14 Libanesen – Muslims und Christen – öffentlich in Beirut unter dem Vorwurf, Hochverrat getrieben zu haben. Sie preßten aus dem Gebiet und seinen Menschen heraus, wofür sie im Rahmen ihrer Kriegführung nur irgendwie Verwendung fanden. Am Ende des Krieges waren von den 450 000 Bewohnern Berglibanons 100 000 an Hunger oder Krankheit verstorben.

Im April und Mai 1916 verständigten sich Frankreich und Großbritannien, vertreten durch François Georges Picot und Mark Sykes, insgeheim über die Aufteilung der in Nahost zu erwartenden Kriegsbeute. Libanon fiel nach dem Sykes-Picot-Abkommen zusammen mit Syrien an die Franzosen. Am 1. Oktober 1917 brach die osmanische Administration in Beirut zusammen. Die Araber hofften, Herren im eigenen Land zu werden. Doch schon nach wenigen Tagen erreichten französische und britische Truppen Beirut. Der neu gegründete Völkerbund erteilte 1920 Frankreich ein «Mandat», Syrien und Libanon zu regieren. Großbritannien erhielt bei dieser Gelegenheit den Irak und Palästina zugesprochen.

In der Hoffnung, so leichter herrschen zu können, trennten die Franzosen Libanon von Syrien. Dabei erweiterten sie den vorwiegend von Maroniten bewohnten Berglibanon durch Territorien – u. a. durch die Städte Beirut, Tripolis, Saida und Tyr sowie durch die Bikaa-Hochebene –, in der es eine muslimische Bevölkerungsmehrheit gab. Am 1. September 1920 hoben sie offiziell Großlibanon (Etat du Grand Liban) aus der Taufe. Die Maroniten unterstützten mehrheitlich diesen Vorgang, rechneten sie doch damit, in einem eigenen libanesischen Staat eine gewisse Vormachtstellung zu erlangen. Die syrische Nationalbewegung widersetzte sich ihm, ebenso libanesische Muslims – man nannte sie damals «Negativisten» –, die sich fest in der arabisch-islamischen Welt verwurzelt sahen.

Die Maroniten konnten zunächst zufrieden sein. Die französischen Hochkommissare wählten einflußreiche Beamte mit Vorliebe aus ihren Reihen. Das sicherte ihnen in der Beherrschung Libanons einen Vorsprung. Die Muslims hatten das Nachsehen. Emile Eddé, ein namhafter militanter Vorkämpfer der maronitischen Rechten, meinte unumwunden: «Wer sich bei uns im christlichen Staat Libanon nicht wohl fühlt, der kann sich auf dem Meer draußen umschauen!»[8]

«Nation mit arabischem Gesicht»

Es dauerte einige Jahre, bis sich die Libanesen in der neuen Situation zurechtfanden. Gewiß, der Staat Libanon, der sich herausbildete, stand in einer historischen Traditionslinie, und das war und blieb entscheidend. Doch die Kolonialherren hatten das letzte Wort. Ihre Entscheidungen verliehen Libanon gewisse Züge eines künstlichen Gebildes.

1922 begannen sich in libanesischen Städten erste kommunistische Gruppen zu formieren. Am 28. Oktober 1924 wurde die «Libanesische Volkspartei» – die spätere Kommunistische Partei Syriens und Libanons – gegründet. Gewerkschaftsverbände nahmen die Arbeit auf.

1925 erhoben sich in Syrien die Drusen. Ihr Aufstand weitete sich zu einem allgemeinen antikolonialen Aufstand des syrischen Volkes, der bis Anfang 1927 andauerte. Er griff auf Südlibanon über. Frankreich schlug ihn brutal nieder. Zugleich sannen seine Politiker über Zugeständnisse nach, damit sich ähnliches nicht wiederhole.

Am 23. Mai 1926 setzte Frankreich eine Verfassung für Libanon in Kraft, die danach mehrfach – 1927, 1929, 1943 und 1947 – modifiziert wurde. Die Libanesen erlangten einen größeren Freiraum. Artikel 1 legte fest: Libanon – in Artikel 4 als Republik gekennzeichnet – ist ein unabhängiger Staat, einheitlich und souverän. Die libanesische Nationalität sollte gesondert gesetzlich geregelt wer-

In den zwanziger Jahren zur Mittagszeit auf dem Place de Canons in Beirut den. Arabisch galt als offizielle Nationalsprache. Ein Gesetz sollte die Fälle fixieren, in denen Französisch zu gebrauchen war. Die Abgeordnetenkammer hatte Gesetze zu erlassen. Die Exekutivgewalt lag in den Händen des Präsidenten, der die Minister – darunter den Ministerpräsidenten – ernannte. Er selbst war in der Abgeordnetenkammer mit Zweidrittelmehrheit der Stimmen zu wählen. Nach dem ersten Wahlgang reichte die absolute Mehrheit. Seine Amtszeit dauerte sechs Jahre. Erst nach einer sechsjährigen Pause konnte er wiedergewählt werden.[9]

Die Verfassung zementierte mit den Zugeständnissen, die sie gewährte – es war dies die Kehrseite der Medaille –, die Trennung Libanons von Syrien. Allerdings war die syrische Nationalbewegung im Begriff, sich damit abzufinden. Sie hoffte, dadurch leichter ein unabhängiges Syrien erreichen zu können. Die verschiedenen ethnisch-konfessionellen Gruppen in der libanesischen Bourgeoisie spürten, daß sie sich würden verständigen können. Die «Negativisten» arrangierten sich mit den veränderten staatlich-territorialen Gegebenheiten und engagierten sich in ihrem Rahmen für Unabhängigkeit. Jussuf al-Suda gründete 1926 eine Partei «Der Pakt», die alle Libanesen aufforderte, sich ungeachtet religiöser Unterschiede zusammenzufinden.

Der erste Präsident, 1926 vom französischen Hochkommissar nominiert, war Charles Dabbas, Angehöriger der griechisch-orthodoxen Kirche. Seine Nominierung sollte ein zu drastisches und damit provozierendes Übergewicht der Maroniten verhindern. Doch nachdem zunehmend sunnitische Politiker das System unterstützten, bürgerte es sich ein, daß der Präsident ein Maronit war, der Ministerpräsident ein Sunnit und der Präsident der Abgeordnetenkammer ein Schiit.

1932 gründete Antun Sa'ada (1904 bis 1949) die Syrische Nationale Partei. Sie kämpfte für ein Groß-Syrien und setzte sich für eine Modernisierung des gesellschaftlichen Lebens ein, die für sie weitgehend mit Säkularisierung gleichbedeutend war.

Am 1. August 1936 eröffnete Adolf Hitler in Berlin die XI. Olympischen Sommerspiele. Sie dauerten bis zum 16. August. Die faschistischen Machthaber hatten unerhörte Anstrengungen unternommen, sich und Deutschland der Weltöffentlichkeit glanzvoll zu präsentieren. Zu den ausländischen Gästen, die in Berlin weilten, gehörte als Vertreter des libanesischen Fußballverbandes der Maronit Pierre Dschumajjil. Er war beeindruckt von den Spielen, aber auch von der Hitlerjugend. Mit der Organisation der libanesischen Falange (al-Kata'ib), die er am 21. November 1936 gründete, wollte er eine ähnliche Organisation schaffen.

Die Falangisten pflegten Sport und militärische Ausbildung. In ihrer politischen Programmatik gingen sie davon aus, daß Libanon eine sechstausend Jahre alte Geschichte habe, während seine Arabisierung erst jüngeren Datums sei. Einem islamisch geprägten Panarabismus stellten sie einen militanten christlich-libanesischen Nationalismus entgegen. Ihre Losung: «Liban d'abord!» (Libanon zuerst!). Den Glauben an Gott, Familie und Vaterland erklärten sie zu Grundpfeilern des Staates. Eine Kooperation von Arbeit, Kapital und Staat sollte an die Stelle des Klassenkampfes treten.

Mitte 1942 zählte die Falange 35 000 Mitglieder.

Sunnitische Muslims – die Initiative ergriff Adnan al-Hakim – gründeten gleichfalls im Jahre 1936 die Naddschada-Partei. Sie pochte auf die arabische Identität Libanons, dessen politisches System sie reformiert sehen wollte. Allerdings erreichte sie weder die politische Bedeutung noch die militärische Stärke ihres maronitischen Gegenstücks, der Falange. Als Hakim 1970 für die Präsidentschaft kandidierte, bekam er nur eine Stimme – seine eigene.

Am 30. November 1936 vereinbarten Frankreich und Libanon, das Mandat 1939 zu beenden. Damit hätten alle Libanesen einverstanden sein können. Doch fixierte der Vertrag auch die Trennung Libanons von Syrien. Das wollten die Muslims nicht akzeptieren. Muslimische und maronitische Gruppen gingen gewaltsam aufeinander los. Keine Seite erzwang eine Entscheidung. Diese hätte sich vorerst auch erübrigt – das französische Parlament billigte die getroffene Vereinbarung nicht.

Im zweiten Weltkrieg geriet Libanon in eine komplizierte Situation. Frankreich unterlag 1940 dem faschistischen Deutschland. Syrien und Libanon unterstanden als französische Mandatsgebiete zunächst noch der mit Hitler arrangierten Vichyregierung unter Pétain. Am 8. Juni 1941 marschierten Truppen des «Freien Frankreich» und Großbritanniens dort ein. Am selben Tage versprach General Georges Catroux, der Beauftragte Charles de Gaulles, Syrien und Libanon die Unabhängigkeit. Die Franzosen lösten ihr Versprechen am 27. September 1941 ein, doch eher formal, denn in beiden Staaten behielten sie faktisch die Herrschaft in ihren Händen.

Libanon, dies zeichnete sich ab, würde als souveräner Staat starken Zerreißproben ausgesetzt sein. Christen und Muslims bildeten ungefähr gleich große Bevölkerungsgruppen. In den Reihen der ersteren gab es, wie es in einer Stellungnahme der britischen Gesandtschaft vom Dezember 1944 hieß, eine kleine, aber lautstarke Minderheit, die unter französischem Einfluß stand. Die meisten Christen waren jedoch bereit, auf dem Wege zu einem unabhängigen Libanon mit den Muslims zusammenzuarbeiten.[10] Letztere stellten sich mehrheitlich vor, Libanon werde seine Unabhängigkeit gerade dadurch unter Beweis stellen, daß es sich in der arabisch-islamischen Welt engagiere. Die Christen sollten in ihm einen gleichberechtigten Platz einnehmen.

Da war die Chance der Kooperation. Aber auch die Gefahr der Konfrontation. Die geschichtliche Erfahrung lehrte: Ein Kompromiß, auch wenn er nicht alle Beteiligten voll zufriedenstellte, war besser als mörderische Metzeleien.

Diejenigen Christen und Muslims, denen an einem Ausgleich gelegen war, dominierten. Ihre Repräsentanten, der maronitische Präsident Bischara al-Khuri und der sunnitisch-muslimische Ministerpräsident Rijad al-Sulh, verständigten sich 1943 über drei Prinzipien. Erstens: Die Christen geben die Idee eines isolierten Libanon auf und akzeptieren einen unabhängigen und souveränen libanesischen Staat innerhalb der arabischen Welt. Die Muslims ihrerseits bestehen nicht länger darauf, die einst annektierten Gebiete an Syrien zurückzugeben. Ferner verzichten sie darauf, Libanon mit der arabischen Welt zu vereinen. Zweitens: Die Christen mühen sich nicht um ausländische Protektion, sei es in Gestalt der Okkupation, militärischer Stützpunkte oder des Abschlusses von Verträgen mit westlichen Mächten. Die Muslims ihrerseits trachten nicht danach, Libanon syrischem oder allgemein-arabischem Einfluß zu unterwerfen. Drittens: Die Sitze im Parlament werden so verteilt, daß den Christen eine Mehrheit gesichert ist. Der Präsident der Republik hat – wie sich dies schon eingebürgert hatte – ein Maronit, der Ministerpräsident ein Sunnit, der Parlamentspräsident ein Schiit zu sein. Den Maroniten blieb ferner vorbehalten, den Oberbefehlshaber

Tabelle: Religionsgemeinschaften in Libanon und ihre Vertretung in der Abgeordnetenkammer

christlich		jüdisch	islamisch bzw. aus dem Islam hervorgegangen	
a) katholisch:		–	Sunniten	20
Maroniten	30		Schiiten	19
griechisch-kath.	6		Ismailiten	–
armenisch-kath.	1		Drusen	6
syrisch-kath.	–		Alawiten	–
Chaldäer	–			
römisch-kath. (Lateiner)	1*			
b) orthodox:				
griechisch-orth.	11			
armenisch-orth. (Gregorianer)	4			
syrisch-orth. (Jakobiten)	–			
assyrisch-orth. (Nestorianer)	–			
c) Protestanten:	1			
Abgeordnete:	54	0		45

* Mandat für Minderheiten, zu diesem Zeitpunkt von einem Lateiner ausgeübt.

(Nach: Der Nahe und Mittlere Osten. Politik – Gesellschaft – Wirtschaft – Geschichte – Kultur, hrsg. von U. Steinbach und R. Robert, Band 2: Länderanalysen, Opladen 1988, S. 236.)

der Armee und den Chef des Geheimdienstes zu stellen. Drusen und nichtmaronitische Christen waren von den höchsten Staatsämtern ausgeschlossen.

Der dritte Punkt ging von den Realitäten aus. Danach regelten – dafür steht der Begriff Konfessionalismus – Religionsgemeinschaften, die teilweise Feudalclans darstellten, im allgemeinen in angestammten Gebieten siedelten und von denen es heute 17 gibt, in hohem Maße das politische Leben (siehe Tabelle). Hier sollte eine gewisse Ausgewogenheit und Stabilisierung erreicht werden. Der ausgehandelte Proporz stützte sich auf eine Volkszählung aus dem Jahre 1932, wonach in Libanon u. a. 226 378 Maroniten, 53 047 Drusen, 76 522 Griechisch-Orthodoxe, 45 999 Griechisch-Katholische, 175 925 Sunniten, 154 208 Schiiten und 31 156 Armenier lebten.[11] Insgesamt standen 51,2 Prozent Christen 48,8 Prozent Muslims gegenüber. Vergröbert ging das in den Schlüssel 6 Christen zu 5 Muslims ein. Um ihn in der Abgeordnetenkammer gewährleisten zu können, mußte die Zahl ihrer Sitze immer durch 11 teilbar sein. 1943 betrug sie 55, erhöhte sich 1957 auf 66 und 1960 auf 99.

Die getroffene Verständigung ging als «Nationalpakt» in die Geschichte ein. Schriftlich fixiert wurde sie nicht. Das war Brauch im Orient: Ein Mann stand für sein Wort.

Der Nationalpakt ermöglichte Parlamentswahlen. Sie fanden im September 1943 statt. Die Abgeordneten wählten Khuri zum Präsidenten. Dieser bestimmte Sulh zum Ministerpräsidenten.

Blick auf den Beiruter Hafen im Jahre 1943

Sulh sprach am 7. Oktober 1943 vor der Abgeordnetenkammer. «Meine Regierung wird nicht der Schmalspurpolitik folgen, die die Aufmerksamkeit der Libanesen auf kleine lokale Angelegenheiten lenkt und Uneinigkeit und Haß unter ihnen sät», führte er aus. «Sie will die Bürger wegführen von diesen Dingen und ihnen einen weiten Horizont öffnen, der ihrer gut bekannten Intelligenz und ihrer unermüdlichen Aktivität angemessen ist.» Sulh forderte, den Konfessionalismus zu überwinden, da dieser den Fortschritt behindere und die Nation schwäche. Nachdrücklich sprach er sich für eine internationale Zusammenarbeit aus. Den Beziehungen Libanons zu den arabischen Bruderländern komme dabei Vorrang zu, damit garantiert sei, daß die westlichen Staaten seine Unabhängigkeit, seine volle Souveränität und die Integrität seiner gegenwärtigen Grenzen respektierten. «Denn Libanon ist eine Nation mit einem arabischen Gesicht, die auswählt, was an der westlichen Zivilisation gut und nützlich ist.»[12]

Der Nationalpakt war und blieb in seiner Art einzig. Er garantierte den Beteiligten ein Minimum an Möglichkeiten, ihre Interessen zu vertreten. Das machte ihn zu einem tragfähigen Kompromiß. Zugleich war er ein Anachronismus. In Libanon hatte sich eine kapitalistische Entwicklung angebahnt. Es gab eine Abgeordnetenkammer, eine Einrichtung also, traditionell charakteristisch für politische Ambitionen der Bourgeoisie. Doch nicht politische Parteien, sondern Religionsgemeinschaften sollten in der Abgeordnetenkammer vertreten sein. Das war ein feudales Prinzip. Es engte die politische Beweglichkeit im Lande von vornherein außerordentlich ein. Denn das Kräfteverhältnis zwischen den Religionsgemeinschaften war festgeschrieben. Politik reduzierte sich mehr oder weniger darauf, jeweils einen angemessenen Interessenausgleich auszuhandeln. Der Staatsmacht blieb nicht allzuviel zu tun. Sie akzeptierte diese Beschränkung. Die Kabinette bestanden zunächst nur aus vier Ministern. Erst 1959 erhöhte sich ihre Zahl. Korruption und Vetternwirtschaft gediehen. Wesentliche Veränderungen in der religiösen Zusammensetzung der Bevölkerung mußten den Nationalpakt in Frage stellen und eine Konfliktsituation im Lande heraufbeschwören.

Die Außenorientierung des Landes war nicht weniger kompliziert. Christen und Muslims hätten ihre Allianz auf die Formel gegründet «Weder Verwestlichung noch Arabisierung», meinte der namhafte libanesische Journalist Georges Nakkasch (Naccache) 1949 ironisch. «Welche Art von Einheit kann daraus erwachsen? Es ist leicht zu sehen, was eine Hälfte der Libanesen nicht will, und ebenso, wogegen die andere Hälfte ist. Doch was beide Hälften wirklich wünschen – das läßt sich nicht ausmachen ... Ein Staat ist nicht die Summe doppelter Hilflosigkeit, und zwei Verneinungen ergeben niemals eine Nation.»[13]

Der Nationalpakt: Stabilität auf Zeit

Libanon hatte ein Parlament, einen Präsidenten, eine Regierung. Was ihm fehlte: volle Souveränität.

Die Libanesen forderten sie. Ministerpräsident Sulh verlangte konkret, daß das Amt des «Generaldelegierten der Französischen Republik» – sein Inhaber war zu diesem Zeitpunkt Jean Helleu, der Catroux abgelöst hatte – in eine normale diplomatische Vertretung umgewandelt werde. Frankreich sollte damit den Anspruch einer Mandatsmacht aufgeben. De Gaulle mochte nicht. Helleu ließ am 11. November 1943 Khuri und Sulh aus den Betten holen, verhaften und ihrer Ämter entheben. Als neuen Präsidenten setzte er Emile Eddé ein, der ein treuer Gefolgsmann Frankreichs war und denjenigen Teil der maronitischen Bourgeoisie vertrat, der den Muslims unversöhnlich gegenüberstand.

In dieser entscheidenden Situation handelten die Libanesen geeint. Noch am 11. November verständigten sich die Chefs der Falange- und Naddschada-Milizen und bildeten, bis dahin erbittert miteinander verfeindet, ein gemeinsames Oberkommando. Sie organisierten einen Generalstreik. Die Franzosen antworteten mit der Verhängung einer absoluten Ausgangssperre. Doch das war nicht ihr letztes Wort. Khuri und Sulh erhielten am 22. November 1943 ihre alten Ämter zurück.

Die Libanesen gingen aus der Kraftprobe als Sieger hervor. Doch der Sieg war noch nicht vollständig. Nur widerwillig überließ Frankreich die Funktionen der Mandatsbehörden einheimischen Organen. Französische und britische Truppen – zu Beginn 1946 noch jeweils 8 000 und 9 500 Mann – blieben im Land stationiert. Erst am 31. Dezember 1946 beendeten sie ihren Abzug.

Das war, in Etappen errungen, die volle Eigenstaatlichkeit. Ein Neubeginn, zweifellos. Doch war in hohem Maße auch schon fixiert, wie es vorerst weitergehen würde. Bourgeoise Kräfte hatten vor dem Hintergrund eines sich verstärkenden nationalen Befreiungskampfes die Übernahme der staatlichen Souveränität mit Frankreich ausgehandelt. Dabei hatten sie ihre privilegierten Positionen festschreiben können. Ihre verschiedenen ethnisch-religiösen Gruppen hatten die Funktionen der Exekutive und Legislative untereinander aufgeteilt.

In der außenpolitischen Orientierung waren gleichfalls Vorentscheidungen getroffen. Bei ihrer Gründung 1945 war Libanon der Arabischen Liga beigetreten. Führende Kräfte, vornehmlich unter der maronitischen Bourgeoisie – und sie stellte den Präsidenten –, hielten an engen Beziehungen zu imperialistischen Staaten fest. Damit waren im sich anbahnenden kalten Krieg Konflikte vorprogrammiert.

Die palästinensische Tragödie zog Libanon in ihren Bann. Viele Libanesen – Muslims vornehmlich – verurteilten die UN-Resolution 181, die vorsah, Palästina zu teilen. Nach der Gründung Israels griffen libanesische Zeitungen die USA und – in geringerem Umfang – die UdSSR an, weil sie in der UNO für den neuen Staat gestimmt und ihn dann anerkannt hatten. Die Kommunisten waren 1947 in die Illegalität getrieben worden. Nationalistische Kräfte lasteten ihnen jetzt an, daß sie die sowjetische Haltung in der Palästinafrage verteidigten.

Libanon beteiligte sich am ersten arabisch-israelischen Krieg, doch ohne größeres Engagement. Die Israelis stießen im Verlauf der Operation «Hiram» Ende Oktober 1948 auf sein Territorium vor, besetzten 14 Dörfer und erreichten den Litani.[14] Nach einem bilateral abgeschlossenen Waffenstillstandsabkommen zogen sie sich wieder zurück. Viele Palästinenser fanden in Libanon Zuflucht. Bis Ende Juni 1948 waren es ungefähr 170 000.

Bis zu Beginn der fünfziger Jahre dominierten in Libanon vorkapitalistische Verhältnisse, was ihm insgesamt einen ländlichen Charakter verlieh. Dann beschleunigte sich die kapitalistische Entwicklung, die schon zuvor eingesetzt hatte, bei Dominanz des Auslandskapitals außerordentlich. Das Nationaleinkommen wuchs zwischen 1950 und 1956 jährlich um 6,5 Prozent.[15] Das Bankwesen prosperierte. Es profitierte von der Zunahme der Produktion und des Exports von Erdöl auf der Arabischen Halbinsel. Der Handel florierte. Die libanesischen Kaufleute gehörten, so die britische Vertretung 1947, zu den tüchtigsten in der Welt, und sie verfügten über weitverzweigte Verbindungen außerhalb des Landes.[16] Der Tourismus setzte auf die Reize der Landschaft. Wollte jemand baden? Das Mittelmeer lud dazu ein. Skifahren? Die schneebedeckten Berge lockten. Wer wollte, konnte das eine mit dem anderen verbinden; nur wenige Kilometer trennten die Skipisten vom Strand.

Geistig war das Land weltoffen und produktiv. 1965 erschienen 120 Tageszeitungen (in Syrien waren es 21, in Ägypten 15, im Irak 12, in Jordanien 11 und in Saudi-Arabien 3).[17] Die Verlagshäuser betrachteten die ganze arabische Welt als ihren Markt; nicht selten publizierten sie, was anderswo nicht erscheinen konnte. Die Alphabetisierungsrate im Land war beträchtlich höher als in anderen arabischen Ländern. 1960 gab es sechs Einrichtungen mit Hochschulcharakter, darunter die 1866 gegründete Amerikanische Universität von Beirut, die 1875 von französischen Jesuiten ins Leben gerufene Universität St. Joseph sowie die Libanesische und die Arabische Universität.

In der ökonomischen Struktur gab es indes ernste Disproportionen. Die Prosperität des Landes hing zu sehr vom Dienstleistungssektor ab. Die einheimische Industrie erbrachte 1950 lediglich 9 Prozent des Nationaleinkommens. In den folgenden Jahren stagnierte sie. Zwar verfünffachten sich im Zeitraum von 1949 bis 1960 die Investitionen, die in die Wirtschaft flossen, doch wurden sie fast ausschließlich genutzt, um Häuser, Hotels, Kasinos und Bankgebäude zu errichten. In der Landwirtschaft vollzog sich mit dem sich durchsetzenden Kapitalismus eine radikale Differenzierung. 84 000 Kleinbauern mit weniger als 1,5 ha besaßen 1954 zusammengenommen weniger Boden – nämlich nur 35 Prozent – als 171 Großgrundbesitzer, die über 50 Prozent verfügten. Zahlreiche Bauern und Pächter wurden ruiniert.

Das soziale Leben war auf eigene Weise kontrastreich; unverhüllter Reichtum und bittere Armut koexistierten auf engem Raum nebeneinander. In Zahlen: Um 1960 eigneten sich vier Prozent der Bevölkerung fast doppelt so viel vom Bruttosozialprodukt an – nämlich 32 Prozent –, wie für die ärmere Bevölkerungshälfte verblieb (es waren dies 18,3 Prozent).[18] Die Hälfte der Familien mußte mit weniger als dem offiziellen Existenzminimum auskommen. 1959 gab es bei einer Beschäftigungszahl von 370 000 ungefähr 60 000 Arbeitslose. Im selben Jahr wanderten 50 000 Libanesen in andere arabische Länder aus.[19] Die Disproportionen im Wirtschaftswachstum schufen zusätzliche Probleme. Beirut expandierte planlos, was u. a. ernste Probleme im Verkehr wie in der Versorgung mit Wasser und Elektrizität heraufbeschwor.

Der im Nationalpakt ausgehandelte Kompromiß gewährleistete, daß Libanon vorerst die inneren Konflikte verkraftete. Doch der Preis dafür war hoch: Die ethnisch-religiöse Zerrissenheit reproduzierte und verfestigte sich. Der Staatsdienst war aufgebläht (die Zahl seiner Angestellten war von 6 000 im Jahre 1943 auf 16 000 im Jahre 1960 gestiegen). Wer einen Posten in ihm ergattern wollte, mußte sich an die Chefs des Feudalclans, die *suama*, wenden. Das wiederum verstärkte deren Macht. Konnten sie doch demjenigen, dem sie halfen, Bedingungen stellen – etwa, daß er und seine Familie bei der nächsten Parlamentswahl für ihre Kandidaten stimmten. Staatsämter verkamen zu Pfründen. Auch im einheimischen und Außenhandel hatten die Feudalherren ihre Hand im Spiel. Sie entschieden über Gewerbegenehmigungen, die Vergabe von Importlizenzen, die Gründung von Niederlassungen ausländischer Firmen u. a. m.

Das Präsidentenamt verlockte in besonderem Maße, politischen Einfluß und Reichtum zu mehren. Wer dieser Verlockung erlag – Khuri bereits gehörte zu ihnen –, reizte zwangsläufig seine Rivalen. Machtkämpfe entbrannten und kamen jeweils nur vorübergehend zur Ruhe. Es begann sich auch schon abzuzeichnen, daß die Formel 6 zu 5, nach der Parlamentssitze und Staatsämter verteilt wurden, nicht mehr der tatsächlichen konfessionellen Bevölkerungsstruktur entsprach. Die Falangisten forderten deshalb, bei dem Proporz die Auslandslibanesen zu berücksichtigen, die zu 90 Prozent Christen seien. Muslimische Politiker drangen demgegenüber auf eine neue Volkszählung; sie werde ergeben, daß die Bevölkerung sich mehrheitlich aus Muslims zusammensetze.[20]

Aus dem Nationalpakt ergab sich eine weitere Besonderheit: Obwohl wirtschaftlich im Aufschwung, bewegte sich das Land beständig am Rande des Bürgerkriegs. Es war eine Stabilität nur auf Zeit, die der Pakt Libanon gewährte.

Die libanesischen Kommunisten – zeitweise, 1924 bis 1943 und 1948 bis 1958, organisatorisch mit den syrischen Kommunisten vereint – kämpften unerschrocken für Demokratie und soziale Gerechtigkeit sowie für einen Zusammenschluß aller Patrioten. Der Brite Terence Allen Shone bescheinigte ihnen 1946 zunehmenden Einfluß: Eine wachsende Zahl von gebildeten Libanesen aus den Zwischenschichten, besonders Christen, würden sich, enttäuscht über die Gebrechen ihres Staates und voller Bewunderung für die Sowjetunion, dem Kommunismus zuwenden.[21]

Im Februar 1949 betrat eine neue Partei die politische Bühne Libanons: die Sozialistische Fortschrittspartei (Parti Socialiste Progressiste – PSP). Sie wollte eine radikale Reformierung des Landes (Demokratisierung, Säkularisierung), die sie als «dritten Weg» verstand. Außenpolitisch setzte sie sich in dem Maße, in dem dieses Konzept Gestalt annahm, für Nichtpaktgebundenheit ein. Kamal Dschumblat (1917? bis 1977), ihr Führer, war zugleich der überragende Repräsentant der Drusen (seine Familie hatte in deren Mitte seit drei- bis vierhundert Jahren eine führende Position inne).

Als eine christliche Partei trat der Nationale Block auf. Von Emile Eddé 1942 gegründet, führte er zunächst ein Schattendasein. Erst unter der Leitung von Raymond Eddé, des ältesten Sohnes von Emile, der dessen fanatischen Antiarabismus aufgab, griff der Nationale Block wirksam in das politische Leben ein.

US-Marines am Strand von Beirut

Die antikoloniale «Woge», die, von Osten kommend, Nahost erreichte, erschütterte auch Libanon. Ganz unmittelbar war die Wirkung der ägyptischen Revolution vom Juli 1952. Libanesen bekundeten auf der Straße ihre Sympathie für sie. Entschiedener als zuvor forderten sie eine Reform des libanesischen Systems. Lauter wurde der Ruf, Khuri möge als Präsident zurücktreten. Clans, die ansonsten miteinander rivalisierten, darunter die Dschumblats und die Schamuns, stimmten gemeinsam in diesen Ruf ein; sie neideten dem Khuri-Clan die Mehrung seiner Macht und seines Reichtums. Ihren Gegnern warfen sie Korruption und Vetternwirtschaft vor. Die Presse beschuldigte das Regime ziemlich einhellig, es behandle das Land als Familienfarm.

Khuri trat am 18. September 1952 zurück. Camille Schamun, Jahrgang 1900, wurde am 23. September neuer Präsident. Er hatte dazu die Hilfe der Dschumblats gebraucht, doch auf die glaubte er fortan verzichten zu können. Führende sunnitische Politiker spielte er gegeneinander aus.

Der Fortgang der ägyptischen Revolution beschleunigte die politische Differenzierung in Libanon. Patrioten waren zunehmend von Gamal Abdel Nasser fasziniert. Sie verlangten, vor allem nach der Verstaatlichung der Suezkanalgesellschaft, die Ägypter zu unterstützen und analoge Schritte im eigenen Lande zu unternehmen. Die Herrschenden, vornehmlich Repräsentanten der maronitischen Oberschicht, sperrten sich. Sie beabsichtigten zeitweise, dem Bagdadpakt beizutreten. Doch war der Widerstand, auf den sie trafen, zu groß, als daß sie diese Absicht hätten verwirklichen können; nicht zuletzt war Mißtrauen gegenüber der Türkei weit verbreitet. Ungeachtet dessen drängte Schamun König Hussein von Jordanien, sich dem Pakt anzuschließen.

Die Schäden der Dreier-Aggression waren noch nicht beseitigt, da starteten die USA im Rahmen des kalten Krieges eine politische Aggression. Präsident Dwight D. Eisenhower übermittelte dem Kongreß am 5. Januar 1957 eine Botschaft, die als nach ihm benannte Doktrin in die Geschichte einging. In Nahost sei ein Machtvakuum entstanden, behauptete er, und ein «internationaler Kommunismus» bedrohe die Staaten der Region. Sein Land habe deshalb das Recht, sich in deren Angelegenheiten einzumischen. Gedacht war an ökonomische und militärische Maßnahmen sowie gegebenenfalls an einen Einsatz von USA-Streitkräften.[22]

Ägypten, Jordanien, Syrien und Saudi-Arabien lehnten die Eisenhowerdoktrin ab. Schamun stimmte ihr zu. Als Belohnung gewissermaßen gewährten die USA Libanon wirtschaftliche Hilfe in Höhe von 15 Millionen Dollar.

Das trug den Geist des kalten Krieges in die innerlibanesischen Auseinandersetzungen hinein. Oppositionelle Kräfte, sie waren bis dahin stark zersplittert, bildeten eine Vereinigte Nationale Front mit Sa'ib Salam, Abdallah al-Jafi und Kamal Dschumblat an der Spitze. Ihre Forderungen: Die Verfassung darf keine Ergänzung erhalten, die Schamun eine Wiederwahl gestattet (der Präsident hatte die Absicht erkennen lassen, erneut für sein Amt zu kandidieren, was einer Verfassungsänderung bedurft hätte); Libanon soll sich in Auseinandersetzungen zwischen anderen Mächten neutral verhalten und keinem Militärpakt beitreten, sondern enge Beziehungen zu anderen arabischen Staaten unterhalten; die jetzige Regierung ist durch ein Übergangskabinett zu ersetzen.[23] Die Kräfte um Schamun, die sogenannten Loyalisten, setzten gegen Oppositionelle bewaffnete Kräfte ein, was Tote und Verletzte forderte. Bei den im Juni anstehenden Parlamentswahlen waren sie erfolgreich: Sie errangen über zwei Drittel der Sitze. Doch das war ein Pyrrhussieg. Selbst Pierre Dschumajjil, der die Regierung unterstützte, gestand ein, daß das Parlament in seiner Zusammensetzung lediglich 10 Prozent der Bevölkerung repräsentiere. Die Straße stelle jetzt das wirkliche Parlament dar.[24]

Am 8. Mai 1958 ermordeten Schamun-Anhänger den Zeitungsverleger Nassib al-Matni, einen Maroniten, der sich für enge Beziehungen seines Landes zur VAR eingesetzt hatte. Das war der sprichwörtliche Funke, der ins Pulverfaß geriet. Ministerpräsident Sami al-Sulh forderte die Bürger auf, Ruhe zu bewahren und der Regierung zu vertrauen, die sich um die Sicherheit und Stabilität des Landes kümmere.[25] Die Opposition rief zum Generalstreik auf.

Libanesen folgten dem Aufruf und streikten. Bald kam es zu bewaffneten Auseinandersetzungen. Ein Bürgerkrieg entbrannte, der – nach dem von 1859/60 – zweite in der modernen Geschichte Libanons.

In der Nacht vom 12. zum 13. Mai bereits verlor Schamun die Kontrolle über die islamischen Gebiete Libanons. General Fuad Schihab (1902 bis 1973), der Oberkommandierende der Armee, weigerte sich, Truppen gegen die Aufständischen einzusetzen. Die Armee, argumentierte er, sei nicht dazu da, eine bestimmte Regierung an der Macht zu halten, sondern um die Grenzen des Landes zu schützen. Insgeheim befürchtete er, diese würde, ernsthaft eingesetzt, diesen Härtetest nicht bestehen, sondern in ihre «religiösen Bestandteile» zerfallen. Die Opposition forderte die Offiziere und Mannschaften der Armee und der Gendarmerie auf, Blutvergießen zu vermeiden, den Befehlen Schamuns und seiner Clique nicht Folge zu leisten und in den Kasernen zu bleiben.[26]

Am 14. Juli 1958 stürzten in Bagdad patriotische Offiziere das Feisal-Regime und leiteten eine antifeudale und antiimperialistische Revolution ein. Schamun war nun vollends verschreckt. Wenige Stunden, nachdem er von den Ereignissen im Irak erfahren hatte, ersuchte er die USA, militärisch zu intervenieren. Angeblich, um die Souveränität seines Landes zu schützen.

Der kalte Krieg hatte seinen Höhepunkt erreicht. Auf die Gelegenheit, die Eisenhowerdoktrin zu erproben und unmittelbar in Nahost militärisch präsent zu werden, hatten die USA nur gewartet. Am 15. Juli erschienen USA-Schiffe vor der Küste von Beirut. «Die gesamte VI. Flotte tauchte auf dem sonnenbestrahlten Mittelmeer auf», schildert der Journalist Raymond Cartier den Tag. «Der riesige Flugzeugträger Saratoga überragte wie eine Kathedrale fünfzig Kriegsschiffe, die mehr Feuerkraft besaßen als alle im zweiten Weltkrieg eingesetzten Flotten. Die Landungsboote näherten sich dem Strand und setzten das 2. Bataillon des 2. Infanterieregiments an Land, schwer beladene Männer mit Stahlhelmen, sieben Kilogramm wiegenden, kugelsicheren Westen und voller Kriegsausrüstung. Ein wahrscheinlich einmaliger Umstand in der Militärgeschichte bestand darin, daß diese drohende Macht einen Wall nackter Leiber zu durchqueren hatte, die sich in den Wellen vergnügten oder in der Sonne bräunen ließen. Schöne Libanesinnen im Badekostüm umringten die Marinesoldaten, die jedoch weiterzogen und in einem jahrhundertealten Olivenhain am Rande des Flugplatzes ihr Lager aufschlugen.»[27]

48 Stunden später befanden sich 10 000 US-amerikanische Soldaten mit einer bis zu Atomhaubitzen reichenden Bewaffnung in Libanon. Britische Fallschirmjäger landeten am 17. Juli in Jordanien. Hussein, der wie Schamun die Ausstrahlungskraft der irakischen Revolution fürchtete, hatte es so gewollt.

Frankreich, Großbritannien, der Iran, Pakistan und die Türkei begrüßten die USA-Intervention. Die Sowjetunion, die Volksrepublik China, Indien, die VAR und andere Staaten verurteilten sie entschieden als Verletzung der UN-Charta. Der UN-Sicherheitsrat konnte aufgrund der konträren Positionen zweier ständiger Mitglieder keine Aussage treffen. Zwei Entwürfe zu Kompromißresolutionen, vorgelegt von Schweden und Japan, fanden gleichfalls nicht die erforderliche Billigung.

Schamun hatte sich durch sein Verhalten vollends diskreditiert. Seine Position war unhaltbar geworden. Am 31. Juni wählte die Abgeordnetenkammer im zweiten Wahlgang Fuad Schihab zum neuen Präsidenten. An die USA erging die Forderung, ihre Truppen zurückzuziehen. Kamal Dschumblat erklärte im

Kamal Dschumblat mit drusischen Milizen während des zweiten Bürgerkrieges 1958

Namen der Opposition die Bereitschaft, den bewaffneten Volkskampf aufzunehmen und alle Völker der Welt um Hilfe zu ersuchen. Schamun empfahl er, das Land zu verlassen.[28]

Schihab trat am 23. September das Präsidentenamt an. Die ausländischen Truppen forderte er auf, das Land zu verlassen. Den Libanesen legte er ans Herz, sich von feindseligen Einstellungen zueinander, wie sie während der Krise aufgekommen seien, zu befreien. Raschid al-Karami (geboren 1921), der gegen die Eisenhowerdoktrin Stellung genommen hatte, übernahm das Amt des Ministerpräsidenten. Er bekannte sich in einer Rede am 25. September gleichfalls zur Einheit Libanons. Er erinnerte daran, daß Vorabend des Geburtstages des Propheten sei; mehr als zu jeder anderen Zeit würden die Herzen der Gläubigen mit Liebe, Freundschaft und Frieden erfüllt. «Bürger, macht Euch bereit, Wunden zu verbinden, Blutflecken abzuwaschen und wiederaufzubauen. Reißt Eure Barrikaden nieder, denn die Zeit, die Früchte der Revolution zu ernten, hat begonnen. Öffnet die Wege, Bürger. Die schwere Prüfung und die Revolution sind beendet.»[29]

Der Bürgerkrieg hatte 169 Tage gedauert. Fast 4 000 Libanesen hatten in ihm den Tod gefunden. Die Interventionstruppen der USA verließen das Land; bis zum 27. Oktober hatten sie ihren Rückzug abgeschlossen.

Der dritte Bürgerkrieg

Vorerst fand das Land zu einer gewissen Normalität zurück. Im Juni/Juli 1960 fanden Wahlen zur Abgeordnetenkammer statt. Obwohl sie in den vorgezeichneten konfessionalistischen Bahnen verliefen, profilierten sich in ihnen stärker als zuvor politische Parteien bzw. Gruppierungen. Präsident Schihab trat am 20. Juli zurück – doch nur für einen Tag. Vertrauensbekundungen der Bevölkerung bewogen ihn, in seinem Amt zu verbleiben. Er war auf den Ausgleich bedacht. In seiner Praxis kreierte und beherzigte er die Formel, seither von Einsichtigen wiederholt in kritischen Situationen beschworen: «Es gibt keine Sieger und keine Besiegten». Die Chefs der Feudalclans, die eifersüchtig über ihre angestammten Vorrechte wachten, nannte er verächtlich «fromagistes», «diejenigen, die den Käse unter sich aufteilen». Schihab ernannte Sa'ib Salam, der zu den führenden Oppositionspolitikern gehört hatte, zu seinem Ministerpräsidenten.

Der Wirtschaft kam die Normalität zugute. Libanon erreichte 1974 ein Pro-Kopf-Bruttosozialprodukt von 1 070 Dollar. (Zum Vergleich: In Ägypten betrug diese Kennziffer 280 Dollar, in Syrien 560 Dollar und in Jordanien 420 Dollar.)[30] Vornehmlich der Dienstleistungssektor prosperierte. 1973 gab es in Beirut über 70 Banken. Reiseprospekte nannten Libanon die «Schweiz des Orients». Industrie und Landwirtschaft stagnierten allerdings. Die soziale Polarisierung schritt voran. Fünf Prozent der Bevölkerung eigneten sich die Hälfte des Nationaleinkommens an, während 50 Prozent der Libanesen in Armut lebten.

Zu den überkommenen Problemen traten neue.

Die Zusammensetzung der Bevölkerung von 3 Millionen hatte sich gegenüber 1932 verändert. Der Anteil der Christen hatte sich 1975 auf etwa 40 Prozent verringert, u. a. durch eine relativ hohe Auswanderungsrate. Demgegenüber war der Anteil der Muslims auf 60 Prozent gestiegen, nicht zuletzt aufgrund des natürlichen Bevölkerungswachstums. Parlamentssitze und Staatsämter wurden aber immer noch nach der Formel 6 zu 5 zugunsten der Christen verteilt. Die Muslims waren immer weniger bereit, das hinzunehmen. Sie verlangten, die Veränderungen in der Bevölkerungsstruktur im System der Machtausübung zu berücksichtigen. Fortschrittskräfte traten dafür ein, das politische System insgesamt zu modernisieren.

Die soziale Polarisierung veränderte Siedlungsstrukturen. Arme Libanesen, darunter viele Schiiten, siedelten sich am Rande von Beirut an, wo sich vielfach bereits palästinensische Flüchtlinge niedergelassen hatten. Im allgemeinen errichteten sie zunächst Zelte, dann feste Wohnstätten, in denen es jedoch oft kein Trinkwasser und keine Sanitäranlagen gab. Beirut wurde so im Norden, Osten und Süden von einem «Gürtel des Elends» umgeben. Die Sterblichkeitsrate unter seinen 600 000 Bewohnern – Libanesen und Palästinensern – war zwei- oder dreimal so hoch wie im Landesdurchschnitt.[31]

Im Ergebnis der israelischen Aggression 1967 und des jordanischen Bürgerkrieges 1970 («Schwarzer September») war die Zahl der Palästinenser in Libanon gestiegen – auf etwa 380 000. Zu 80 Prozent waren sie Muslims. 275 000 von ihnen lebten in 15 Flüchtlingslagern. Fast alle Widerstandsorganisationen hatten ihre Zentren in Beirut. Im Süden des Landes, das man deshalb «Fatahland» nannte, verfügten sie über starke Positionen. Die Libanesen waren so hautnah mit der palästinensischen Tragödie und ihren Folgen konfrontiert. Ließ sich da der Isolationismus, der im Nationalpakt festgeschrieben war und der gewisse antiarabische Züge trug, noch aufrechterhalten? Die PLO hatte zudem an Autorität gewonnen. 1967 hatten reguläre arabische Armeen zum dritten Male eine Niederlage gegen Israel hinnehmen müssen. Die Palästinenser setzten ihren Widerstandskampf fort. Viele Araber trauten ihnen zu, was arabischen Armeen bislang versagt geblieben war: einen Sieg gegen die Israelis.

Schihab liebäugelte mit einer zweiten Amtszeit als Präsident. Doch mit seiner Politik des Ausgleichs hatte er es mit einigen einflußreichen Clanchefs verdorben. Camille Schamun hatte – ausdrücklich in Opposition zu ihm – 1959 die Nationalliberale Partei geschaffen, die indessen bei weitem nicht so straff organisiert war wie die Falange. Pierre Dschumajjil kandidierte für die Präsidentschaft. Das erfüllte nicht nur die Muslims, sondern auch viele Maroniten mit Sorge. Waren der Willkür nicht Tür und Tor geöffnet, wenn ein Mann, der ohnehin schon Chef einer starken Partei war, auch das Präsidentenamt wahrnahm? Pierre Dschumajjil unterlag im Kampf um die Präsidentschaft. Charles Hilu wurde neuer Präsident. Seine Nachfolge trat am 23. September 1970 Suleiman Frandschija, Jahrgang 1910, an.

Die Rechtskräfte verstärkten ihre bewaffneten Milizen. Die der Falange standen unter dem Kommando von Baschir Dschumajjil, eines Sohnes von Pierre Dschumajjil, und erreichten eine Stärke von 15 000 Mann. Der Frandschijaclan unterhielt eine eigene Miliz, die 1969 gegründete und von Tony Frandschija geleitete «Sugharta Befreiungsarmee» mit 1 500 Mann. Es gab die «Tiger» der Nationalliberalen Partei Schamuns, die 3 500 Mann umfaßte, und die extrem chauvinistischen «Wächter der Zeder», geleitet von Sa'id Akl bzw. Etienne Sakr, mit einer Stärke von 1 000 Mann.

Auf der anderen Seite begannen sich die Schiiten zunehmend als eigenständige politische Kraft zu formieren. Ihre Unterprivilegierung hatte angedauert. Zu Beginn der siebziger Jahre betrug das durchschnittliche Jahreseinkommen einer schiitischen Familie 4 532 libanesische Pfund (£L; 3 £L = 1 Dollar), während sein nationaler Durchschnitt bei 6 250 £L lag. Damit wollten die Schiiten sich nicht länger abfinden. 1967 schuf das libanesische Parlament den «Schiitisch-Islamischen Obersten Rat». Zwei Jahre später übernahm der Imam Musa Sadr, Jahrgang 1918, den Vorsitz. Seine religiöse Ausbildung hatte er im Iran genossen. Man sagte ihm nach, ein Vertrauter Khomeinis und ein Verfechter sozialrevolutionärer Ideale zu sein. Er werde die Paläste der Reichen stürmen lassen, wenn nicht Hütten für die Armen gebaut würden, kündigte er an. 1971 gründete Musa Sadr die «Bewegung der Besitzlosen». Aus ihr ging 1974 die «Bewegung der Hoffnung» (*harakat amal*, kurz: Amal) hervor. Sadr erklärte: Es gibt für uns «keine Alternative außer Revolution und Waffen». «Wir werden uns gegen jede Art von Unterdrückung empören.»[32] Die Amal stellte, nicht zuletzt, um Unterstützung zu erlangen, gute Beziehungen zu Syrien und Libyen her.

Amal – das war ein neuer Faktor in der politisch-religiösen Szene der Libanesen. Berechtigte er zu der Hoffnung, die ihr Name versprach und die die Libanesen brauchten?

1975 schuf die Amal eine eigene Miliz. Nabih Berri, in seiner Jugend Baath-Anhänger, jetzt aus den USA, wo er eine Tankstellenkette aufgebaut hatte, nach Libanon zurückgekehrt, beteiligte sich führend an ihrem Aufbau. Die PLO stellte der Amal-Miliz Waffen und Ausbildungskapazitäten.

Im Ergebnis der 1958er Kämpfe gingen aus der sunnitischen Bevölkerung, gegründet von Ibrahim Kuleilat, die Murabitun hervor (genau genommen nannte sich ihr bewaffneter Zweig so). Sie verstanden sich nicht als konfessionell-sunnitische – sie bekämpften den Konfessionalismus –, sondern als unabhängige nasseristische Bewegung. 1967 betrug ihre Zahl 6 000.[33] Den Palästinensern waren sie solidarisch verbunden. Die Murabitun im engeren Sinne – als Miliz – nahmen zu Beginn der siebziger Jahre Gestalt an. Sie brachten es auf 3 000 bewaffnete Kämpfer.

Nach Angaben der Beiruter Zeitung «al-Nahar» hatten sich über 15 «inoffizielle» Milizen formiert, die 150 000 Guerilleros vereinten und über 300 000 Schußwaffen aller Kaliber verfügten.

Die libanesische Armee verkörperte zumindest formal die Einheit Libanons. Sie hatte eine Stärke von 19 000 Mann erreicht. 53 Prozent waren Muslims, 47 Prozent Christen. Bei den Offizieren dominierten mit 65 zu 35 Prozent die Christen. Neben dem Oberbefehlshaber stellten sie die meisten der 24 Bataillonskommandeure.[34]

Auseinandersetzungen, heftiger als die des Jahres 1958, zeichneten sich ab.

Vordergründig ging es zunächst um die Anwesenheit der Palästinenser. Doch damit war schon die Machtfrage gestellt. Denn mit ihr war zu entscheiden, welchen Charakter Libanon tragen und ob – und wenn ja: auf welcher Seite? – es im Nahostkonflikt Partei ergreifen sollte.

Maronitische Rechtskräfte, darunter Pierre Dschumajjil, Camille Schamun und der maronitische Patriarch, schlossen sich, um die PLO zu bekämpfen, zu einem «Bündnis» *(al-hilf)* zusammen. Libanesische Patrioten, darunter die Kommunisten und die Sozialisten um Kamal Dschumblat, stellten sich ihnen entgegen und unterstützten die Palästinenser.

Am 28. Dezember 1968 überfiel ein israelisches Kommando, das mit Hubschraubern abgesetzt wurde, den internationalen Flughafen von Beirut und zerstörte 13 Zivilflugzeuge der libanesischen Luftfahrtsgesellschaft MEA. Es sollte dies, ließen die Israelis verlautbaren, die Vergeltung für einen Anschlag auf eine El Al-Maschine auf dem Athener Flughafen zwei Tage zuvor sein. Rechte libanesische Politiker suchten das für sich zu nutzen. Die beste Verteidigung gegen Israel sei, behaupteten sie, die palästinensische Kommandobewegung im Lande zu zügeln. Den Israelis werde dadurch der Vorwand zu einem Angriff genommen. Die Linken konterten, die Israelis bedürften keines Vorwandes, um Libanon anzugreifen. Sie seien ohnehin daran interessiert, Südlibanon zu besetzen. Um das zu verhindern, solle man die palästinensische Bewegung unterstützen und verteidigen. Der christlichen Führungsspitze der Armee warfen die Linken Versagen bzw. Verrat vor; anders sei die dreiste Aktion der Israelis nicht machbar gewesen.

Es blieb nicht bei Argumentationsgefechten. Rechtskräfte setzten im Oktober 1969 Einheiten der Armee gegen palästinensische Flüchtlingslager ein. Palästinensische Organisationen suchten ihre Positionen auszubauen. Extremisten in ihren Reihen praktizierten Terror. Es gab Tote und Verwundete.

Nasser vermittelte. Er erreichte, daß General Emile Bustani und Jassir Arafat am 3. November 1969 in Kairo ein Abkommen unterzeichneten, das – als Kompromiß – den Bewegungsraum beider Seiten absteckte. Libanon garantierte es die Souveränität. Den Palästinensern gestand es eine Selbstverwaltung ihrer Lager zu, doch war ihnen untersagt, von Libanon aus israelisches Territorium zu beschießen. Beide Seiten erklärten sich bereit, die Propagandakampagnen gegeneinander einzustellen. Der palästinensische bewaffnete Kampf, bekundeten sie, liege im Interesse der Libanesen, der Palästinenser und aller Araber.[35]

Die Situation beruhigte sich indessen nicht. Ende März 1970 wollten PLO-Kämpfer einen toten Gefährten nach Beirut bringen, um ihn dort zu bestatten. Als ihr Fahrzeug-Konvoi das christliche Dorf Kahale passierte, eröffneten Falangisten das Feuer. Fünf Palästinenser starben. Die Kämpfe weiteten sich aus und griffen auf Beirut über. Die Rechtskräfte testeten offenbar, wie weit sie sich vorwagen konnten. Sie erfuhren: Die PLO-Verbände waren besser ausgerüstet und hatten die Unterstützung muslimischer Kämpfer. Der libysche Außenminister vermittelte. Der falangistische «Test» hatte 40 Menschen das Leben gekostet.

Die Israelis förderten die konfrontative Entwicklung, die ihnen gelegen kam. Im Mai 1970 griffen sie mit Kampfflugzeugen palästinensische Flüchtlingslager in Südlibanon an.

Am 10. April 1973 landete eine israelische Spezialeinheit an der libanesischen Küste. Ihre Angehörigen fuhren in bereitgestellten Wagen nach Beirut in die Rue Verdun. Dort ermordeten sie Jussuf al-Naddschar, Leiter der Politischen Abteilung der PLO, Kamal Adwan, Mitglied des Zentralkomitees der Fatah, und Kamal Nasir, offizieller PLO-Sprecher, in ihren Wohnungen.

Am 2. Mai 1973 schlossen libanesische Truppen Palästinenserlager im Süden von Beirut ein. Die Eingeschlossenen wehrten sich. Die Armee setzte die Luftwaffe ein.

Die Bilanz ist nicht vollständig. Sie deutet an: Die Kämpfe eskalierten, «schubweise» gewissermaßen – und unaufhaltsam.

Am 28. Februar 1975 protestierten Fischer in Saida gegen die vom Schamunclan geförderte Gründung einer modernen Gesellschaft für Fischerei und Fischverwertung, der Protein Company. Sie fürchteten um ihre Existenz. Daraufhin eröffneten Soldaten das Feuer auf sie.

Am 13. April 1975 überfielen Falangisten im christlichen Beiruter Stadtviertel Ain al-Rummaneh einen Autobus, der sich auf dem Wege von einer politischen Kundgebung zum palästinensischen Flüchtlingslager Tall al-Saatar befand. Sie mordeten 26 Fahrgäste, Libanesen und Palästinenser, und verwundeten 20 weitere.

Mit diesem Ereignis begann der dritte libanesische Bürgerkrieg. Das nationale Konfliktpotential verschmolz in ihm mit regionalen und internationalen Konfrontationen.

Die Hauptkräfte der Rechten, d. h. derer, die den gesellschaftlichen Status quo verteidigten, waren die Falangisten, die Nationalliberale Partei Schamuns, die Anhänger des Präsidenten Frandschija und der höhere maronitische Klerus. Auf ihrer Seite standen die Führung der Armee sowie – zumindest zeitweise – gemäßigte maronitische Politiker wie Raymond Eddé, der Sohn des Emile Eddé und Führer des Nationalen Blocks.

Die libanesische Linke – der Begriff steht als Kurzformel für die progressiven und patriotischen Kräfte – vereinte zeitweise über 50 Organisationen. Zu ihr gehörten die Sozialistische Fortschrittspartei, die Kommunisten, die Nasseristen – darunter die Murabitun –, die Baathisten sowie die sich radikalisierenden Schiiten, daneben kleinere Gruppen. (Der Aufschwung, den der Linksradikalismus Ende der sechziger Jahre in Westeuropa – darunter in Frankreich – nahm [Stichwort: «Neue Linke»], hatte sich auf Libanon ausgewirkt. Eine nichtproletarische Linke war gewachsen – und zugleich zersplittert.) Die PLO war der libanesischen Linken verbunden; ihre Linksorganisationen hatten das erreicht.

Die Fronten waren so von Anfang an überschaubar, doch aufgrund der ethnisch-religiösen Zerklüftung des Landes nichts Festgefügtes und Endgültiges. Eine Gruppe konnte sich in Berücksichtigung ihrer Sonderinteressen auf der Seite, auf der sie angetreten war, mal stärker, mal schwächer engagieren, möglicherweise auch ihre ursprüngliche Position modifizieren.

Die meisten Rechten waren Christen, die meisten Linken Muslims. Das verleitete manche bürgerliche Autoren dazu, den Augenschein zu verabsolutieren und für das Wesen der Sache selbst zu nehmen: Sie sprachen von einer christlich-muslimischen Auseinandersetzung. Das war zumindest in zweierlei Hinsicht falsch. Einmal ging es den Konfliktparteien nicht darum, eine bestimmte Religion zum Siege zu führen; sie agierten in einem vielschichtigen und komplizierten Interessengeflecht, wobei u. a. die soziale und politische Stellung im eigenen Lande, das Engagement im Nahostkonflikt sowie die Haltung im weltweiten Kampf zwischen Sozialismus und Imperialismus umstritten waren. Zum anderen, das hängt hiermit zusammen, gab es bei den Rechten auch Muslims und auf der Gegenseite Christen.

Autoren, die bestritten, daß es sich um einen «Glaubens-» oder «Religionskrieg» handelte, waren deshalb im Recht. Allerdings überzogen einige von ihnen ihre Positionen und versuchten den Eindruck zu erwecken, als habe der Konflikt gar nichts mit Religion zu tun. Dabei übersahen sie, daß es sich bei den religiösen nicht um lediglich weltanschauliche, sondern um gesellschaftliche Gegebenheiten handelte. Es hatte schon Konzequenzen für die soziale Position und die Möglichkeiten des Fortkommens im Lande, ob jemand Maronit, Sunnit, Schiit oder Druse war. Die Maroniten waren eben nun einmal in ihrer Gesamtheit privilegiert, die Schiiten unterprivilegiert. Natürlich war jede Religionsgemeinschaft ihrerseits durch Klassengegensätze zerrissen. Die Gemeinsamkeit des religiösen Bekenntnisses beseitigte diese nicht, doch war auch sie, insofern und soweit sich Religionsgemeinschaften generell als Solidargemeinschaften verstehen, eine Realität. Das konnte einen maronitischen Arbeiter motivieren, seinen Klassengegner, wenn er sein eigenes religiöses Bekenntnis teilte, zu unterstützen. Zuweilen hatte er dafür noch ganz persönliche Gründe. In einer noch stark von patriarchalischen Verhältnissen und Verhaltensweisen durchsetzten Gesellschaft war es üblich, daß bessergestellte Libanesen ärmeren Glaubensgenossen unter die Arme griffen, was letztere zu Gegenleistungen verpflichtete.

In der Anfangsphase des Bürgerkriegs standen vor allem die Falange und der palästinensische Widerstand einander gegenüber. Ministerpräsident Raschid al-Sulh, den Kamal Dschumblat und die Linken unterstützten, trat am 15. Mai 1975 zurück, nachdem seine rechten Kabinettskollegen diesen Schritt schon zuvor getan hatten. Raschid Karami bildete mit syrischer Vermittlung ein neues Kabinett. Er selbst übernahm das Verteidigungsministerium und Ex-Präsident Camille Schamun das Innenministerium.

Fast zwei Monate herrschte Ruhe.

Ende August brachen die Kämpfe erneut aus. Jetzt rückten die innerlibanesischen Gegensätze in den Vordergrund. Israelische Streitkräfte griffen palästinensische Stützpunkte und Lager im Süden des Landes an. Am 24. September wurde – wiederum mit syrischer Vermittlung – ein «Komitee für den Nationalen Dialog» gegründet, dem Vertreter wichtiger Konfliktparteien angehörten. Es erreichte ein vorübergehendes Abflauen der Kampfhandlungen.

Am 31. Dezember trafen sich führende konservative maronitische Politiker, darunter Frandschija, Schamun und Dschumajjil, um ihre Kräfte politisch und militärisch zu einen. Einen Monat später gründeten sie die «Front für Freiheit und Mensch in Libanon». Die konservativen Kräfte auf der maronitischen Seite hatten damit erstmals ihre Solidarisierung institutionalisiert. Um die damit ver-

Überfall der Falangisten auf das Beiruter Viertel al-Karantina, in dem arme Muslims leben

bundene Abgrenzung gegenüber den muslimischen Arabern – vor allem auch in anderen arabischen Staaten – nicht zu überziehen, betonten sie den Beitrag, den die Maroniten zur arabischen Renaissance geleistet hatten.[36]

Anfang 1976 weiteten sich die Kämpfe aus. Die libanesische Rechte ging, unterstützt von Israel, das Waffen und Munition lieferte sowie Feuerschutz gewährte, gegen die Linken und die PLO vor. Sie schloß Tall al-Saatar ein, ein 1948 gegründetes und von 40 000 Palästinensern und Libanesen bewohntes Lager am Nordrand von Beirut. Falangisten griffen al-Karantina an, ein Ostbeiruter Slumviertel, in dem Muslims zu Hause waren. Die Bewohner verteidigten ihre armseligen Heimstätten – Hütten aus Blech, Pappe, Holz und Sackleinen. Vergeblich. Die Angreifer überrollten sie mit gepanzerten Lastkraftwagen und mordeten wahllos. Die Überlebenden flohen nach Westbeirut.

Syrien schaltete sich in den Bürgerkrieg ein. Es entsandte die Jarmuk-Brigade der Palästinensischen Befreiungsarmee (PLA), eine Panzereinheit (mit etwa 200 Panzern) unter syrischem Kommando, nach Libanon. Auf sein Betreiben kündigte Präsident Frandschija am 14. Februar 1976 in einem «Verfassungsdokument» eine neue Verfassung und eine Befriedung des Landes an. Die Muslims sollten künftig 50 Prozent der Parlamentssitze und der Staatsmänner erhalten. Der Ministerpräsident sollte nicht mehr vom Präsidenten bestimmt, sondern von der Abgeordnetenkammer gewählt werden.

Das «Verfassungsdokument» befriedigte niemand so recht. Der Bürgerkrieg ging weiter. Die libanesische Armee zeigte Auflösungserscheinungen. Etliche Soldaten schlossen sich zur Armee des Arabischen Libanon zusammen, die der Sunnit Ahmad al-Khatib kommandierte. Andere zogen sich in die Gebiete ihrer Glaubensbrüder zurück. Wieder andere schlugen sich auf die Seite der Rechten. Brigadier Asis al-Ah'dab forderte, um den Zerfall der Armee aufzuhalten, am 11. März über Rundfunk und Fernsehen den Rücktritt von Frandschija, dessen reguläre Amtszeit bis September lief. Das sah nach Staatsstreich aus, doch war dieser symbolischer Natur, denn über genügend Truppen, um seiner Forderung Nachdruck zu verleihen, verfügte Ah'dab nicht. Die Abgeordnetenkammer wählte zwar am 8. Mai Elias Sarkis, Jahrgang 1924, zum neuen Präsidenten; ungeachtet dessen blieb Frandschija vorerst in seinem Amt. Die libanesische Linke und die Palästinenser gingen zur Offensive über. Die Rechte geriet in eine schwierige Lage. Der Präsident floh am 25. März samt Familie aus seinem Palast in Baabda, der unter Artilleriebeschuß geraten war.

Syrien griff daraufhin – am 1. Juni 1976 – mit eigenen Truppen in die Kampfhandlungen ein, zunächst mit 4 000, schließlich mit 30 000 Soldaten, die Panzer, Kanonen und Raketen mit sich führten. Unmittelbarer Anlaß könnte gewesen sein – einige Angaben deuten darauf hin –, daß die Bewohner zweier maronitischer Dörfer in Nordlibanon, die von Einheiten der Armee des Arabischen Libanon angegriffen worden waren, den Präsidenten Hafis al-Asad um Hilfe gebeten hatten. Die syrische Führung ihrerseits mochte besorgt sein, daß sich die Kämpfe weiter ausweiteten und Israel einen Vorwand lieferten, einen Krieg gegen die Araber zu beginnen. Sie sprach davon, eine Teilung Libanons verhindern, Sicherheit und Frieden im Lande wiederherstellen, den palästinensischen Widerstand schützen und die libanesischen Brüder beim Wiederaufbau unterstützen zu wollen.[37] Asad verwies auf Gemeinsamkeiten in der Geschichte der Menschen in Libanon und Syrien, aus denen authentische gemeinsame Interessen erwachsen seien.[38] Faktisch fanden sich die libanesischen Rechtskräfte entlastet. Libyen versuchte zwischen Syrien einerseits und der libanesischen Nationalbewegung und der PLO auf der anderen Seite zu vermitteln.

Das syrische Eingreifen beruhigte die Situation. Doch nur vorübergehend. Am 22. Juni begannen Rechtsmilizen, pausenlos das Lager Tall al-Saatar zu beschießen und ihm die Wasserzufuhr zu sperren. Die Lagerbewohner, auf sich allein gestellt, gerieten in eine hoffnungslose Lage. Am 12. August sollten sie evakuiert werden. Als es soweit war, eröffneten die Belagerer erneut das Feuer und drangen in das Lager ein. Sie mordeten 1 200 Menschen. Danach fielen mindestens 800 weitere ihren «Hinrichtungen» zum Opfer. Ganze Familien fanden beim Versuch, dem Massaker zu entkommen, den Tod.[39]

In der Schlußphase des Bürgerkrieges schritt die Polarisierung unter den Libanesen weiter fort. Die Rechten unterstellten ihre Milizen einem Vereinigten Kommando, an dessen Spitze Baschir Dschumajjil stand. Kamal Dschumblat

Panzer der syrischen Streitkräfte 1976 in Libanon

suchte alle Kräfte zu einen, denen an einer Rettung Libanons und seiner Einheit gelegen war. Er appellierte an die Führer der arabischen Welt, sich für die Herstellung von Frieden in Libanon einzusetzen.

Arabische Staaten – sie trafen sich am 18. Oktober im kleinen Kreis in Riad, am 25. und 26. Oktober dann in Kairo – vermittelten. Libanesen wie Palästinenser waren gefordert, das 1969 abgeschlossene Abkommen zu respektieren. Ferner sollte eine panarabische Friedenstruppe, bestehend aus 30 000 Mann, aufgestellt werden. Sie setzte sich hauptsächlich aus Syrern zusammen, die so bereits eingenommene Positionen behielten bzw. ausbauen konnten. Saudi-Arabien, die VDRJ und Abu Dhabi stellten kleinere Kontingente, die sie zudem bald zurückzogen.

Libanon war durch die Kämpfe schwer in Mitleidenschaft gezogen worden. 60 000 Menschen hatten in ihnen den Tod gefunden, 200 000 waren verletzt, eineinhalb Millionen obdachlos geworden. Der materielle Schaden betrug über 20 Milliarden Mark. 400 000 Personen verloren den Arbeitsplatz, über 600 000 gingen ins Ausland. Die im Konfessionalismus enthaltene Gefahr einer Zerstükkelung des Landes wurde augenfällig. Syrische Truppen hielten Ende 1976 die Hälfte Libanons – den Norden und Osten sowie die Bikaa-Ebene – besetzt. Ein Viertel des Landes, ein sich von Beirut bis Tripolis zwischen der Küste und dem Kamm des Libanongebirges hinziehender Streifen, befand sich in den Händen der Rechtsmilizen. Libanesische und palästinensische Patrioten kontrollierten das restliche Viertel – den Süden und das Küstengebiet bis nach Beirut. Eine «Grüne Linie» teilte die Hauptstadt: Die Falangisten beherrschten ihren Ostteil, die libanesische und palästinensische Nationalbewegung ihren Westteil.

«Mit einer Waffe in der Hand ist man wer ...»

Libanon blieb ein Unruheherd. Schüsse, Explosionen, Tote und Verletzte gehörten nahezu zum Alltag. Die Konfliktparteien machten mit Waffengewalt ihre Interessen geltend. Doch drohte das Konfliktgeschehen sich auch zu verselbständigen. Zehntausende junger Männer hatten sich den Milizen angeschlossen. Der Job war nicht ungefährlich. Dafür wurde er auch nicht schlecht bezahlt. Und viele hatten keinen Beruf erlernt. Jedes weitere Jahr Krieg erschwerte einen «Berufswechsel». Waren viele Milizionäre da in gewisser Weise nicht daran interessiert, daß der Konflikt andauerte? Hohe Arbeitslosigkeit erschwerte zudem den Zugang ins Zivilleben. «So wie jede Gruppe ihren Grund zu kämpfen hat, auch jeder Kämpfer: wer in eine Partei eintritt, erhält etwa 400 Mark Monatslohn und eine Waffe», stellten Volker Schlöndorff, Nicolas Born und Bernd Lepel fest. «Wo es weder Arbeit noch Hoffnung auf Ausbildung gibt, wo mit zunehmender Hoffnungslosigkeit die politischen Aussagen immer irrationaler werden, sind das Argumente. Mit ein paar Pfunden in der Tasche und einer Waffe in der Hand ist man wer – vor allem, wenn man fünfzehn ist und keine Zukunft hat.»[40] Und wenn ohnehin geschossen und gebombt wurde: Ließen sich da nicht auch Privatangelegenheiten regeln? Rache nehmen für erlittene Erniedrigung oder Benachteiligung? Die finanzielle Lage aufbessern durch Raub und Geiselnahme? Die Kriminalität schlich sich in den Konflikt ein.

Konnte das zum Dauerzustand werden? Keine Konfliktpartei war offensichtlich in der Lage, einen eindeutigen Sieg zu erringen. Vernünftige Köpfe in allen Lagern sahen das. War es da nicht an der Zeit, der Vernunft zum Durchbruch zu verhelfen und einen allseitig akzeptablen und tragfähigen Ausgleich auszuhandeln?

Es gab wiederholt Versuche. Doch sie blieben jeweils im Ansatz stecken.

Unterdessen kamen Bewegungen in Gang, die das annähernde Gleichgewicht der Kräfte zu stören drohten.

Am 16. März 1977 ermordeten unbekannte Täter Kamal Dschumblat, als dieser mit dem Auto unterwegs war. Seine beiden Leibwächter starben ebenfalls. Tausende Drusen geleiteten den Toten in sein Haus und ehrten ihn durch heftiges Gewehrfeuer.

Kurz vor seinem Tode hatte Dschumblat noch einmal zu Existenzfragen seines Landes Stellung genommen. Libanon müsse im Zusammenhang mit der allgemeinen Nahostsituation gesehen werden. Israel wünsche, von kleinen, mehr

Kamal Dschumblat und seine beiden Leibwächter, am 16. März 1977 ermordet, werden am folgenden Tage beigesetzt

oder weniger unabhängigen konfessionellen und nationalistischen Staaten umgeben zu sein, zum Beispiel von einem Drusenstaat, einem Alawitenstaat, einem Maronitenstaat, einem Kurdenstaat usw. Dschumblat lehnte es ab, den Bürgerkrieg auf die Anwesenheit der Palästinenser zurückzuführen. 1958 sei es ohne ihr Zutun zu einer blutigen Konfrontation gekommen. Wenn in Libanon nicht eine Explosion herangereift sei, wäre sie auch nicht ausgebrochen.[41]

Danach befragt, hatte sich Kamal Dschumblat gesondert zu Nasser geäußert. Er selbst habe seine Inspiration nicht von Nasser oder dem Nasserismus bezogen. Der Ägypter habe interessante Ideen entwickelt, insbesondere in bezug auf einen kooperativen Sozialismus, der die Rolle des Spirituellen nicht leugne. Doch sei er gekommen und gegangen wie ein Tornado, wie ein Meteor. Alle arabischen Völker hätten die Verheißung aufleuchten sehen, doch selbst wenn sie ihm alle Beifall gezollt hätten, seien sie ihm nicht alle gefolgt. «Diese Welt der Serails und der Sandwüsten, der Moscheen, der Traditionen und des Nationalismus, reich an Öl, Landwirtschaft und Gold, braucht einen neuen Führer – einen neuen aufgeklärten Führer, einen Friedrich II., einen Peter den Großen oder einen Bismarck.» Gegenwärtig sei die arabische Welt von einer ökonomischen und politischen Amerikanisierung bedroht. Der Amerikanismus möge gut sein für Amerika, doch sei er ein Verderben bringender Export; die europäischen Völker hätten bereits ihre Seelen an ihn verloren.[42]

Baschir Dschumajjil, ehrgeizig, suchte den Falangisten eine Vormachtstellung unter den Maroniten zu verschaffen, als Voraussetzung, Libanon zu regieren. Das brachte, zumindest vorübergehend, eine neue Frontstellung in die Kämpfe: Maroniten gegen Maroniten.

Am 13. Juni 1977 überfielen kurz vor Sonnenaufgang 300 bewaffnete Falangisten, kommandiert von Samir Dschadscha, einem Freund von Baschir Dschumajjil, das Haus des Expräsidenten Frandschija. Sie überwältigten die schlaftrunkenen Wachen und drangen in das Gebäude ein. Dort töteten sie 33 Mitglieder der Familie, darunter Tony Frandschija, dessen Ehefrau und deren dreijährige Tochter. Insgesamt kamen 54 Menschen ums Leben.

Die Tradition verlangte Blutrache. Die Überlebenden der Familie Frandschija schworen sie. Auch Pierre Dschumajjil sollte seine Erben verlieren. Über die Beerdigung, die am Tage nach dem Überfall stattfand, notierte Camille Schamun in seinem Tagebuch: «Die Atmosphäre war voll Würde, aber auch voll Bedrohung. Der Trauerzug bewegte sich vom Haus der Toten zur Kirche Notre-Dame von Sugharta. Dicht hintereinander fuhren die Autos, und dennoch war der Zug mehr als einen Kilometer lang. Totenstille lag über der Ortschaft. Vor dem Altar der Kirche wurden die dreiunddreißig Särge der toten Familienmitglieder abgestellt. Den Segen erteilte der maronitische Patriarch. Trotz seines Unglücks, den Sohn verloren zu haben, zeigte Suleiman Frandschija kein Zeichen der Rührung seiner Seele. Er strahlte ungeheure Entschlossenheit aus.»[43]

Am 7. Juli 1980 gingen die Falangisten gegen das Hauptquartier und weitere Stützpunkte der Tigermilizen des Schamunclans vor. Heftige Kämpfe entbrannten, in denen 500 Männer starben. Die Tigermilizen unterlagen und verloren ihre Waffen.

Baschir Dschumajjil hatte eine erste Etappe zu seinem Endziel zurückgelegt: Er übernahm den Oberbefehl über die christlichen Privatarmeen, die sich den anspruchsvollen Namen Forces Libanaises (Libanesische Streitkräfte) zulegten.

Den Israelis kam das gelegen. Sie hatten mit dem Anspruch, die dortige christliche Minderheit zu «beschützen», damit begonnen, Südlibanon zu infiltrieren, was einschloß, eine Seeblockade gegenüber PLO-Stellungen zu praktizieren. Christliche Milizen unterstützten die Israelis. Major Sa'ad Haddad war ihr einflußreichster Kommandeur. Francis Risk, sein politischer Berater, erklärte am 18. April 1977 vor der Presse: «Das Volk Libanons ist einen brüderlichen Bund mit Israel eingegangen, den es nicht aufgeben wird und für den es bereit ist, mit seinem Blut zu zahlen.»[44] Doch hatten die Israelis weiterreichende Ziele: Nach den ägyptisch-israelischen sollte es libanesisch-israelische Separatvereinbarungen geben. Von einer erstarkten Falange erwarteten sie hierbei wirksame Hilfe. Menachem Begin erklärte am 2. Juni 1981, seit Jahren unterhalte er persönlich enge Kontakte zur falangistischen Führung, insbesondere zu Baschir Dschumajjil.[45] Bis zum Frühsommer 1982 ließen die Israelis den

Falangisten Kriegsmaterial und Ausbildungshilfe im Werte von 100 Millionen Dollar zukommen.

Auf der anderen Seite erstarkten die Schiiten. Ungefähr 700 000 der Zahl nach, waren sie – u. a. aufgrund einer hohen Geburtenrate – zur größten libanesischen Bevölkerungsgruppe geworden. Sie erlebten, wie sich im Iran an den Ideen ihrer Religion eine mächtige, die Region erschütternde Revolution entzündet hatte. Da mochten sie im eigenen Lande nicht länger eine arrogante maronitische Oberschicht über sich dulden. Iranische Glaubensbrüder bestärkten sie in diesem Vorsatz. In den Reihen der libanesischen Schiiten vollzog sich – A. R. Norton nennt dies die wichtigste Entwicklung im Libanon der achtziger Jahre – eine Politisierung und Radikalisierung.[46]

Amal blieb die politische und militärische Hauptkraft der Schiiten. Ihr Führer Musa Sadr äußerte 1977 in einem Interview, in der einsetzenden Reislamisierung werde die Hoffnung der unterprivilegierten Muslims nach sozialem Fortschritt wirksam. «Unsere heutige Welt lechzt nach sozialen Bewegungen, die auf dem Glauben an Gott basieren.» Die drakonischen Strafen, die mit einer Reaktivierung der *scharia* verbunden sind, wollte Musa Sadr nicht unter allen Umständen angewandt wissen. «Als einst ein Dienstbote des Diebstahls überführt worden war und vom Kadi verurteilt wurde, dafür mit einer Hand zu büßen, erschien plötzlich der Kalif», führte er aus. «Er wandte sich an den reichen Krämer, bei dem der Diener gearbeitet hatte, und zürnte: ‹Warum ließest du ihn Mangel leiden, so daß er dich bestehlen mußte?› Erst wenn in unserer Gesellschaft jeder ausreichend zu essen, zu trinken und genügend Kleidung hat – erst dann können solche Strafen in Betracht kommen.»[47]

Musa Sadr kehrte 1978 von einer Auslandsreise nicht zurück. Über seinen Verbleib gab es keine gesicherte Information, dafür um so mehr Spekulationen. Nabih Berri trat seine Nachfolge an. Er brachte der «islamischen Revolution» im Iran und Khomeini Sympathie entgegen, doch sah er sich nicht verpflichtet, das, was dort geschah, nachzuahmen. «Khomeini wird von uns hoch geehrt», meinte er. «Er ist ein hoher religiöser Würdenträger. Deswegen leisten wir aber noch lange nicht ihm oder Iran politische Gefolgschaft.»[48] Musa Sadr wurde nach seinem Verschwinden zur Symbolfigur seiner Anhänger.

Amal stützte sich zwar auf die Schiiten, wollte jedoch eine Bewegung aller Unterprivilegierten – unabhängig von deren Konfession – sein. Den Nationalpakt von 1943 nannte Berri einen «Teilungspakt». Er habe geholfen, eine Farm zu errichten, nicht ein Land. «Dieser Pakt ist die Wurzel unseres Unglücks.»[49] Amal will den Konfessionalismus, beginnend in der Armee und im Erziehungswesen, auf allen Ebenen beseitigen. In der Bewältigung der Libanon-Krise vertraut sie auf syrische Unterstützung.

1979 formierte sich, radikaler als Amal, die Hisb Allah, die Partei Gottes. Scheich Muhammad Hussein Fadlallah galt als ihr Führer. Sie verstand sich als universal-islamisch und folgte der Khomeini-Linie. Ihre Überzeugung: «Amerika steht hinter all unserem Unglück.»[50] In ihrer Orientierung auf den Iran und das dort dominierende Islamverständnis geriet die Hisb Allah in ein zumindest latentes Spannungsverhältnis zur Amal.

Die Murabitun profilierten sich weiter. Sie verehrten den verstorbenen Nasser als Märtyrer der arabischen Sache. Ihre Losung: «Einheit, Freiheit und Sozialismus». Die Murabitun wollten die Libanesen im Kampf gegen Imperialismus und Zionismus einen. Sei hier der Sieg errungen, dies war ihre Überzeugung, werde sich soziale Gerechtigkeit einstellen. Interne Klassenkonflikte könnten friedlich beigelegt werden. Den Islam betrachteten die Murabitun als Baustein der arabischen Nation. Er befinde sich nicht im Konflikt zu Faktoren wie Sprache, Kultur, Geschichte, Erbe und gemeinsames Interesse, die die Söhne einer Nation eine.[51]

Mit der Radikalisierung in den christlichen und muslimischen Reihen verstärkte sich die irrationale Komponente in dem Konfliktgeschehen und damit seine Tendenz, sich zu verselbständigen und sich rationalen Ansätzen zu seiner Regelung zu entziehen.

Israelischer Überfall

Politische Zionisten erstrebten seit langem einen «Judenstaat», der sich bis zum Litani erstreckt, also heutiges libanesisches Territorium einschließt. Auf der Pariser Friedenskonferenz 1919 hatten sie einen entsprechenden Plan vorgelegt. Im Herbst 1948 waren israelische Verbände im Verlauf der Operation «Hiram» bis zum Litani vorgestoßen, hatten sich jedoch wieder zurückziehen müssen. Der Plan, Libanon zu destabilisieren und zu zerstückeln, blieb. Mosche Scharett berichtete darüber in einem Tagebuch, das 1979 in Hebräisch erschien. Danach forderte David Ben Gurion 1954, Israel müsse Mittel, Zeit und Energie aufwenden, um in Libanon einen grundlegenden Wandel herbeizuführen, der die Gründung eines christlichen Staates einschließe. Mosche Dajan, seit 1953 Generalstabschef, meinte ein Jahr später: Wir müssen einen Offizier finden – sein Herz gewinnen oder ihn kaufen –, damit er sich zum Retter der maronitischen Bevölkerung erhebt. Dann wird die israelische Armee in Libanon eindringen, das notwendige Territorium besetzen und ein Israel verbundenes christliches Regime installieren. Scharett selbst stand, wie er berichtete, Plänen dieser Art skeptisch gegenüber.[52]

Nachdem Libanon im Ergebnis des Bürgerkriegs und andauernder innerer Wirren geschwächt war, sahen die israelischen Machthaber ihr altes Ziel in Reichweite rücken. Zudem hatten die ägyptisch-israelischen Separatverhandlungen begonnen, in deren Ergebnis Ägypten aus der Front der mit Israel konfrontierten arabischen Staaten ausschied. Die Israelis glaubten, dadurch freie Hand zu haben, gegen Libanon vorzugehen.

Am 11. März 1978 überfiel ein aus elf Mann bestehendes palästinensisches Kommando bei Tel Aviv einen Bus. Es kam von der Seeseite; durch einen Navigationsfehler war es offenbar vom vorgesehenen Kurs abgekommen. 35 Israelis und 9 Palästinenser verloren bei dem Überfall das Leben.

Dies war tragisch. Sollte der Tod der Menschen einen Sinn haben, konnte er nur in der Mahnung bestehen: Für die Palästinafrage, zu diesem Zeitpunkt seit drei Jahrzehnten ungelöst, ist möglichst rasch eine politische Regelung zu finden.

Die israelischen Machthaber nahmen das Ereignis zum Vorwand, um das Konfliktgeschehen zu eskalieren und die «Operation Litani» zu starten. Am 15. März 1978 ließen sie 25 000 Soldaten in einer Breite von 100 Kilometern in Libanon einmarschieren und bis zum Litani-Fluß vorstoßen. Die Israelis hatten schließlich ein Zehntel des libanesischen Territoriums erobert. Unter dem Vorwand, gegen PLO-«Terroristen» vorzugehen, zerstörten sie Dörfer. Viele Libanesen flohen gen Norden.

In dem besetzten Gebiet rechneten sich die christlichen Milizen zu den Siegern. «Unsere Armee hatte den christlichen Milizen umfangreiche Hilfe gewährt; diesen wäre es gewiß am liebsten gewesen, wenn unsere Truppen die ganze Arbeit für sie getan hätten», berichtet Ezer Weizman, damals israelischer Verteidigungsminister. «Lange Zeit hatten wir davon Abstand genommen. Jetzt, da die israelischen Streitkräfte in Aktion getreten waren, blieb den Milizen nichts mehr zu tun. In ihren altertümlichen Fahrzeugen fuhren sie kreuz und quer, winkten mit den Maschinenpistolen und ließen sich fotografieren, wobei sie mit den Fingern das ‹V›-Zeichen – für Sieg – machten. Jeder von einem israelischen Geschütz abgefeuerter Schuß war Musik in ihren Ohren.»[53]

Die Sache war indessen insgesamt so einfach nicht, wie die Israelis sie sich vorgestellt hatten. Sie trafen regional wie international auf starken Widerstand. Der UN-Sicherheitsrat forderte sie am 19. März (Resolution 425) auf, die territoriale Integrität, die Souveränität und politische Unabhängigkeit Libanons zu respektieren und seine Truppen vom libanesischen Territorium zurückzuziehen. Unverzüglich sollte eine Streitmacht (United Nations Interim Force in Lebanon – UNIFIL) gebildet werden, um den israelischen Rückzug zu überwachen und der libanesischen Regierung zu helfen, ihre Autorität in dem geräumten Gebiet wiederherzustellen.[54] Die UN-Truppen begannen am 22. März, Positionen in Libanon einzunehmen. Bis Ende März erreichten sie eine Stärke von 1 000 Mann. Die Israelis zogen sich zurück. Am 13. Juni hatten sie ihren Rückzug beendet.

Am 6. Juni 1982 überfielen die Israelis – diesmal als «Operation Frieden für Galiläa» – erneut Libanon. Drei Pläne hatte es gegeben; die israelische Führung wählte – «Camp David» war unter Dach und Fach – den weitreichendsten.[55] Sie wollte die PLO ausschalten und damit dem palästinensischen Widerstand das politische Rückgrat brechen. Die Palästinenser würden dann, kalkulierte sie, leichter «handhabbar» sein und möglicherweise in absehbarer Zeit den Gedanken an einen eigenen Staat fallen lassen. In Libanon wollten die Israelis den Falangisten das Machtmonopol verschaffen. Dann ließen sich auch, damit rechneten sie, mit diesem Land Separatvereinbarungen abschließen. Die Zersplitterung in der arabischen Welt würde zunehmen. Die israelische Grenze könnte vielleicht bis zum Litani verschoben werden. Schließlich wollten die Israelis, indem sie den palästinensischen und libanesischen Patrioten einen Schlag versetzen, das antiimperialistische und revolutionäre Potential in der Region schwächen.

Die Israelis konnten sich so weitreichende Ziele stellen, weil sie die USA hinter sich wußten. Am 30. November 1981 hatten beide Seiten eine Zusammenarbeit auf strategischem Gebiet vereinbart. Die USA gewährten eine jährliche Militär- und Wirtschaftshilfe in Höhe von ungefähr drei Milliarden Dollar und lieferten in großem Umfang Waffen.

Die israelischen Streitkräfte durchquerten die von UNIFIL kontrollierte Zone und stießen an drei Abschnitten gen Norden vor. Sie zerstörten, mordeten, nahmen Patrioten gefangen. Am 13. Juni 1982 erreichten sie den Stadtrand von Beirut. Am folgenden Tag schlossen sie im Zusammenwirken mit falangistischen Milizen den Westteil der Stadt ein, in dem sich zu diesem Zeitpunkt 800 000 Menschen – Libanesen und Palästinenser – befanden.

Die libanesischen Patrioten und Palästinenser waren bereit, Westbeirut zu verteidigen. Doch die Israelis trauten sich nicht weiter vor. In den Straßenschluchten der geteilten libanesischen Hauptstadt, so ein hoher israelischer Offizier, hätte «keine Armee dieser Welt auch nur die geringste Chance».[56] Die Israelis hielten statt dessen Westbeirut Wochen hindurch belagert. Ihre Artillerie, Panzer, Flugzeuge und vor den Küsten stationierte Kriegsschiffe überschütteten die Eingeschlossenen mit Granaten, Bomben und Raketen. Ab 3. Juli sperrten sie die Versorgung Westbeiruts mit Strom, Wasser, Lebensmitteln und Medikamenten. Die israelischen Machthaber wollten auf diese Weise die Westbeiruter Bevölkerung physisch und psychisch zermürben. Insbesondere rechneten sie damit, die Libanesen gegen die Palästinenser aufwiegeln zu können. Gelang das, so ihre Hoffnung, fiele es leichter, den palästinensischen Widerstand auszuschalten.

Der Massenmord, den Israelis praktizierten, rief Abscheu, Zorn und Empörung hervor, weltweit und im eigenen Lande. Dennoch konnte er zunächst nicht gestoppt werden. In den internationalen Beziehungen wehte ein rauher Wind. Ein regionaler Krieg konnte sich dadurch noch rascher als sonst zu einem Weltbrand weiten. Die israelischen Machthaber und ihre Hintermänner scheuten diese Gefahr nicht. Doch die Friedenskräfte, darunter die sozialistischen Staaten, ließen sich nicht provozieren, sondern waren darauf bedacht, ihre Solidarisierung mit den Opfern der Aggression mit der Sicherung des Weltfriedens zu verknüpfen. Die arabische Welt, am ehesten gefordert, sich zu engagieren, war zerstritten. Allein Syrien und die VDR Jemen unterstützten die palästinensischen und libanesischen Patrioten. Die übrigen arabischen Staaten verhielten sich passiv. Den Reaktionären in ihnen war es recht, daß Fortschrittskräfte in Libanon erhebliche Verluste hinnehmen mußten.

Dennoch konnten sich die Israelis nicht auf Dauer in Libanon behaupten. Der Widerstand, auf den sie trafen, wuchs. Ihre Verluste an Menschen und Material nahmen zu.

Verhandlungen setzten ein. Die PLO nahm in ihnen eine konstruktive Haltung ein. Ihre Verbände hatten den israelischen Aggressoren lange und hartnäkkig widerstanden – länger als die regulären Truppen irgendeines arabischen Staates. Doch letztlich waren die Israelis militärisch stärker. Den Widerstand fortzusetzen hätte bedeutet, weitere Opfer – vor allem auch unter der Westbeiruter Zivilbevölkerung – einzukalkulieren. Die PLO erklärte sich deshalb nach Konsultationen mit arabischen Staaten bereit – Jassir Arafat teilte dies am 2. Juli 1982 dem libanesischen Ministerpräsidenten mit[57] –, ihre Streitkräfte aus Westbeirut abzuziehen. Die Israelis gingen nur widerwillig auf den Kompromiß ein, blieb ihnen doch der erträumte totale Sieg versagt. Wiederholt, wenn ein Verhandlungsergebnis in Reichweite war, eskalierten sie die Kämpfe. Doch schließlich stimmten sie einer politischen Regelung zu und stellten die Kampfhandlungen ein.

Zwischen dem 21. August und Anfang September 1982 verließen die palästinensischen Streitkräfte – es handelte sich um 13 000 Mann, begleitet von etwa 660 Frauen und Kindern – Westbeirut. Ihre Handfeuerwaffen nahmen sie mit. Ihre schweren Waffen überließen sie den muslimischen Milizen. Vereinbarungsgemäß hätte die libanesische Armee sie erhalten sollen, doch gab es diese nur noch in Restbeständen. Eine multinationale Streitmacht, bestehend aus 800 Amerikanern, 800 Franzosen und 400 Italienern, war aufgeboten worden, um den palästinensischen Abzug zu sichern.

Für die Palästinenser blieb die Frage akut: Wo werden wir auf die Dauer eine Heimstätte finden? Die Israelis hatten ihre Beantwortung erschwert. Das von ihnen vergossene Blut heizte die Emotionen weiter auf. Mit ihrer Gewalt provozierten sie Gegengewalt.

Israelisch-amerikanisch-falangistische Allianz?

Mit Blick auf Libanon hielten die Israelis an ihrem Vorsatz fest, die Verhältnisse in ihrem Interesse neu zu «ordnen». Rechte Kreise der maronitischen Bourgeoisie wollten dasselbe. Ein militanter Falangist als Präsident – das war im Sinne beider. Die USA hofften, den Fehlschlag von 1958 wettmachen und jetzt in Libanon eine militärische Präsenz aufbauen zu können. 1 200 US-Marines gingen im Rahmen der multilateralen Streitmacht an Land. Die 6. Flotte

Jassir Arafat verabschiedet am 18. Dezember 1983 98 schwer verwundete Kämpfer aus der nordlibanesischen Hafenstadt Tripolis mit 50 Schiffen – unter ihnen das aus dem zweiten Weltkrieg stammende und kurz zuvor rekonstruierte Schlachtschiff «New Jersey» –, 200 bis 250 Flugzeugen und bis zu 30 000 Matrosen, Seefliegerkräften und Marineinfanteristen kreuzte vor der libanesischen Küste. USA-Politiker drangen darauf, nach dem Modell von «Camp David» separate israelisch-libanesische Abmachungen zustande zu bringen.

Alles deutete auf eine israelisch-amerikanisch-falangistische Allianz hin.

Baschir Dschumajjil meldete am 24. Juli 1982 seine Kandidatur auf die Präsidentschaft Libanons an. Die Schwierigkeit war nur, wer sollte ihn wählen? Die Kampfhandlungen dauerten noch an. Viele Abgeordnete wollten, da sie um ihr Leben fürchteten, nicht zu der erforderlichen Sitzung kommen. Durch Intrigen, Bestechung und offenen Druck gelang es den Falangisten dennoch, die Wahl ihres Mannes durchzusetzen. Am 23. September sollte der neue Präsident sein Amt antreten. Er kündigte an, den Staat mit starker Hand zu führen. Die Armee wollte er, mit den Falangisten als Kern, neu aufbauen. Um sich hierbei Hilfe zu sichern, traf er am 1. September mit USA-Verteidigungsminister Caspar Weinberger zusammen. Wenige Tage später hatte er in Nordisrael eine vierstündige Unterredung mit Begin und Scharon.

Die Muslims waren besorgt. Die Falangisten gebärdeten sich ohnehin schon, als gehörten sie zu den Siegern des Krieges. Würden sie ihre Vormachtstellung weiter ausbauen? Walid Dschumblat, der als Führer der Drusen wie der Sozialistischen Fortschrittspartei die Nachfolge seines 1977 ermordeten Vaters Kamal angetreten hatte, äußerte den Verdacht, der Plan, Baschir Dschumajjil zum Präsidenten zu machen, sei israelischen Hirnen entsprungen. Oder er stamme aus Washington, weil die Amerikaner in Libanon einen starken Mann haben wollten, der ganz in ihrer Hand sei.[58]

Am 14. September 1982 verlor der designierte Präsident bei einem Sprengstoffattentat auf ein regionales Hauptquartier seiner Partei das Leben. Mit ihm starben über 50 Falangisten. Der Attentäter wurde gefaßt. Unbekannt blieb, wer hinter ihm stand. Hatten maronitische Rivalen ihr Rachegelöbnis eingelöst? War Baschir Dschumajjil den Israelis nicht mehr gefügig genug? Vor seinem Tode hatte er sich über deren Maßlosigkeit beklagt.[59]

Die multinationale Streitmacht hatte sich bereits aus Beirut zurückgezogen, entgegen dem Wunsch des Ministerpräsidenten Schafik al-Wassan. Zwar hatten sich die Israelis verpflichtet, nicht in Westbeirut einzumarschieren, das nach Abzug der PLO-Kämpfer faktisch wehrlos war, doch setzten sie sich jetzt über diese Verpflichtung hinweg. Ariel Scharon ließ seine Truppen am 15. September in Westbeirut einrücken, um «Gesetz und Ordnung» aufrechtzuerhalten, wie er behauptete.

In Westbeirut befanden sich zwei palästinensische Flüchtlingslager: Sabra und Schatila. Vor dem Krieg zählten sie 90 000 Bewohner, wovon ein Viertel Libanesen waren. In Absprache mit den Israelis überfielen die Falangisten am

Beirut im August 1982

Bild aus dem palästinensischen Flüchtlingslager Schatila

16. September 1982 beide Lager. Sie erstachen ihre Opfer zunächst mit dem Messer. Das ging ihnen offenbar nicht schnell genug. Sie ließen Lagerbewohner Aufstellung nehmen und erschossen sie mit automatischen Waffen. So mordeten sie bis zum Morgen des 18. September. Ungefähr 3 000 Männer, Frauen und Kinder fielen ihnen zum Opfer.

Die Israelis suchten im nachhinein die Mitverantwortung für das Massaker abzustreiten. Doch sie kannten die unbarmherzige Feindschaft, die die Falange den Palästinensern entgegenbrachte. Sie hatten deshalb sehr wohl gewußt, was passieren würde, als sie die Falangisten in die Lager ließen. Das USA-Magazin «Time» berichtete am 4. Oktober 1982 gar, daß hohe israelische Offiziere Monate zuvor eine derartige Aktion geplant hätten. Es hatte sich deshalb zwei Jahre später vor Gericht mit Scharon auseinanderzusetzen.[60] Die Israelis leisteten zudem Schützenhilfe: Sie beschossen beide Lager, u. a. mit Leuchtmunition, damit die Falangisten sich zurechtfanden, und sie liehen den Mördern schweres Räumgerät, damit sie ihre Opfer verscharren konnten.

Die Mordtaten in Sabra und Schatila riefen weltweit Entsetzen und Empörung hervor. Am 29. September gingen in Tel Aviv 400 000 Menschen auf die Straße – zur bis dahin größten Demonstration in der Geschichte ihres Landes. Die israelische Regierung setzte widerstrebend eine Kommission ein, benannt nach ihrem Vorsitzenden Yitzhak Kahan, die die Vorgänge in den beiden Lagern untersuchte. In ihrem abschließenden Bericht wies sie den Falangisten die Alleinschuld zu. Allerdings gestand sie ein, daß einige israelische Führer «indirekte Verantwortung» trügen. Das war mit geringfügigen personellen Konsequenzen bei hohen Militärs verbunden (nicht bei denen, die politisch verantwortlich waren).

An Stelle des getöteten Baschir wurde dessen älterer Bruder Amin Dschumajjil zum Präsidenten gewählt. Er galt als gemäßigt, weshalb auch muslimische Politiker ihn unterstützten. Auf sein Ersuchen hin kehrte Ende September eine multinationale Streitmacht, zusammengesetzt aus Amerikanern, Franzosen, Italienern und Briten, zurück.

Die Falange spürte offenbar, daß sie die absolute Vorherrschaft in Libanon nicht erlangen konnte. Deshalb liebäugelten einflußreiche Kreise in ihr – sie taten dies schon seit längerer Zeit, und zwar in Übereinstimmung mit den Israelis – mit einer «Kantonisierung» des Landes. Konkret hätte das bedeutet: Drusen und Maroniten erhalten jeweils einen eigenen Teilstaat, der Norden und die Bikaa-Ebene bleiben unter syrischer, der Süden unter israelischer Kontrolle. Statt Stabilisierung eines Nationalstaates hätte dies Rückfall in feudale Zersplitterung bedeutet, sogar noch unter unmittelbarer Einflußnahme ausländischer Mächte. Für die libanesischen Patrioten war das unannehmbar.

Die USA wollten gleichfalls ein ungeteiltes Libanon, wenngleich aus anderen Motiven heraus, nämlich um das Land als Einflußsphäre zu handhaben. Sie erreichten, daß Israelis und Libanesen am 17. Mai 1983 ein Abkommen unterzeichneten. Es trug antiarabischen Charakter und schmälerte die libanesische Souveränität. Seine Erfüllung hätte u. a. bedeutet: Libanon gewährt der PLO kein Gastrecht mehr, tritt aus der Arabischen Liga aus und legt sich bis zu 45 km nördlich der Grenze zu Israel Beschränkungen in der Stationierung seiner Streitkräfte auf; die syrischen Truppen ziehen sich vom libanesischen Territorium zurück. Die Israelis verpflichteten sich, innerhalb von acht bis zehn Wochen nach Inkrafttreten des Abkommens Libanon zu verlassen. Doch in einer mit den USA getroffenen Geheimabmachung versicherten sie sich deren Verständnis dafür, daß diese Verpflichtung nur gelten solle, wenn auch die Syrer sich zurückzögen.[61]

«Schicken Sie die ‹New Jersey› heim»

Die fortgesetzten Versuche der USA, in Libanon militärisch präsent zu werden, erschwerten es den Libanesen, einen nationalen Ausgleich zu finden. Die israelisch-libanesische Separatvereinbarung, die zustande gekommen war, stieß zunehmend auf Widerstand. Die allgemeine Ablehnung vor Augen, die die 1978 in Camp David getroffenen Abmachungen in der arabischen Welt erfahren hatten, sprachen Libanesen und andere Araber von einem «Camp David Nummer 2».

Schiiten, Drusen, Sunniten und Teile der Maroniten schlossen sich zu einer «Nationalen Errettungsfront» zusammen. Politische Prominenz gehörte ihr an: Neben Walid Dschumblat der mehrfache Ministerpräsident Raschid Karami und der ehemalige Staatspräsident Suleiman Frandschija. Sie verlangte die Annullierung des israelisch-libanesischen Separatabkommens.

Unter den Schiiten setzte sich die begonnene Radikalisierung fort. 1982 bis 1983 spaltete sich auf die Initiative von Hussein al-Mussawi hin die *harakat al-amal al-islamija*, kurz die Amal Islami (Islamische Hoffnung), von der Amal ab. Amal-Anhänger ließen sich von dem vorherrschenden Trend mitreißen. «Mir ist nur zu gut bekannt», gestand Berri ein, «daß einige bewaffnete Amal-Leute über das Ziel hinausschießen, und zwar manchmal auf eine fast kriminelle Weise. Aber jedermann weiß, daß dies alles Freiwillige sind, die ihr Leben aufs Spiel setzen, ohne einen Pfennig dafür zu verlangen, ganz im Gegensatz zu den Milizionären anderer Organisationen, die mit Geld überhäuft werden. Ich kann doch nicht über Leute zu Gericht sitzen, die mir ihr Leben unentgeltlich zur Verfügung stellen.»[62]

Eine Organisation *al-dschihad al-islami* (Dschihad Islami – Islamischer Heiliger Krieg) machte von sich reden. War es eine Neugründung? Oder agierten schon existente Gruppen in ihrem Namen? Das war schwer festzustellen. Beides traf wohl zu. Verschiedene Gruppen dürften zusammengefunden haben, um ihre Aktivitäten abzustimmen und zu konzentrieren.

Die islamischen Extremisten in Libanon erhielten von Gesinnungsgenossen aus anderen Ländern Verstärkung. Das entsprach dem universalen Verständnis des Islam, das die Beteiligten einte: Jeder Muslim ist verpflichtet, dessen Richtlinien zu verwirklichen, wo immer sich die Möglichkeit dazu bietet. Ende 1982 dürften sich etwa 1 500 iranische Muslims in der Bikaa-Ebene aufgehalten haben.

Gewalt und Terror, betrieben von allen Seiten, hatten sich längst im libanesischen Alltag eingenistet. Da war der gewaltsame Tod, der Unbekannte wie Prominente traf. Da waren Geiselnahmen. Die sich radikalisierenden Schiiten öffneten der bewaffneten Gewalt und dem Terror eine neue Dimension: Der Einsatz und der Erfolg – beides hatte total zu sein.

Am 18. April 1983 steuerte ein Mann einen dunklen Lieferwagen vor die USA-Botschaft in Beirut und rammte die Vorderfront des Gebäudes. Eine ohrenbetäubende Explosion erfolgte; ihre Flammen schossen über die Strandpromenade bis aufs Mittelmeer hinaus. Sie verwandelte das siebenstöckige Gebäude in eine Ruine. Die Hauptpfeiler, auf denen es geruht hatte, waren eingeknickt. Balkons hingen bedrohlich herab. Rettungsmannschaften suchten in den Trümmern – diese waren bis zu 500 Meter weit geschleudert worden – nach Überlebenden. Sie fanden die sterblichen Überreste von 63 Menschen, die sie in blaue Plastiksäcke füllten. Unter den Toten war die Spitze der CIA in Libanon, die gerade eine Besprechung abgehalten hatte. Über 100 Menschen erlitten Verletzungen.

Im September 1983 brachen in und um Beirut heftige Kämpfe aus. Schiitische Milizangehörige standen, unterstützt von sunnitischen und drusischen Kämpfern, der libanesischen Armee gegenüber, die in hohem Maße den Falangisten verbunden war. Die Armee konnte sich weitgehend behaupten. Doch in einen 17 Quadratkilometer großen Distrikt im Süden Beiruts, in dem vorwiegend Schiiten wohnten, wagte sie sich nicht vor. Die Schiiten verbuchten dies als Sieg. Ihr Selbstvertrauen wuchs.

Ebenfalls im September 1983 zogen sich israelische Truppen ohne vorherige Ankündigung aus dem Schufgebirge zurück. Drusen stießen nach und vertrieben die Falangisten. Daraufhin griffen USA-Truppen in die Kämpfe ein: Sie beschossen, u. a. vom Zerstörer «John Rodgers» und vom Lenkwaffenkreuzer «Virginia» aus, drusische Stellungen im Schufgebirge.

USA-Offiziere hatten vor diesem Schritt gewarnt. Denn eindeutiger als zuvor ergriff ihr Land damit Partei im Libanonkonflikt. Das mußte den Unwillen vieler Libanesen provozieren.

Die Warnungen erwiesen sich als berechtigt.

Es war am 23. Oktober 1983, einem Sonntag, 6.22 Uhr früh. Im Hauptquartier der USA-Truppen am Rande des Beiruter Flughafens lagen viele Marines noch im Bett. Ein gelber Mercedes-LKW näherte sich. Der Fahrer gab plötzlich Gas. Immer werde er dessen Gesichtsausdruck vor Augen haben, erinnerte sich Gefreiter Eddie Di Franco, der zu diesem Zeitpunkt Wache hatte. «Er schaute direkt zu mir herüber und lächelte. Kaum hatte ich den Lastwagen rüberkommen sehen, da wußte ich, was passieren würde.»[63] Der Wagen hatte 6 000 kg hochexplosiven Sprengstoff geladen. Der Fahrer steuerte ihn in die offene Vorhalle. Eine gewaltige Explosion erfolgte; die größte nichtnukleare, die es bis dahin gegeben hatte, behaupteten manche.[64] Der massive vierstöckige Betonbau brach zusammen. 241 USA-Soldaten starben; die herabstürzenden Gesteinsbrocken erdrückten die meisten von ihnen in ihren Betten.

Die Identifizierung der Toten benötigte Tage. Für die Familien der Marines brachte sie banges Warten. Irrtümer stellten sich ein. Einigen Familien wurde mitgeteilt, ihre Angehörigen lebten noch. Später erhielten sie die Todesnachricht. Auch das Umgekehrte geschah. Eine Mutter hatte gerade vom Tode ihres Sohnes erfahren, da meldete sich der Totgesagte.[65]

Gleichfalls früh am 23. Oktober war ein zweiter LKW zum Hauptquartier der französischen Truppen unterwegs, das 6 km entfernt in einem sechsgeschossigen Bau untergebracht war. Der Fahrer des ersten hatte auf dem Parkplatz des Flughafens noch zwei Runden gedreht, um sich mit seinem Gefährten zeitlich abzustimmen. Dieser brachte seine Sprengstoffladung mit nur 20 Sekunden Verzögerung zur Explosion. 70 Menschen kamen ums Leben.

Stunden nach dem Doppelanschlag rief ein Mann, der seinen Namen nicht nannte, bei Agence France Press (AFP) in Beirut an. «Wir sind Soldaten Allahs», erklärte er im Namen des Dschihad Islami. «Wir sind keine Iraner, Syrer oder Palästinenser, sondern Muslims, die den Geboten des Korans folgen.» Seine Organisation habe auch das Attentat auf die USA-Botschaft ausgeführt, erklärte der anonyme Anrufer. Sie habe damals angekündigt, daß sie noch stärker zuschlagen werden. «Jetzt begreifen sie endlich, womit sie es zu tun haben. Gewalt wird nun der einzige Weg sein, der uns bleibt.»[66]

Am 4. November 1983 traf es in Tyr die Israelis. Ein mit Sprengstoff beladener Lastkraftwagen raste in ein zweistöckiges Truppenquartier. 60 Menschen starben.

Die Attentäter waren offenbar gut vorbereitet worden. Der Sprengstoff kam jeweils dort zum Einsatz, wo er seine vernichtende Wirkung besonders entfalten konnte. Die Attentäter hatten ihren Tod einkalkuliert. Dadurch konnten sie – Erinnerung an die Assassinen stellen sich ein – unbekümmert agieren; hochgerüstete Truppeneinheiten konnten sie nicht daran hindern, ihre Pläne auszuführen.

Das Attentat auf das USA-Quartier hatte weitreichende Folgen. 1973 hatten die USA ihren schmutzigen Krieg in Vietnam beendet. 56 241 Amerikaner hatten in ihm ihr Leben verloren. 303 616 waren verwundet, 1 344 vermißt worden. In der Öffentlichkeit war die Entschlossenheit stark, daß sich so etwas nicht wiederholen dürfe. Am 7. November 1973 beschloß der Kongreß gegen das Veto des Präsidenten Richard Nixon den «War Powers Act». Danach durfte der Präsident ohne Zustimmung des Kongresses Truppen außerhalb des Landes nur bis höchstens 60 Tagen einsetzen. Präsident Ronald Reagan versuchte dieses Gesetz zunächst zu umgehen. Die USA seien in Libanon nicht in einen Krieg verwickelt, behauptete er, sondern stellten lediglich ein Friedenskontingent. Angesichts der Särge mit toten USA-Soldaten, die nach Hause kamen, konnte er diese Behauptung nicht aufrechterhalten. Zudem geriet er in das Kreuzfeuer öffentlicher Kritik. Zwei ehemalige Dozenten der Amerikanischen Universität von Beirut schrieben an die «New York Times»: «Mr. Reagan, Mr. Shultz, lassen Sie es uns Ihnen ganz unmißverständlich sagen. Die kürzlichen amerikanischen Opfer in Beirut sind quasi direkt auf die Geschütze der ‹New Jersey› zurückzuführen. Terrorismus entsteht nicht aus einem Vakuum, und er existiert auch nicht ohne eine eigene Logik, die sehr zwingend sein kann, wenn man auf der falschen Seite einer Kanone steht. Schicken Sie bitte die ‹New Jersey› heim.»[67] Am 7. Februar 1984 erklärte Reagan in einer Fernsehansprache, er habe den Abzug der USA-Truppen aus Beirut angeordnet. Wenige Wochen später wurde diese Anordnung ausgeführt. Zuvor hatte das Schlachtschiff «New Jersey» noch einmal Drusenstellungen beschossen, mit «fliegenden Volkswagen», wie sie genannt wurden, d. h. mit Geschossen, fast 2 m lang und 1 200 kg schwer.

Am 6. Februar 1984 eroberten Amalmilizen mit drusischer Unterstützung Westbeirut. Unmittelbarer Anlaß dafür war, daß die Regierung die in Westbeirut stationierte 6. Brigade, die überwiegend aus Schiiten bestand, durch eine andere, als schiitenfeindlich bekannte, ersetzen wollte. Die Amal kam dem zuvor. Die 6. Brigade schloß sich ihr weitgehend an. Die Armee zog sich aus Westbeirut zurück. Durch Artilleriefeuer wollte sie die abtrünnigen Einheiten der 6. Brigade strafen. Zumeist traf sie Wohnhäuser. Die Regierung respektierte die veränderte Situation und nahm mit der neuen Autorität in Westbeirut Verhandlungen auf.

Präsident Amin Dschumajjil war schon auf einer «Versöhnungskonferenz», die vom 31. Oktober bis 4. November 1983 in Genf stattgefunden hatte, in Bedrängnis geraten. Das muslimische «Lager» hatte darauf gedrungen, den Separatvertrag mit Israel zu annullieren. Jetzt hatten sich die Positionen der Schiiten und Drusen verbessert, die der USA verschlechtert. Das Abkommen zu modifizieren war dem Präsidenten nicht gelungen. US-amerikanische wie israelische Politiker bedeuteten ihm: Ausgehandelt ist ausgehandelt. Was blieb ihm zu tun? Am 5. März 1984 kündigte er offiziell den am 17. Mai 1983 mit Israel geschlossenen Vertrag. «Camp David Nummer 2» hatte nicht einmal eine Geltungsdauer von einem Jahr erreicht. (Eine zweite Versöhnungskonferenz, die am 17. März 1984 in Lausanne zusammentrat, führte nicht weiter. Beide Konferenzen fanden im Ausland statt, weil die Beteiligten sich auf keinen Ort in Libanon hatten einigen können, an dem sich jeder sicher fühlte.)

Am 30. April 1984 bildete der Präsident eine «Regierung der nationalen Einheit». Ihr gehörten Raschid Karami als Ministerpräsident und Nabih Berri als Minister zur Befreiung des Südens an.

Die Israelis zogen sich 1985 aus Libanon zurück. Noch auf dem Rückzug mordeten und zerstörten sie. Im Süden blieben sie in einem bis zu 20 km breiten Streifen präsent. Wie zuvor kooperierten sie mit der «Südlibanesischen Armee». Deren Chef Sa'ad Haddad war am 14. Januar 1984 verstorben; seine Nachfolge hatte Antoine Lahud angetreten.

Schiitische Radikale suchten dort, wo sie die Macht dazu hatten, ihre Ideale in der Bevölkerung durchzusetzen. In Westbeirut drangen sie darauf, daß Frauen, sonst gewohnt, im Bikini am Strand zu liegen, sich nicht mehr im Mini auf die Straße wagten. Es war verpönt – zumindest in der Öffentlichkeit –, Bier, Wein oder Whisky zu trinken. Am Vorabend des schiitischen Aschura-Festes 1985 überfielen in Baalbek junge Anhänger der Hisb Allah eine achtzehnjährige Schönheit, die sich auf dem Heimweg befand. Sie warfen ihr vor, das Blut der Märtyrer zu beleidigen, weil sie ihr volles Haar nicht bedeckt trug. Einer verunstaltete mit einer brennenden Flüssigkeit ihr Gesicht. Seine Gefährten riefen dazu «Allah ist der Größte! Khomeini ist der Führer!» Das Gesicht des Mädchens blieb entstellt; eine plastik-chirurgische Behandlung in Frankreich, für die Nachbarn Geld spendeten, half nicht.[68]

Schiitisch-extremistische Organisationen agierten auch außerhalb Libanons. Ein wichtiger Schauplatz war Kuweit. Dort zerstörten bzw. beschädigten schiitische Radikale am 12. Dezember 1983 mehrere Gebäude, darunter die Botschaften der USA und Frankreichs. Dabei wurden 6 Menschen getötet und 86 verletzt. Ein Jahr später entführte der Dschihad Islami ein kuweitisches Flugzeug nach Teheran. Zwei Passagiere aus den USA wurden ermordet. Am 25. Mai 1985 versuchte ein Selbstmordkommando im Namen derselben Organisation den kuweitischen Herrscher zu töten. Es fuhr mit einer Sprengladung in dessen Wagenkolonne. Der Herrscher erlitt leichte Verletzungen, 3 Menschen starben. Am 11. Juli desselben Jahres explodierten in zwei Cafés der Strandpromenade von Kuweit Bomben. 11 Personen fanden den Tod, 89 wurden verletzt. Die kuweitischen Behörden nahmen 17 Attentäter fest.

Ein anderer wichtiger Schauplatz war Spanien. Dort hatten sich, vor allem in der andalusischen Küstenstadt Marbella, reiche Muslims niedergelassen. Für Fundamentalisten verkörperten sie die Verruchtheit, die sie in den Reihen ihrer Glaubensgenossen ausmachten und anprangerten. Die Touristenströme, die sich nach Spanien ergossen, erleichterten die Vorbereitung terroristischer Anschläge. Am 16. September 1984 erschossen islamische Terroristen in der Cafeteria Sport, einem Stelldichein der Araber in Marbella, den Ingenieur Nasir Abd al-Asis und verletzten seinen Gefährten Karim Ibrahim. Warum sie gerade diese beiden Opfer wählten, ist schwer zu sagen. Vielleicht wollten sie die muslimische Prominentenkolonie verunsichern. Am 12. April 1985 zerstörte eine Explosion in Madrid das Restaurant El Descanso vollständig. Der Anschlag galt offenbar dem Personal der nahe gelegenen USA-Luftwaffenbasis Torrejon. Er forderte 18 Tote, alles Spanier. 82 Personen erlitten – größtenteils schwere – Verletzungen.

Die Entführung der kuweitischen Boeing 747 im April 1988
findet in Algier ein Ende

Um ihre in Kuweit einsitzenden Gesinnungsgenossen freizupressen, entführten schiitische Extremisten am 5. April 1988 eine kuweitische Boeing 747, die sich auf dem Flug von Bangkok in ihr Heimatland befand. Sie zwangen den Piloten, auf dem Flughafen der iranischen Stadt Maschhad zu landen. 97 Passagiere waren an Bord. Die kuweitische Regierung weigerte sich, die inhaftierten Terroristen freizulassen. Nachdem die Entführer 80 Stunden vergeblich in Maschhad gewartet und die nichtarabischen Geiseln freigelassen hatten, wollten sie nach Beirut fliegen. Doch die dortige Flughafenleitung widersetzte sich einer Landung, verbarrikadierte Rollbahn und Piste und drohte mit Flak-Sperrfeuer. Drei Stunden steuerte der Pilot die Maschine in oft nur wenigen hundert Metern Höhe über Beirut, in der Hoffnung, doch noch eine Landeerlaubnis zu erlangen. Als der Treibstoff zur Neige ging, landete er auf dem Flughafen Larnaka (Zypern). Die Entführer bestanden auf der Freilassung der in Kuweit Inhaftierten. Ferner verlangten sie, das Flugzeug aufzutanken. Um ihren Forderungen Nachdruck zu verleihen, mißhandelten sie die Geiseln und erschossen zwei von ihnen. Sie drohten, die Maschine, die sie in «Flugzeug des großen Märtyrertums und des Todes» umbenannten, in die Luft zu sprengen. Schon hätten sie ihre weißen Totenhemden und das Märtyrer-Stirnband angelegt. Der kuweitische Herrscher Dschabir al-Ahmad al-Sabah erklärte: «Wir müssen die Maschine als ins Meer gestürzt betrachten, jetzt gilt es nur noch, die Überlebenden aus dem Wasser zu fischen.»[69] PLO-Vermittler erreichten, daß die Maschine nach 97stündigem Warten und der Freilassung 12 weiterer Geiseln nach Algier flog. Dort gingen, jetzt unter Vermittlung von führenden algerischen Politikern, die nervenzehrenden Verhandlungen weiter. Die Entführer gaben schließlich auf und ließen die restlichen Geiseln frei; dafür durften sie sich unbehelligt absetzen. Einer der freigelassenen Passagiere meinte: «Wir lebten in Angst. Wir sind sehr erschöpft. Wir hatten die Hoffnung aufgegeben.» Ein anderer: «Wir erlebten einen 16tägigen Alptraum.»[70]

Hoffnungsschimmer am Abgrund?

Ist Unerträglichkeit ein Argument, eine Situation zu verändern?

Die Lage in Libanon blieb explosiv. Die Schiiten erzielten gegenüber Sunniten und Maroniten politisch wie militärisch – bildlich gesprochen – einen Geländegewinn. Amal galt 1985 als die stärkste islamische Organisation des Landes. Sie verfügte über 8 000 bis 10 000 Kämpfer und konnte bis zu 20 000 Mann mobilisieren. Ihr standen Panzer – T-54, T-55, M-48-Patton und Saladin-Panzer –, Panzerabwehrraketen, Luftabwehrraketen und anderes modernes Kriegsgerät zur Verfügung. Die Hisb Allah gebot über 1 000 bewaffnete Kämpfer. Nach Bedarf konnte sie weitere aufbieten, bis zu 5 000 Mann.

Fadlallah, der theoretische Kopf der Hisb Allah, wäre am 8. März 1985 bei einem Attentat fast ums Leben gekommen. Ein junger Mann parkte einen Sattelschlepper vor dessen Wohnhaus. Er bedeutete den Leibwächtern, die ihn aufforderten weiterzufahren, nur einen Ersatzreifen besorgen zu wollen. Sekunden später explodierte der Schlepper. Die Explosion zog den ganzen Häuserblock in Mitleidenschaft. 90 Menschen starben, über 200 wurden verletzt. Fadlallah überlebte, weil er sich nicht in seiner Wohnung aufgehalten hatte. Am folgenden Tag zog er mit einem Trauerzug, dem sich Tausende anschlossen, durch die zerstörte Straße. Auf einem Spruchband, in den Trümmern angebracht, hieß es: «Made in USA».

Am 19. Mai 1985 griff die Amal drei palästinensische Flüchtlingslager in Westbeirut an. Dieser «Lagerkrieg», wie er genannt wurde, dauerte bis zum 19. Juni.

Die PLO hatte der Amal beim Aufbau ihrer Miliz geholfen, u. a. durch die Überlassung von Waffen. Jetzt standen einstige Verbündete einander gegenüber. Wie kam es dazu? Amal argumentierte: Sie habe den antiisraelischen Widerstand getragen, währenddessen die Palästinenser die südlibanesische Bevölkerung terrorisiert hätten. Die PLO und ihre Verbündeten warfen Amal vor, die Geschäfte des Imperialismus und der Zionisten zu besorgen.

Syrien suchte erneut in Libanon zu vermitteln. Auf seine Initiative hin unterzeichneten die Repräsentanten der Amal, der Falange und der Sozialistischen Fortschrittspartei am 28. Dezember 1985 in Damaskus ein Abkommen, das den Bürgerkrieg beenden sollte. Es sah vor, die Macht des Präsidenten einzuschränken und das Präsidentenamt zwischen den wichtigsten Gruppierungen rotieren zu lassen. Muslims und Christen sollten sich die Parlamentssitze teilen. Perspektivisch war an eine Überwindung des Konfessionalismus gedacht.

Einen Waffenstillstand hatte es wiederholt gegeben, seit 1975 ungefähr zweihundertmal. Der Bürgerkrieg war auch jetzt nicht zu Ende. Bombenanschläge und Geiselnahmen dauerten an; allein im Januar 1987 wurden 12 Ausländer entführt, darunter der anglikanische Geistliche Terry Waite und der BRD-Bürger Rudolf Cordes. Zu diesem Zeitpunkt wurden insgesamt 2 800 Menschen vermißt, von denen viele sicher nicht mehr lebten.[71] Der «Lagerkrieg» flammte 1986 und 1987 wiederholt auf. Aus Lagern drangen Gerüchte nach draußen, wonach Kinder Hunde, Katzen und sogar Ratten fingen, um ihren Hunger zu stillen.[72] Milizen der Sozialisten und Kommunisten gingen gegen Amal vor, die militärisch in die Defensive geriet und sich politisch-moralisch isolierte. Ende Februar 1987 marschierten, um die Situation zu beruhigen – Ministerpräsident Raschid Karami hatte darum ersucht –, syrische Truppen in Westbeirut ein. Am 21. Mai 1987 kündigte das libanesische Parlament das 1969 in Kairo mit den Palästinensern geschlossene Abkommen. Am 1. Juni 1987 starb Karami, als bei Tripolis an Bord eines Hubschraubers, in dem er sich befand, eine in einem Aktenkoffer versteckte Bombe explodierte. Die Attentäter vermutete man unter

Amal-Milizen beobachten das fast völlig zerstörte Palästinenser-Lager Sabra im Süden Beiruts (Juni 1985)

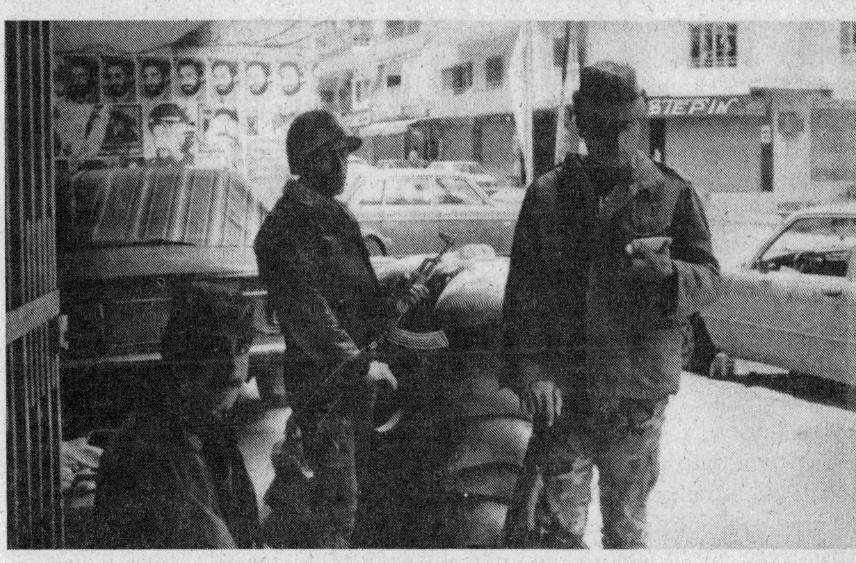

Syrische Truppen als Straßenposten in Westbeirut

den maronitischen Extremisten. Der neue Ministerpräsident hieß Salim al-Huss, der dieses Amt schon einmal, von 1976 bis 1980, ausgeübt hatte. PLO und Amal schlossen im September 1987 einen Waffenstillstand; doch auch danach brachen zwischen beiden Seiten in Beirut wie in Südlibanon wiederholt Gefechte aus. Auch innerpalästinensische Auseinandersetzungen fanden auf libanesischem Territorium statt.

Im Frühjahr 1988 gingen schiitische Organisationen mit Waffengewalt gegeneinander vor. Die Hisb Allah dachte offenbar daran, in Libanon nach iranischem Vorbild eine «Islamische Republik» zu errichten. Sie soll, hieß es, dazu schon eigene Banknoten und Briefmarken haben herstellen lassen.[73] Amal, von Syrien unterstützt, wollte das nicht hinnehmen. Sie zwang die Hisb Allah, Südlibanon zu räumen.

Nach einer im August 1987 veröffentlichten Statistik waren in dem 12 Jahre andauernden Bürgerkrieg fast 130 000 Menschen ums Leben gekommen.

Auf den ersten Blick ist es verwunderlich, daß Libanon diese Jahre ökonomisch einigermaßen überstanden hat. Doch in einem relativ kleinen Land vermochte die Selbsthilfe der Bevölkerung viel. Städter hatten Beziehungen zum Dorf, was eine zumindest notdürftige Versorgung mit Lebensmitteln sicherstellte. Verwandte im Ausland – es gab inzwischen 5 Millionen Auslandslibanesen –, leisteten Hilfe.

Auch diese Mechanismen sind inzwischen arg in Mitleidenschaft gezogen. Die Infrastruktur ist weithin zerstört. Das Land büßte dadurch in hohem Maße seine Rolle ein, wirtschaftlich und geistig Mittler zu sein. Produktion und Export gingen zurück. Statt dessen nahmen Spekulationen mit Geld und Grundstücken sowie Waffen- und Drogengeschäfte zu. Die Feudalclans übernahmen einen Großteil der Staatsfunktionen und -einnahmen.

1987 setzte ein dramatischer Währungsverfall ein. Für 1 DM gab es 1984 1,80 £L, Ende November 1987 280 £L. Die Inflationsrate lag bei 300 Prozent. Die Preise stiegen 1987 um 230 Prozent. Ein Kilogramm Hammelfleisch kostete Ende 1987 1 900 £L. Der durchschnittliche monatliche Reallohn sank entsprechend drastisch, von 800 Dollar im Jahre 1976 auf 85 Dollar im September 1986 und 24 Dollar Ende 1987. Die Arbeitslosigkeit, die 1975 bei 8 Prozent lag, stieg auf 25 Prozent. Ein Drittel der Bevölkerung von Beirut war nicht mehr in der Lage, sich auskömmlich mit Lebensmitteln und Medikamenten zu versorgen. Strom- und Wasserzufuhr funktionierten nur stundenweise. 1986 starben 1 000 Kinder an Unterernährung – mehr als durch Gewalt.[74]

Die Regierung war kaum noch arbeitsfähig. Als Huss das Amt des Ministerpräsidenten antrat, war sie ungefähr ein Jahr nicht zusammengetreten. Huss wollte sie zusammenrufen, um Maßnahmen gegen die drohende Hungersnot zu ergreifen, doch er scheiterte gleichfalls. Die christlichen Minister lehnten es aus Sicherheitsgründen ab, das Privathaus des sunnitischen Ministerpräsidenten in Westbeirut aufzusuchen. Sie schlugen die Villa Mansur im Ostteil der

Amal-Milizen heben Anfang 1988 die Belagerung des Palästinenser-Lagers Schatila, die 32 Monate angedauert hatte, auf

Stadt vor. Dorthin wollten die muslimischen Kabinettsmitglieder nicht kommen, gleichfalls das Sicherheitsrisiko ins Feld führend.

Auf dem Wege zu einer Reform des politischen Systems sind die Konfliktparteien seit Bürgerkriegsbeginn faktisch nicht vorangekommen. Die Muslims lasten dies, wie Huss ausführte, dem Präsidenten Dschumajjil an. Seit den Versöhnungskonferenzen in Genf und Lausanne habe er die Reformgespräche mit tausend Hindernissen verzögert.[75]

Am 23. September 1988 hätte ein neuer Präsident sein Amt antreten müssen. Doch es gab keinen. Die Maroniten, aus deren Reihen er traditionell hätte kommen müssen, waren so zerstritten, daß sie sich auf keinen aussichtsreichen Kandidaten einigen konnten. Von denen, die sich der Abgeordnetenkammer zur Wahl stellten – deren personelle Zusammensetzung stammte aus dem Jahre 1972, und von ihren ehemals 99 Mitgliedern lebten nur noch 76 –, erhielt dann auch keiner die erforderliche Stimmenzahl (eine mögliche Wahl von Suleiman Frandschija vereitelten die Forces Libanaises mit ihrem Führer Samir Dschadscha). Daraufhin ernannte der noch amtierende Präsident Amin Dschumajjil in den letzten Stunden seiner Amtszeit eine sechsköpfige Übergangsregierung unter Leitung des Armeechefs, General Michel Aun (Aoun). Diese nahm ihren Sitz in Ostbeirut. Patrioten sprachen von einem «Militärputsch» und von einem «kleinen Staatsstreich». In Westbeirut residierte weiterhin die rechtmäßige Regierung mit Huss an der Spitze. Dieser auch hatte, solange das Amt vakant blieb, verfassungsgemäß die Funktionen eines Präsidenten auszuüben. Ein «Krieg der zwei Regierungen» entbrannte. Jede machte der Rivalin ihre Legitimität streitig und forderte die Staatsangestellten auf, nur den von ihr selbst erlassenen Weisungen nachzukommen.

Das hatte es noch nicht gegeben. «Die politische Krise in Libanon hat sich nicht schlechthin zugespitzt», konstatierte George Batal, «sondern ist in eine qualitativ neue Etappe eingetreten: Das bürgerliche Regime büßt seine gesamtstaatlichen Institutionen ein.»[76] Das ließ die Versuchung wachsen, Rivalen auszuschalten oder zumindest zu schwächen. Die Amal und die Hisb Allah bekämpften einander, ebenso die Falangisten und die Armee.

Hoffnungsschimmer blieben so rar. Doch sie zeigten sich. Die Friedenssehnsucht vieler Libanesen ist eine Realität. Noch äußert sie sich nicht energisch genug – doch das muß nicht so bleiben. Und da das Land in das regionale Konfliktgeschehen einbezogen ist, könnte die Suche nach einer kollektiven Konfliktregelung, um die es bei einer einzuberufenden internationalen Nahostfriedenskonferenz ginge, sich heilsam auf seine Situation auswirken.

Schlußbetrachtung

Von der Sensation zum Alltag?

Wird die Reislamisierung andauern? Hat sie ihren Höhepunkt überschritten oder noch vor sich? Bahnt sich anderswo, etwa in Ägypten, eine «islamische Revolution» an, vergleichbar der 1978/79 im Iran?

Zur vollen Zufriedenheit lassen sich diese Fragen nicht beantworten. Zu wenig Gesichertes ist über die zu erwartenden Trends in der Weltentwicklung allgemein bekannt, etwa darüber, ob und wann es gelingt, effektiv und global an die Überwindung von Unterentwicklung zu gehen. Auch sind die Zusammenhänge zwischen Gesellschaft und Religion – insbesondere die Mechanismen einer religiösen Vermittlung gesellschaftlicher Interessen – nicht hinreichend erforscht.

Die Reislamisierung hat wohl aufgehört, Sensation zu sein. Sie richtet sich, bildlich gesprochen, im Alltag ein. Muslims werden sich auf der Suche nach Halt und Sinngebung für ihr Leben verstärkt an ihre Religion halten. Erörtern sie ihre Zukunft, wird ihr Blick auf Muhammad und die rechtgeleiteten Kalifen fallen. Das kann, wie in Ägypten, mit der Forderung verbunden sein, die *scharia* einzuführen. Muslims versprechen sich davon angesichts zunehmender sozialer Ungleichheit und moralischen Verfalls, wie er sich in Korruption, Prostitution, Drogen- und Alkoholgenuß äußert, möglicherweise eine moralische Läuterung.[1] Doch erschöpft sich darin die Reislamisierung nicht. Sie ist, ohne immer sonderlich aufzufallen, mehr oder weniger überall spürbar – auch außerhalb des Nahen und Mittleren Ostens –, wo der Islam dominiert oder nennenswerten Einfluß besitzt. Khalid Durán spricht von einem «breit angelegten Prozeß mit wenig scharfen Konturen, mannigfaltigen Ausformungen und Untertendenzen, von Land zu Land recht unterschiedlich»[2].

Im Juli 1977 beispielsweise übernahm in Pakistan im Ergebnis eines Militärputsches mit General Zia ul-Haq ein Parteigänger des fundamentalistischen Theoretikers Abu'l-A'la al-Maududi die Macht. (Er kam 1988 bei einem Flugzeugabsturz ums Leben.) Am 10. Februar 1979 verkündete er die «Einführung des Islamischen Systems». Ab sofort sollten für Alkoholgenuß, Diebstahl, Ehebruch und Verleumdung wegen Ehebruchs die in der *scharia* vorgesehenen Strafen gelten. Innerhalb von drei Jahren sollte ein zinsfreies Bankwesen eingerichtet werden und ein eigener Apparat für den Einzug von *sakat* sorgen. Allerdings erwies sich das alles als schwieriger, als die Akteure vorhergesehen hatten. Zia ul-Haq gestand bald ein, daß die pakistanische Gesellschaft «noch nicht ethisch gefestigt genug» sei, um die neuen Maßnahmen zu verkraften.[3] Bei der Bevölkerung erregte Unmut, daß auch Angehörige der politischen Opposition und Journalisten gruppenweise ausgepeitscht wurden. Zudem entstammten die Gestelle, auf denen die Auszupeitschenden festgebunden wurden, der Kolonialzeit. Der *sakat*-Einzugsapparat brachte kaum genügend auf, um sich selbst zu unterhalten.[4] Die Islamische Gesellschaft, in sich zerstritten, unterstützte nur teilweise den Regierungskurs, offenbar unzufrieden darüber, daß sie selbst weitgehend von der Macht ausgeschlossen blieb. Im Ausland, vorwiegend in Großbritannien, entfaltete sie eine rege Tätigkeit.

In Indien suchen islamische Fundamentalisten die Positionen ihrer Religion gegenüber dem Hinduismus auszubauen, nicht zuletzt auch zahlenmäßig durch Missionierung. Der Kommunalismus (die Feindseligkeit zwischen religiösen Gruppen) nahm zu. Er hat eine verhängnisvolle Tradition im Lande, die in der viele Opfer fordernden Teilung der südasiatischen Subkontinente in Indien und Pakistan gipfelte. Soziale Not begünstigt ihn; allzu leicht sind Menschen, die in Armut leben, ohne deren wirkliche Ursachen zu kennen, geneigt, die Schuld dafür Andersgläubigen anzulasten.

Als Indonesien 1945 bzw. 1949 die Eigenstaatlichkeit gewann, wollten Fundamentalisten sie streng islamisch ausgestalten. Sie scheiterten, weil ihre meisten Glaubensgenossen ihnen nicht folgten. Die Reislamisierung heute stärkt das Selbstbewußtsein vieler Muslims. In ihren Reihen formierten sich einige extremistische Gruppen, die sich den Namen «Kommando Heiliger Krieg» zulegten und Gewalttätigkeiten begingen.

Im subsaharischen Afrika sind spezifisch fundamentalistische Bestrebungen bislang kaum auszumachen. Doch gewinnt der Islam dort nicht nur in beträchtlichem Umfang neue Anhänger – ihre Zahl dürfte inzwischen deutlich über 100 Millionen liegen –, sondern Afrikaner nutzen ihn zunehmend, um sich ihres Standortes bewußt zu werden. In einigen Staaten hat sich eine schwarzislamische Identität herausgebildet.[5] Nach Jamil M. Abun-Nasr sind die schwarzafrikanischen Muslims nicht mehr bereit, «die Marginalität des Islam im politischen Leben weiterhin zu dulden». «Auf der politischen Szene mehrerer afrikanischer Länder sind muslimische Führer und Gruppierungen erschienen, die sich für die Wiederbelebung des Islam im gesellschaftlichen Leben einsetzen.»[6]

Punktuell mag sich Reislamisierung auch künftig extrem militant äußern. Amir Taheri glaubt einen spezifisch «islamischen Terrorismus» ausmachen zu können. Er sieht ihn erstens durch seinen Absolutheitsanspruch charakterisiert. Derjenige, der ihn praktiziere, kenne nur die Alternative Erfolg oder Niederlage. Der islamische Terrorismus betrachte sich selbst als Ausdruck der Reislamisierung, die den Islam als den wahren Glauben zum Sieg auf der Welt führte. Von hier aus rechtfertige das Ziel die Mittel. Zweitens verstehe sich der islamische Terrorismus als Form des *dschihad*, des «heiligen Krieges». Er verabscheue deshalb Verhandlungslösungen und akzeptiere nur die völlige Aufgabe des Gegners. Drittens glaube ein Verfechter des islamischen Terrorismus, daß alle Muslims und islamische Staaten verpflichtet seien, seiner Orientierung zu folgen.[7] (Damit ist nicht gesagt – Taheri wirft auch diese Frage auf –, daß der Islam eine «Religion des Terrors» ist. Er unterscheidet sich hier nicht von anderen Religionen.[8])

Da Reislamisierung vom Ansatz her eine Äußerung von Opposition ist, mag das die Herrschenden dort, wo sie auftritt, veranlassen, ihr ihre Reverenz zu erweisen. Können sie dadurch nicht – die Kalkulation ist verführerisch – den Oppositionellen den Wind aus den Segeln nehmen? Das kann begrenzt funktionieren. Eine «vorsichtige Reislamisierung» ist nach den Worten von Victor Kocher «die beste Garantie dafür, daß nicht stur die heutige Welt nach der Vorlage der Urgemeinschaft des Propheten zurückgestutzt wird».[9] Letztlich ist es ein gefährliches Spiel. Fundamentalisten können sich durch ein Entgegenkommen ermuntert und ermutigt fühlen, jeweils weitergehende Forderungen zu stellen. Denn letztlich geht es nicht darum, wie weit eine Gesellschaft islamisiert wird, sondern im Zusammenhang mit der Islamisierung – im Iran zeigte es sich – taucht zwangsläufig die Machtfrage auf.

Eine dauerhafte Radikalisierung von Bevölkerungsmehrheiten dürfte die Reislamisierung nicht bringen. Muslims haben sich – wie alle Menschen – zunächst dem Tagewerk zu widmen. Das ernüchtert. Kapitalistische Entwicklungen lassen den Konsum als erstrebenswert erscheinen, was zumindest – muslimische Geistliche beklagen dies – überkommener Frömmigkeit Abbruch tut.

Nicht zuletzt hat das, was Fundamentalisten – etwa im Iran – bislang bewirkten, eher Enttäuschung als den Drang zur Nachahmung ausgelöst. Noch sei auch bei sunnitischen Islamisten, so Durán, mancherorts der Schlachtruf zu hören: «Iran, Iran – fi kulli makan!», was so viel bedeute wie «Laßt überall ein Iran entstehen», also tragt die «islamische Revolution» an alle Ecken und Enden der islamischen Welt und darüber hinaus. Gleichzeitig nehme aber auch die Abwehrhaltung zu, und der arabische Nationalismus trete durch den Krieg der Iraner gegen die Araber hervor.[10] In Pakistan unterlagen die Fundamentalisten im November 1988 bei Parlamentswahlen. Die neue Staatspräsidentin Benazir Bhutto, Führerin der Pakistanischen Volkspartei (PPP), setzt sich für eine Demokratisierung des Landes ein. Ägyptische Linke wie Liberale zeigen sich über die Offensive des militanten Fundamentalismus beunruhigt. Von einer Krise des gesamtarabischen wie des ägyptisch-nationalen Selbstverständnisses ist die Rede.[11] Einige warnen: Eine Einführung der *scharia* werde, da sie Kopten zu Bürgern zweiter Klasse mache, Ägypten in ein zweites Libanon verwandeln.[12] «Es reicht nicht aus, daß man als vernünftiger Moslem, als Vertreter der schweigenden Mehrheit in der islamischen Welt es abscheulich findet, wenn im Namen des Islam heute Terrortaten begangen werden; wenn die geschichtlich immer wieder erwiesene Toleranz des Islam in den Augen der Weltöffentlichkeit jetzt, im letzten Viertel des zwanzigsten Jahrhunderts, zu verschwinden droht, weil wir zu feige sind, mit einer Minderheit islamischer Ultras abzurechnen», meint der Ägypter Faradsch Ali Foda. «Haben wir bereits zu viel Angst vor den gewalttätigen Hitzköpfen? Ist es denn schon zu spät? ... Da gibt es nur einen einzigen Weg: Die Religion muß auf ihren angestammten Platz in der Moschee zurückverwiesen werden. Vernunft und Logik statt religiöser Engstirnigkeit und Anmaßung müssen den politischen Dialog bestimmen.»[13] Die Reislamisierung ruft in Ländern, in denen sie sich militant gibt, zweifellos Probleme auf. Sie bedroht in ihrer Rückwärtsorientierung Fortschritte, die Menschen im Prozess ihrer Selbstbefreiung gemacht haben, und beschwört mit ihrer Intoleranz Andersdenkenden gegenüber innere Zwistigkeiten herauf. Andererseits: Nicht wenige Muslims gerieten und geraten aus einem spontanen Antiimperialismus und Demokratismus heraus in den Bann der Reislamisierung. Fortschrittliche Gegner eines religiösen Extremismus haben es da schwer. Bieten Antiimperialismus und Demokratismus auch wenn nur dunkel empfunden, nicht Anknüpfungspunkte? Ist nicht aber auch auf dem Wege der Säkularisierung Erreichtes verteidigungswürdig? Wer indessen einseitig nur letzteres ins Auge faßt, läuft Gefahr, mit proimperialistischen Verteidigern säkularer Positionen Front gegen potentielle Bundesgenossen zu machen.

Auch international können Schwierigkeiten auftreten. Die Menschheit ist gefordert, ungeachtet der Gegensätze, die in ihren Reihen fortexistieren, gemeinsam sie insgesamt betreffende existentielle Probleme – Sicherung des Weltfriedens, Überwindung von Unterentwicklung und Beseitigung der «absoluten Armut», Herstellung eines gesunden Gleichgewichts zur Umwelt – in Angriff zu nehmen. Das verlangt wechselseitige Berechenbarkeit und Verständigung. Muslimische Extremisten neigten dem gegenüber wiederholt dazu, abenteuerliche Situationen heraufzubeschwören. Das barg die Gefahr in sich, Konflikte zu eskalieren, statt sie einzudämmen und nach Regelungen zu suchen.

In beiden Bereichen, im nationalen wie im internationalen, hilft nur eins weiter: der sachorientierte Dialog. Er vermag Gemeinsamkeiten von Interessen sichtbar zu machen und Wege zu erkunden, diese zu realisieren.

Anmerkungen

Vorbemerkung: «Dutch, wir haben verloren»

1 H. A. Kissinger, Memoiren, Band 2: 1973–1974, München 1982, S. 615f.
2 R. E. Huyser, Putschen Sie, Herr General! Wie Washington den Iran retten wollte. Mit einer Einleitung von A. M. Haig, Reinbek bei Hamburg 1986, S. 18.
3 Ebenda, S. 25.

1. Kapitel: «Islamische Revolution» im Iran

1 stern, Hamburg, 24. Oktober 1971, S. 47.
2 Z. Maziar, Die Bodenreform rettet das morsche Schah-Regime nicht. In: Probleme des Friedens und des Sozialismus, H. 7/1963, S. 554.
3 Nach A. Kambachsch, Vor Wandlungen in Iran. In: Probleme des Friedens und des Sozialismus, H. 9/1961, S. 795.
4 Vgl. H.-G. Ebert, H. Fürtig, H.-G. Müller, Die Islamische Republik Iran. Historische Herkunft – Ökonomische Grundlagen – Staatsrechtliche Struktur, Hrsg. von G. Barthel, Berlin 1987, S. 87.
5 H. A. Kissinger, Memoiren 1968–1973, München 1979, S. 1338.
6 A. Taheri, Chomeini und die Islamische Revolution, Hamburg 1985, S. 189.
7 Vgl. Ajatollah Chomeini, Der islamische Staat. Aus dem Persischen übers. und hrsg. von N. Hassan und I. Itscherenska, Berlin 1983, S. 145.
8 A. Taheri, Chomeini und die Islamische Revolution, S. 210.
9 R. Graham, Iran. Die Illusion der Macht. Mit einer Einführung von P. Scholl-Latour, Frankfurt a. M. – Berlin (West) 1979, S. XVII.
10 P. Scholl-Latour, Allah ist mit den Standhaften. Begegnungen mit der islamischen Revolution, Stuttgart 1983, S. 140.
11 stern, 9. November 1978, S. 38, 324.
12 D. Norouzi, I. Itscherenska, Zur Rolle des Islam in der iranischen Revolution von 1979. Politisch-ideologische Strömungen der islamischen Bewegung, Dissertationsschrift (B), Berlin 1986, S. 159.
13 Nach U. Tilgner (Hrsg.), Umbruch im Iran. Augenzeugenberichte – Analysen – Dokumente, Reinbek bei Hamburg 1979, S. 44.
14 W. H. Sullivan, Mission to Iran, New York – London 1981, S. 142.
15 Nach U. Tilgner (Hrsg.), Umbruch im Iran, 4. Umschlagseite.
16 R. E. Huyser, Putschen Sie, Herr General! Wie Washington den Iran retten wollte, Mit einer Einleitung von A. M. Haig, Reinbek bei Hamburg 1986, S. 25.
17 Ebenda, S. 34.
18 Ebenda, S. 43.
19 W. H. Sullivan, Mission to Iran, S. 239.

20 Ebenda, S. 230f.
21 M. R. Pahlavi, The Schah's Story, London 1980, S. 187f.
22 R. E. Huyser, Putschen Sie, Herr General!, S. 156.
23 M. R. Pahlavi, The Schah's Story, S. 188.
24 R. E. Huyser, Putschen Sie, Herr General!, S. 225f.
25 F. Halliday, Iran. Analyse einer Gesellschaft im Entwicklungskrieg, Berlin (West) 1979, S. 15, 17.
26 Archiv der Gegenwart, 27. Januar 1981, S. 24, 225.
27 M. Haikal, The Return of the Ayatollah. The Iranian Revolution from Mossadeq to Khomeini, London 1981, S. 190f.
28 Der Spiegel, Hamburg, 22. November 1982, S. 174.
29 M. Bayat, Mahmud Taleqani and the Iranian Revolution. In: Shi'ism, Resistance, and Revolution, ed. by M. Kramer, Boulder-London 1987, S. 67ff.
30 M. Basargan, Die Revolution Irans in zwei Etappen, Teheran 1363 (1984) (pers.).
31 Nach D. Norouzi, I. Itscherenska, Zur Rolle des Islam in der iranischen Revolution von 1979, S. 195.
32 Ebenda, S. 220.
33 Ebenda, S. 262.
34 The Constitution of the Islamic Republic of Iran, Teheran o. J.
35 K. Siddiqui, Triumph of Islam over nationalism. In: K. Siddiqui (Hrsg.), Issues in the Islamic Movement, London 1983, S. 202.
36 J. Kooroshy, Islamische Wirtschaftsordnung im Iran? Eine kritische Zwischenbilanz. In: aus politik und zeitgeschichte. beilage zur wochenzeitung das parlament, Bonn B 42/84, 20. Oktober 1984, S. 19 f.
37 Ettela'at, Teheran, 26. Dezember 1981.
38 The Imam Versus Zionism, Teheran 1983, S. 42.
39 Ettela'at, 2. Juli 1979.
40 D. Ilzad, Chomeini und seine Strafgesetze – Barbarei oder Gerechtigkeit? Köln 1984, S. 41.
41 Ebenda, S. 56.
42 Nach B. Nirumand, Krieg, Krieg, bis zum Sieg. In: Iran – Irak, «Bis die Gottlosen vernichtet sind», Hrsg. von A. Malanowski, M. Stern, Vorwort von B. Nirumand, Reinbek bei Hamburg 1987, S. 91.
43 Status of Women in Islam, Teheran 1984–1405, S. 21
44 E. Heller, Die Situation der Frau in der islamischen Gesellschaft. In: Im Namen Allahs. Der Islam – eine Religion im Aufbruch? Frankfurt a. M. – Berlin (West) – Wien 1980, S. 79.
45 Vgl. Felonies of the MKO Terrorists in Iran. A Study of the Use of Terrorism Force Threats and Torture by the MKO Hypocrites to Demoralize and Subjugate Muslims: Members of the Party of God, Teheran 1983.
46 Confessions of Some Highranking MKO Terrorists. As Aired on IRI T.V., Teheran 1985.
47 P. Hünseler, Arabisch-Persischer Golf. In: U. Steinbach, R. Robert (Hrsg.), Der Nahe und Mittlere Osten: Politik, Gesellschaft, Wirtschaft, Geschichte, Kultur, Band 1: Grundlagen, Strukturen und Problemfelder, Opladen 1988, S. 681.

48 Nach St. D. Goose, Krieg am Golf. In: SIPRI-Jahrbuch 7. Chancen für Abrüstung. Dossier: Der Krieg am Golf, hrsg. vom Stockholm International Peace Research Institute (SIPRI), Reinbek bei Hamburg 1987, S. 216.

49 Internationale Krisen und Krisenbewältigung. Geschichte und Zukunft der internationalen Ordnung unter den Bedingungen der West-Ost-Rivalität, hrsg. von J. Calließ, Rehburg-Loccum 1987, S. 208 – Vgl. H. Fürtig, Der irakisch-iranische Krieg; historische Ursachen, Verlauf, regionale Auswirkungen – eine Fallstudie über lokale Kriege zwischen Entwicklungsländern, Dissertationsschrift B, Leipzig 1988.

50 M. A. Ferdowsi, Der iranisch-irakische Krieg. Ursachen, Verlauf und die Aussichten für eine Beendigung. In: aus politik und zeitgeschichte. beilage zur wochenzeitung das parlament, B. 42/84, 20. Oktober 1984, S. 8.

51 St. D. Goose, Krieg am Golf, S. 221.

52 Neues Deutschland, Berlin, 4. Januar 1988.

53 Der Spiegel, 4. Januar 1988, S. 80ff.

54 Der Spiegel, 12. Januar 1981, S. 100.

55 E. Ehlers, Iran. In: U. Steinbach, R. Robert, Der Nahe und Mittlere Osten: Politik, Gesellschaft, Wirtschaft, Geschichte, Kultur, Band 2: Länderanalysen, Opladen 1988, S. 144.

56 Nach W. Ruf, Krisenherd Mittelmeer. In: L. Brock, B. Meyer (Hrsg.) Die Zukunft der Sicherheit in Europa (Jahrbuch für Friedens- und Konfliktforschung, Bd. XI), Baden-Baden 1984, S. 126.

57 Vgl. Bericht des Zentralkomitees der Sozialistischen Einheitspartei Deutschlands an den XI. Parteitag der SED, Berichterstatter: Genosse E. Honecker, Berlin 1986, S. 19.

58 Der Spiegel, 25. Juli 1988, S. 105.

59 Nach M. Zonis, D. Brumberg, Shi'ism as Interpreted by Khomeini: An Ideology of Revolutionary Violence. In: Shi'ism, Resistance, and Revolution, S. 51.

60 Nach Hydra of Carnage. The International Linkages of Terrorism and Other Low-Intensity Operations. The Witnesses Speak, Lexington – Toronto 1986, S. 482. – Es handelt sich hier um das, wie die Herausgeber angeben, nach Großbritannien gelangte Protokoll einer am 26. Mai 1984 stattgefundenen Sitzung, zu der der Minister für Nationale Führung Sejjed Mohammad Khatami eingeladen hatte und die sich mit «unkonventioneller Kriegführung» in feindlichem Territorium befaßte.

61 Ebenda, S. 485.

62 P. Scholl-Latour, Allah ist mit den Standhaften, S. 740.

63 A. Taheri, Holy Terror. The Inside Story of Islamic Terrorism, London – Melbourne – Auckland – Johannesburg 1987, S. 82f.

64 A. Taheri, Chomeini und die Islamische Revolution, S. 351.

65 B. Nirumand, Krieg, Krieg, bis zum Sieg, S. 95f.

66 The Dawn of the Islamic Revolution, Teheran o. J., S. 27.

67 M. Gholamasad/M. Schuckar, Märtyrerkult und stummer Widerstand. In: Iran – Irak. «Bis die Gottlosen vernichtet sind», S. 104.

68 Der Spiegel, 9. September 1985, S. 143.

69 M. Gholamasad/M. Schuckar, Märtyrerkult und stummer Widerstand, S. 107f.

70 Vgl. The Imposed War. Defence Vs Aggression, War Information HQ, Teheran, February 11, 1983.

2. Kapitel: Religion mit sozialer Gestaltungskraft

1 stern, Hamburg, 13. Dezember 1979, S. 20.

2 Der Koran, Sure 96, Vers 1 bis 5. Hier und im folgenden zitiert nach Der Koran, Übers. von R. Paret, Stuttgart – Berlin (West) – Köln – Mainz 1985.

3 Vgl. T. Nagel, Der Koran. Einführung – Texte – Erläuterungen, München 1983, S. 15.

4 Matthäus 13, 57. Nach Das Neue Testament, Übers. und neu bearb. von H. Menge, Berlin 1960, S. 27.

5 Geschichte der Araber. Von den Anfängen bis zur Gegenwart, Bd. 1: Voraussetzungen, Blüte und Verfall des arabisch-islamischen Feudalreiches, Verfaßt von einem Autorenkollektiv unter Leitung von L. Rathmann, Berlin 1971, S. 72f.

6 Der Koran, Sure 33, Vers 50.

7 Der Koran, Sure 33, Vers 52.

8 Nach B. Lewis (Hrsg.), Der Islam von den Anfängen bis zur Eroberung von Konstantinopel, Bd. 1: Die politischen Ereignisse und die Kriegführung, Zürich – München 1981, S. 48.

9 K. Marx, F. Engels, Briefwechsel, Bd. 1: 1844–1853, Berlin 1949, S. 569.

10 J. van Ess, Religion und Gesellschaft dargestellt am Beispiel des (sunnitischen) Islams. In: Kulturprobleme außereuropäischer Länder. Philosophie, Religion, Literatur, Geographie, Ausbildung, Hrsg. von J. J. Hohnholz, Stuttgart 1980, S. 20.

11 M. M. Ahsan, Islam: Faith and Practice, Leicester – Nairobi – Kano 1985, S. 21.

12 The children's book of Islam, Part One, Leicester – Nairobi – Kano 1985, S. 23.

13 M. M. Ahsan, The children's book of Islam, Part Two: cIbādah (Worship in Islam), Leicester – Nairobi – Kano 1985, S. 29ff.

14 K. Kreiser, W. Diem, H.-G. Majer, Lexikon der Islamischen Welt, 2. Band, Gram – Nom, Stuttgart – Berlin (West) – Köln – Mainz 1974, S. 27.

15 Der Koran, Sure 48, Vers 20.

16 Der Koran, Sure 3, Vers 169–171. Vgl. Sure 61, Vers 4, 12.

17 Vgl. Der Koran, Kommentar und Konkordanz von R. Paret, Mit einem Nachtrag zur Taschenbuchausgabe, Stuttgart – Berlin (West) – Köln – Mainz 1986, S. 86.

18 F. Sahebjam, «Ich habe keine Tränen mehr». Iran: Die Geschichte des Kindersoldaten Reza Behrouzi, Reinbek bei Hamburg 1988, S. 113.

19 Nach B. Lewis, Die Juden in der islamischen Welt, Vom frühen Mittelalter bis ins 20. Jahrhundert, München 1987, S. 37.

20 Ebenda, S. 17.

21 B. Lewis, The Assassins. A Radical Sect in Islam, London 1985, S. 130.

22 Ebenda, S. 2f.

23 Ebenda, S. 1f.

24 Nach T. Nagel, Staat und Glaubensgemeinschaft im Islam, Bd. 2: Vom Spätmittelalter bis zur Neuzeit. Zürich – München 1981, S. 128ff.

25 Der Koran, Sure 2, Vers 190.

26 R. Danziger, Abd al-Qadir and the Algerians. Resistance to the French and International Consolidation, New York – London 1977, S. 170f.

27 F. Engels, Algerien. In: K. Marx/F. Engels, Werke, Bd. 14, Berlin 1961, S. 102.

28 Der Mahdiaufstand in Augenzeugenberichten, hrsg. und eingeleitet von H. Pleticha, München 1981, S. 389f.

29 D. Hopwood, Al-Jihad fi sabil Allah, Benghazi 1979, S. 7.

30 Vossische Zeitung, Berlin, 29. Juli 1931.
31 R. Graziani, Die Eroberung Libyens, Berlin 1939, S. 221, 263.
32 Vossische Zeitung, 29. Juli 1931.
33 Übersee- und Kolonial-Zeitung. Deutsche Kolonial-Zeitung (Berlin), 1. November 1931.
34 Neue Zürcher Zeitung, Zürich, 29. März 1931.
35 M. Robbe, Festival zu Ehren von ^{c}Umar al-Muh̲tār. Bericht über eine Veranstaltung in Benghazi (Libyen), vom 10. bis 16. November 1979. In: asien, afrika, lateinamerika, Berlin, H. 3/1980, S. 571f.
36 Nach W. Ende, U. Steinbach (Hrsg.), Der Islam in der Gegenwart, München 1984, S. 124.
37 G. Höpp, Der Islam und seine unvollendete «Reformation». Zum Verhältnis von abhängigem Kapitalismus und blockierter Reform in arabischen Ländern. In: asien, afrika, lateinamerika, H. 6/1981, S. 1041ff.
38 Public Record Office, London (künftig: PRO), FO 371/121608.
39 N. Safran, Saudi Arabia. The Ceaseless Quest for Security, Cambridge, Massachusetts – London 1985, S. 484 (Anm. 9).
40 J. Reissner, Die Besetzung der großen Moschee in Mekka 1979. In: Orient, Opladen, H. 2/1980, S. 194ff.
41 N. Safran, Saudi Arabia, S. 358f.
42 Arab News, Dschidda, 3. und 4. Dezember 1979.
43 Archiv der Gegenwart vom 31. Juli 1987, S. 31307.
44 Ebenda, S. 31308.
45 F. Steppat, Islamische Aufbruchsbewegung. Motive und Möglichkeiten islamischer Politik. In: Informationen für die Truppe, Bonn, H. 4/1981, S. 79.
46 J. Reissner, Islam und Politik. Staat und Religion im Islam in historischer Perspektive. In: Brennpunkte Mittel-Ost, Redaktion: H.-G. Wehling, Stuttgart – Berlin (West) – Köln – Mainz 1981, S. 69.
47 H. Preißler, Der Islam im Nahen Osten und in Nordafrika und die gesellschaftlichen Prozesse der Gegenwart: In: asien, afrika, lateinamerika, H. 6/1980, S. 970.
48 Vgl. L. Rathmann, H. Preißler, «The Islamic Awakening» in Arab countries. Discussion of the current role of Islam in the social development of the Middle East and North Africa. In: Asian and North African Studies in the German Democratic Republic – Traditions, Positions, and Findings, Ed. by G. Barthel, L. Rathmann, and M. Robbe (asia, africa, lateinamerica, special issue 18), Berlin 1986, S. 57.
49 A. Schariati, Werke Bd. 1: Mit bekannten Adressaten, o. O., o. J., S. 42, (pers.).
50 J. Reissner, Islam und Politik, S. 69.
51 Vgl. R. Kapferer, Islamische Renaissance – Islamische Revolution – Islamische Theokratie. Anmerkungen zu den Umwälzungen im Iran. In: aus politik und zeitgeschichte. beilage zur wochenzeitung das parlament, B 51–52/80, 20. Dezember 1980, S. 4.
52 Vgl. G. Höpp/M. Grzeskowiak, «Reislamisierung» – Schreckgespenst oder Herausforderung? Bemerkungen zur Darstellung und Wertung eines aktuellen Prozesses durch die Islamwissenschaft der BRD und Westberlins. In: asien, afrika, lateinamerika, Berlin, H. 3/1984, S. 477f.

53 Ch. J. Adams, Mawdudi and the Islamic State. In: J. L. Esposito (Hrsg.), Voices of Resurgent Islam, New York – Oxford 1983, S. 115.
54 S. A. Maudoodi, Weltanschauung und Leben im Islam, Freiburg i. Br. 1971, S. 35.
55 Arab News, 1. Mai 1983.
56 Vgl. M. Robbe/M. Grzeskowiak, Islamische Solidarisierung – Etappen, Möglichkeiten, Grenzen. In: asien, africa, lateinamerika, H. 1/1984, S. 57ff.
57 D. Pipes, Fundamentalist Muslims between America and Russia. In: Foreign Affairs, New York, Summer 1986, S. 939ff.
58 K. Siddiqui (Hrsg.), Issues in the Islamic Movement, London 1983, S. 269.
59 B. B. Lawrence, Muslim Fundamentalist Movements: Relections toward a New Approach. In: B. F. Stowasser (Hrsg.), The Islamic impulse, London – Sydney – Washington, DC, 1987, S. 31.
60 U. Steinbach, Der Islam und die Krise des Nahen Ostens. In: Informationen zur politischen Bildung, Bonn, H. 194 (1982), S. 25.
61 B. Tibi, Die Krise des modernen Islams. Eine vorindustrielle Kultur im wissenschaftlich-technischen Zeitalter, München 1981, S. 73.

3. Kapitel: Ägypten zwischen Nasser und Muslimbrüdern

1 A. Schölch, Der arabische Osten im neunzehnten Jahrhundert 1800–1914. In: Geschichte der arabischen Welt, hrsg. von U. Haarmann, München 1987, S. 367.
2 S. Kapferer, Die Muslimbruderschaft. Natavistische Reaktion und Religiöse Revitalisierung im Prozeß der Akkulturation, Heidelberg 1972, S. 18.
3 Nach C. P. Harris, Nationalism and Revolution in Egypt. The Role of the Muslim Brotherhood, Den Haag – London – Paris 1964, S. 149f.
4 Ebenda, S. 150.
5 R. P. Mitchell, The Society of the Muslim Brothers, London 1969, S. 13.
6 Hasan al-Banna, Islamuna (Unser Islam), Kairo o. J., S. 14, 16. Nach H. Preißler unter Mitarbeit von K. Melzer, Islamische Haltungen zur Entwicklung des Kapitalismus in arabischen Ländern. In: Die Araber an der Wende zum 21. Jahrhundert. Studien zur Evolution und Revolution in Nordafrika und Nahost, Hrsg. von G. Barthel und H. Nimschowski, Berlin 1987, S. 54.
7 S. Kapferer, Die Moslembruderschaft, S. 227.
8 Ebenda, S. 258.
9 Ebenda, S. 261.
10 St. Wild, National Socialism in the Arab Near East between 1933 und 1939. In: Die Welt des Islams, N. S., Leiden, Band XXV (1985), S. 137f.
11 Nach I. M. Husaini, The Moslem Brethren. The Greatest of Modern Islamic Movements, Beirut 1956, S. 54.
12 Ebenda, S. 65.
13 J. Reissner, Ideologie und Politik der Muslimbrüder Syriens. Von den Wahlen 1947 bis zum Verbot unter Adīb aš-Šīšaklī 1952 (Islamkundliche Untersuchungen, Band 55), Freiburg 1980, S. 184.
14 Vgl. A. Blumberg, Zion before Zionism 1838–1880, Syracuse – New York 1985.

15 Vgl. A. Schölch, Palästina im Umbruch 1856–1882. Untersuchungen zur wirtschaftlichen und sozio-politischen Entwicklung, Stuttgart 1986, S. 155ff.
16 Vgl. R. S. Sharif, Non-Jewish Zionism. Its Roots in Western History, London 1983, S. 41ff.
17 Protokoll des I. Zionistenkongresses in Basel vom 29. bis 31. August 1897, Prag 1911, S. 131, 137.
18 Der Nahostkonflikt – Gefahr für den Weltfrieden. Dokumente. Von der Jahrhundertwende bis zur Gegenwart, Ausgewählt und eingeleitet von H. Mardek, H. Hempel und K.-F. Gloede, Berlin 1987, S. 22.
19 J. Reissner, Ideologie und Politik der Muslimbrüder Syriens, S. 221.
20 PRO, FO 371/61 881.
21 J. Reissner, Ideologie und Politik der Muslimbrüder Syriens, S. 225f.
22 Vgl. M. Palumbo, The Palestinian Catastrophe. The 1948 expulsion of a people from their homeland, London – Boston 1987.
23 J. Reissner, Ideologie und Politik der Muslimbrüder Syriens, S. 253f.
24 R. P. Mitchell, The Society of the Muslim Brothers, S. 66.
25 O. M. Kupferschmidt, The Muslim Brothers and the Egyptian village. In: Asian and African Studies, Haifa, H. 1/16, March 1982, S. 167f.
26 Nach W. Dietl, Heiliger Krieg für Allah. Als Augenzeuge bei den geheimen Kommandos des Islam, München 1983, S. 85.
27 I. M. Husaini, The Moslem Brethren, S. 122.
28 A. El-Sadat, Unterwegs zur Gerechtigkeit. Auf der Suche nach Identität. Die Geschichte meines Lebens, Wien – Zürich – Innsbruck 1978, S. 32f.
29 Anwar El Sadat, Die ägyptische Revolution, Düsseldorf – Köln 1970, S. 108f.
30 R. P. Mitchell, The Society of the Muslim Brothers, S. 105f.
31 The Egyptian Gazette, Kairo, 15. Januar 1954.
32 M. Naguib, Egypt's Destiny. A Personal Statement, Garden City, New York 1955, S. 134.
33 The Egyptian Gazette, 15. Januar 1954.
34 PRO, WO 288/51.
35 PRO, FO 371/108 373.
36 The Egyptian Gazette, 15. Januar 1954.
37 PRO, FO 371/108 311.
38 PRO, FO 371/108 319.
39 PRO, FO 371/108 450.
40 PRO, FO 371/108 421.
41 Agreement between the Government of the United Kingdom of Great Britain and Northern Ireland and the Egyptian Government regarding the Suez Canal Base (with Annexes, Exchanges of Notes and Agreed Minute), Cairo, October 19, 1954, London 1954.
42 D. A. Farnie, East and West of Suez. The Suez Canal in History 1854–1956, Oxford 1969, S. 711.
43 al-Ahram, Kairo, 27. Oktober 1954.
44 C. P. Harris, Nationalism and Revolution in Egypt, S. 223.
45 R. Abdulgani, The Bandung Connection. The Asia-Africa Conference in Bandung in 1955, Singapur 1981, S. 155f.

46 PRO, FO 371/118 830.
47 PRO, WO 288/51.
48 S. G. Haim, Sajjid Qutb. In: Asian and African Studies, Haifa, H. 1/16, March 1982, S. 154.
49 Sajjid Qutb, Milestones, Delhi 1981, S. 136.
50 Ebenda, S. 301.
51 Vgl. H. Ansari, Egypt, The Stalled Society, Albany 1986.
52 R. Israeli, The Public Diary of President Sadat, Part one: The Road to War (October 1970–October 1973), Leiden 1978, S. 48.
53 M. Heikal, Autumn of Fury. The Assassination of Sadat, London 1983, S. 116.
54 ad-Da'wa, Kairo, Juli 1976, S. 3.
55 ad-Da'wa, Oktober 1979.
56 Nach M. Grzeskowiak, Extremistische islamische Gruppierungen in Ägypten nach 1970. In: asien, afrika, lateinamerika, H. 4/1980, S. 675f.
57 G. Kepel, Le Prophète et Pharaon. Les mouvements islamistes dans l'Egypte contemporaine, Préface de B. Lewis, Paris 1984, S. 95.
58 Nach P. Heine, Die Farmāwīya. Volksreligion und Politik im gegenwärtigen Ägypten. In: Die Welt des Islams, N. S., Leiden, Bd. XXVI (1986), S. 30f.
59 Ebenda, S. 34.
60 G. Kepel, Le Prophète et Pharaon, S. 175f.
61 R. Israeli, The Public Diary of President Sadat. Part three: The Road of Pragmatism (June 1975–October 1976), Leiden 1979, S. 1180.
62 Middle East Contemporary Survey, Volume Three: 1978–79, New York – London 1980, S. 401.
63 Nach M. Grzeskowiak, Extremistische islamische Gruppierungen in Ägypten nach 1970, S. 680.
64 G. Kepel, Le Prophète et Pharaon, S. 228.
65 Middle East Contemporary Survey, Volume Five: 1980–81, New York – London 1982, S. 428.
66 Nach G. Kepel, Le Prophète et Pharaon, S. 194.
67 Nach J. J. G. Jansen, The Creed of Sadat's Assassins. The contents of «The Forgotten Duty» analysed. In: Die Welt des Islams, N. S., Leiden, Bd. XXV (1985), S. 2.
68 M. Heikal, Autumn of Fury, S. 255.
69 Ebenda, S. 246.
70 Middle East Contemporary Survey, Volume Six: 1981–82, New York – London 1984, S. 451.
71 G. Kepel, Le Prophète et Pharaon, S. 203.
72 al-Ahram, 25. März 1982.
73 E. Sivan, Radical Islam. Medieval Theology and Modern Politics, New Haven – London 1985, S. 19.
74 Der Spiegel, Hamburg, 12. Januar 1987, S. 108.
75 G. Krämer, Ägypten unter Mubarak: Identität und nationales Interesse, Baden-Baden 1986, S. 93.
76 Nach G. Kepel, Le Prophète et Pharaon, S. 64.
77 Der Spiegel, 27. April 1987, S. 172ff.

4. Kapitel: Tödliche Rivalitäten in Libanon

1 Vgl. K.-H. Bernhardt, Der alte Libanon, Leipzig 1976, S. 63f.
2 Vergil, Werke in einem Band, Berlin–Weimar 1965, S. 99.
3 Das Hohelied 4, 11 und 15. Zitiert nach: Die Heilige Schrift, Altes und Neues Testament, Übers. und neu bearb. von H. Menge, Berlin 1960, S. 874.
4 A. von Harnack, Die Mission und Ausbreitung des Christentums in den ersten drei Jahrhunderten, Zweiter Band: Die Verbreitung, Leipzig 1924 (Unveränderter Nachdruck 1965), S. 656.
5 Vgl. B. Kellner-Heinkele, Der arabische Osten unter osmanischer Herrschaft 1517–1800. In: Geschichte der arabischen Welt, hrsg. von U. Haarmann, München 1987, S. 355.
6 Vgl. Ph. K. Hitti, A Short History of Lebanon, London - Melbourne - Toronto - New York 1965, S. 176.
7 W. Khalidi, Conflict and violence in Lebanon: Confrontation in the Middle East, Cambridge, Mass., 1983, S. 160.
8 Nach G. Konzelmann, Der unheilige Krieg. Krisenherde im Nahen Osten, Hamburg 1985, S. 96.
9 Lebanese Constitution, Beirut 1985, S. 1ff.
10 PRO, FO 371/45 354.
11 D. C. Gordon, The Republic of Lebanon. Nation in Jeopardy, Boulder, Colorado - London - Canberra 1983, S. 9.
12 Middle East Forum, Beirut, Band 34, H. 1, 1959, S. 6. - Der Text der Rede wurde erstmals abgedruckt in Le Jour, Beirut, 8. Oktober 1943.
13 G. Naccache, Deux négations ne font pas une nation. In: G. Naccache, Un Rêve Libanais, 1943 - 1972, Paris 1983, S. 57f.
14 Vgl. Ch. Herzog, Kriege um Israel: 1948 bis 1984, Frankfurt a. M. - Berlin (West) - Wien 1984, S. 108ff.
15 Ch. Issawi, Economic Development and Political Liberalism in Lebanon. In: L. Binder (Hrsg.), Politics in Lebanon, New York - London - Sydney 1966, S. 70.
16 PRO, FO 371/61 705.
17 D. C. Gordon, The Republic of Lebanon. Nation in Jeopardy, S. 36.
18 D. Gilmour, Lebanon: The Fractured Country, London 1983, S. 9f.
19 Geschichte der Araber, Von den Anfängen bis zur Gegenwart, Band 6: Der Kampf um den Entwicklungsweg in der arabischen Welt, Verfaßt von einem Autorenkollektiv unter der Leitung von L. Rathmann, Berlin 1983, S. 51.
20 PRO, FO 371/115 725.
21 PRO, FO 371/52 492.
22 Documents on the Middle East, Ed. by R. H. Magnus, Washington 1969, S. 86ff.
23 F. I. Qubain, Crisis in Lebanon, Washington 1961, S. 53f.
24 Ebenda, S. 58.
25 The Lebanese Crisis, 1958. A documentary study, Selected, Edited and Introduced by M. S. Agwani, Bombay - Calcutta - New Delhi - Madras - Lucknow - London - New York 1965, S. 56f.
26 Ebenda, S. 73f., 78.
27 R. Cartier, Mächte und Männer unserer Zeit, München 1971, S. 802.
28 The Lebanese Crisis, 1958, S. 384f.

29 Ebenda, S. 386ff.
30 D. C. Gordon, The Republic of Lebanon. Nation in Jeopardy, S. 36.
31 Le Monde, Paris, 23. September 1975.
32 A. R. Norton, Harakat Amal. In: The Emergence of a New Lebanon. Fantasy or Reality? New York 1984, S. 170.
33 M. Farouk-Sluglett and Peter Sluglett, Aspects of the Changing Nature of Lebanese Confessional Politics: Al-Murabitun, 1958–1979. In: E. Gellner (Hrsg.), Islamic Dilemmas: Reformers, Nationalists and Industrialization. The Southern Shore of the Mediterranean, Berlin (West) – New York – Amsterdam 1985, S. 276.
34 W. Khalidi, Conflict and violence in Lebanon: Confrontation in the Middle East, S. 67f.
35 H. Cobban, The Making of Modern Lebanon, London – Melbourne – Sydney – Auckland – Johannesburg 1985, S. 109f.
36 M. Deeb, The Lebanese civil war, Foreword by Ch. Issani, New York 1980, S. 40ff.
37 N. J. Weinberger, Syrian Intervention in Lebanon. The 1975–76 Civil War, New York – Oxford 1986, S. 209, 141.
38 I. Rabinovich, The War for Lebanon, 1970–1983, Ithaca – London 1984, S. 187f.
39 J. Bulloch, Death of A Country. The Civil War in Lebanon, London 1977, S. 179f.
40 V. Schlöndorff, N. Born, B. Lepel, Die Fälschung als Film und der Krieg im Libanon, Frankfurt a. M. 1981, S. 9.
41 K. Joumblatt, I speak for Lebanon. As recorded by Ph. Lapousterle, London 1982, S. 53, 64.
42 Ebenda, S. 100ff.
43 G. Konzelmann, Der unheilige Krieg, S. 210.
44 Middle East Contemporary Survey, Volume One: 1976–77, New York – London 1978, S. 461.
45 G. Konzelmann, Der unheilige Krieg, S. 256.
46 A. R. Norton, Estrangement and Fragmentation in Lebanon. In: Current History, Philadelphia, Februar 1986, S. 62.
47 Der Spiegel, Hamburg, 3. Oktober 1977, S. 156.
48 Nach Kh. Duran, Islam und politischer Extremismus. Einführung und Dokumentation (Aktueller Informationsdienst Moderner Orient, Sondernummer 11), Hamburg 1985, S. 45.
49 Nach A. R. Norton, Harakat Amal, S. 190.
50 Nach A. Schlicht, Libanon 1985: endgültiger Zerfall oder Chance für einen dauerhaften Frieden? In: Europa-Archiv, Bonn, 41. Jahr, 1. Folge, 10. Januar 1986, S. 21.
51 M. Farouk-Sluglett and Peter Sluglett, Aspects of the Changing Nature of Lebanese Confessional Politics: Al-Murabitun 1958–1979, S. 277ff.
52 J. Randal, The Tragedy of Lebanon. Christian Warlords, Israeli Adventures and American Bunglers, London 1983, S. 189ff.
53 E. Weizman, Eine Schlacht für den Frieden, München 1981, S. 281.
54 Middle East Contemporary Survey, Volume Two: 1977–78, New York – London 1979, S. 190.
55 R. A. Gabriel, Operation Peace for Galilee. The Israeli–PLO War in Lebanon, New York 1984, S. 60f.
56 Der Spiegel, 9. Februar 1987, S. 108.

57 R. Khalidi, Under Siege: P.L.O. Decisionmaking During the 1982 War, New York 1986, S. 115.
58 G. Konzelmann, Der unheilige Krieg, S. 355.
59 M. Pott, R. Schimkoreit-Pott, Beirut. Zwischen Kreuz und Koran, Braunschweig 1985, S. 102f.
60 Ebenda, S. 189.
61 H. Cobban, The Making of Modern Lebanon, S. 195f.
62 Nach Khe. Duran, Islam und politischer Extremismus, S. 49.
63 R. Wright, Die Schiiten. Allahs fanatische Krieger, Hamburg 1985, S. 71.
64 E. Hammel, The root: the Marines in Beirut, August 1982–February 1984, San Diego – New York – London 1985, S. 303.
65 Ebenda, S. 393f.
66 R. Wright, Die Schiiten, S. 75.
67 Ebenda, S. 109.
68 A. Taheri, Holy Terror. The Inside Story of Islamic Terrorism, London – Melbourne – Auckland – Johannesburg 1987, S. 11.
69 Der Spiegel, 18. April 1988, S. 166.
70 Neues Deutschland, Berlin, 21. April 1988.
71 Der Spiegel, 26. Januar 1987, S. 111.
72 Der Spiegel, 16. Februar 1987, S. 139.
73 Der Spiegel, 25. April 1988, S. 159ff.
74 Der Spiegel, 30. November 1987, S. 186ff.; AIB, Dezember 1987, S. 18.
75 Neue Zürcher Zeitung, Zürich, 29./30. November 1987.
76 G. Batal, An einem gefährlichen Punkt der Entwicklung. In: Probleme des Friedens und des Sozialismus, H. 7/89, S. 238f.

Schlußbetrachtung: Von der Sensation zum Alltag?

1 Vgl. G. Krämer, Islam und Gesellschaft im modernen Ägypten. In: Die Herausforderung des Islam. Ein ökonomisches Lesebuch, Hrsg. von R. Italiaander, mit einem Nachwort von U. Steinbach, Göttingen 1987, S. 99ff.
2 Kh. Durán, Die Islamische Revolution. In: Die Herausforderung des Islam, S. 254.
3 K. J. Newman, Pakistan – zwischen Islam und parlamentarischer Demokratie. In: Im Namen Allahs. Der Islam – eine Religion im Aufbruch? Frankfurt a. M. – Berlin (West) – Wien 1980, S. 103.
4 W. Ende, U. Steinbach (Hrsg.), Der Islam in der Gegenwart, München 1984, S. 299ff.
5 U. Simson, Islam, Entwicklung und Entwicklungspolitik südlich der Sahara. Ein Beitrag zur sozio-kulturellen Problematik der Sahelzone. In: aus politik und zeitgeschichte. beilage zur wochenzeitung das parlament, Bonn, B 42/84, 20. Januar 1984, S. 28ff. – Vgl. V. Monteil, L'Islam noir. Une religion á la conquête l'Afrique, Paris 1980.
6 J. M. Abun-Nasr, Afrika: Ein Überblick. In: W. Ende, U. Steinbach (Hrsg.), Der Islam in der Gegenwart, S. 384.
7 A. Taheri, Holy Terror. The Inside Story of Islamic terrorism, London – Melbourne – Auckland – Johannesburg 1987, S. 6ff.
8 Ebenda, S. 9.

9 V. Kocher, Islamismus – Revolution oder Selbstbesinnung? In: Die Herausforderung des Islam, S. 252.

10 Kh. Durán, Die Islamische Revolution. In: Die Herausforderung des Islam, S. 258.

11 J. Miller, Arab Intellectuals Bedeviled by Fundamentalism, Sense of Impotence. In: International Herald Tribune, 12. Juni 1985.

12 Der Spiegel, Hamburg, 9. September 1985, S. 176.

13 Der Spiegel, 27. April 1987, S. 172, 174.

Personenregister

Begriffserklärungen

Ajatollah
wörtl. «Zeichen Gottes»; Ehrentitel für schiitische Geistliche, gegründet auf einen Konsens der Geistlichkeit.

Allah
arab. «(der) Gott»; bereits in vorislamischer Zeit bekannt und verehrt, rückte Muhammad ihn als einzigen, allmächtigen und allwissenden Gott in den Mittelpunkt des islamischen Glaubens.

Analogieschluß (kijas)
Verfahren im islamischen Recht, das sich auf ähnlich gelagerte Fälle stützt.

Dimmi
Schutzbefohlene; Nichtmuslims unter islamischer Herrschaft, deren Bewegungsraum durch einen Pakt, die dimma, abgesteckt war.

Dschihad
wörtlich arab. «Anstrengung», «Kampf»; übertragen: «heiliger Krieg». Ursprünglich Kennzeichnung der sich im Namen des Islam vollziehenden Feudalexpansion, gedeutet als Kampf der Muslims («Haus des Islam») gegen die Nichtmuslims («Haus des Krieges»). Heute suchen unterschiedliche Kräfte mit diesem Begriff Muslims für ihre Sache zu motivieren.

Fatwa (Plural: fatawa)
Rechtsgutachten, das ein Mufti oder eine Gruppe von Rechtsgelehrten in Auslegung einer Bestimmung des islamischen Rechts erstellt.

Fida'i (geläufiger Plural: Fidaijun)
arab. «einer, der sich opfert»; Kennzeichnung für selbstlose Kämpfer, die den Tod nicht scheuen.

Fundamentalismus, islamischer
Bestreben, Gesellschaft auf der Grundlage eines in seiner ursprünglichen Reinheit wiederhergestellten Islam umzugestalten.

Ghesas
im islamischen Strafgesetz Vergeltung oder Blutrache.

Hadd (Plural: hodud – «Grenze»)
islamische Strafart, die als «Recht Gottes» gilt.

Haus des Islam (dar al-islam)
von Muslims bewohntes Gebiet, dem ursprünglich das «Haus des Krieges» – die nichtislamische Welt – gegenüberstand.

Haus des Krieges (dar al-harb)
die nichtislamische Welt, der gegenüber sich die Muslims ursprünglich zum dschihad verpflichtet sahen.

Hidschra
Auswanderung Muhammads von Mekka nach Jathrib (heute: Medina) im Jahre 622 u. Z.; Beginn der islamischen Zeitrechnung.

Idschma	arab. «Übereinstimmung»; Entscheidungsfindung durch Konsens der muslimischen Rechtsgelehrten.
Idschtihad	arab. «Anstrengung», «Bemühung», «Fleiß»; freie Beschäftigung mit Koran und Sunna; von Modernisten in Auseinandersetzungen mit Erstarrungen im Islam gefordert.
Imam	arab. «Vorsteher»; unterschiedliche Bedeutungen: Leiter des Gebets, Haupt einer theologischen Schule, einer der Titel des Kalifen, Führer der Schia aus der Familie Alis.
Islam	arab. «Ergebung» (in Allahs Willen); Weltreligion, die sich im 7. Jahrhundert auf der Arabischen Halbinsel herausbildet, als deren Prophet und Stifter Muhammad gilt und in derem Zentrum der Glauben an einen einzigen Gott – Allah – steht. Charakteristisch ist der organische Zusammenhang von Religiösem, Staatlichem und Gesellschaftlichem.
Islamische Gesellschaft (Dschama'at-i Islami)	islamisch-fundamentalistische Organisation, von Abu'l-A'la al-Maududi 1941 in Indien gegründet und seit 1947 in Pakistan tätig.
Islamismus	Absolutsetzung islamischer Normen; mehr oder weniger mit islamischem Fundamentalismus identisch.
Kaaba	arab. «Würfel»; im Hof der großen Moschee von Mekka gelegene zentrale Kultstätte des Islam mit würfelförmiger Gestalt (16 m hoch, 12 m lang, 10 m breit). An der Südostecke des Bauwerks ist ein schwarzer Meteorit eingelassen.
Kadi	muslimischer Richter
Kalif	arab. «Stellvertreter», «Nachfolger» (im Hinblick auf Muhammad). Jeweiliges Oberhaupt der islamischen Gemeinde bzw. des Kalifenreiches. Osmanische Herrscher (Sultane) übernahmen den Titel. Die Türkei schaffte im März 1924 das Kalifat formell ab.
Koran	arab. «Lesung»; das heilige Buch des Islam; gilt den Muslims als Muhammad zuteil gewordene Offenbarung Allahs. Besteht aus 114 Suren (Kapiteln).
Mahdi	arab. «der Rechtgeleitete»; zunächst Ehrentitel für Muhammad und die vier «rechtgeleiteten Kalifen»; dann Gestalt im islamischen Glauben, die unter Allahs Leitung den Islam erneuert und ein Reich der Gerechtigkeit auf Erden errichtet.
Modernismus, islamischer	Reformbewegung, die den Islam mit Erfordernissen des antikolonialen Kampfes und der modernen Wissenschaft in Übereinstimmung zu bringen suchte.
Monotheismus	Glaube an einen einzigen Gott; charakteristisch u. a. für die jüdische, christliche und islamische Religion.

Moschee	Gebets- und Versammlungsstätte der Muslims.
Mudschahid (Plural: mudschahidun)	arab. «Kämpfer»; Krieger um seines Glaubens willen. Heute vielfach Bezeichnung für muslimische Guerillakämpfer.
Mufti	muslimischer Gelehrter, der auf der Grundlage der scharia Rechtsentscheidungen (fatwa) trifft.
Muhammad	(geb. um 570, gest. 632), Prophet und Stifter des Islam.
Mullah	Rechtsgelehrter niederen Ranges bei den Schiiten; begrenzt den ulama vergleichbar.
Muslim	Anhänger des Islam
Muslimbruderschaft, Muslimbrüder (al-ikhwan al-muslimun)	von Hassan al-Banna 1928/29 in Ägypten gegründete fundamentalistische Organisation, zu der es in anderen Ländern Parallelerscheinungen gibt.
Musta'min	Nichtmuslim aus der nichtislamischen Welt, der eine zeitweilige Aufenthaltserlaubnis (aman) im islamischen Herrschaftsbereich besitzt.
Panarabismus	nationalistisches Bestreben, alle arabischen Völker und Staaten zu einem staatlichen Gemeinwesen zusammenzuschließen.
Panislamismus	Bestreben von Muslims, ihre Völker und Staaten in Reaktivierung der altislamischen umma (Gemeinschaft) zu einen – letztlich bis zur Herstellung ihrer staatlichen Einheit.
Pasdaran	Revolutionsgarden im Iran; Freiwillige – hauptsächlich Jugendliche –, die sich zum Dienst an der Front wie zur Aufrechterhaltung der inneren Ordnung meldeten.
Polytheismus	Glaube an mehrere bzw. viele Götter.
Radikalismus, islamischer	Bestrebung, der Säkularisierung bzw. «Verwestlichung» entgegenzuwirken und dem Islam verbindliche Richtlinien zur Gestaltung des gesellschaftlichen und individuellen Lebens zu entnehmen.
Ramadan	neunter Monat des islamischen Mondjahres, in dem der Muslim von Sonnenaufgang bis Sonnenuntergang zu striktem Fasten verpflichtet ist.
Reislamisierung	Ende der sechziger/Anfang der siebziger Jahre einsetzende Wiederbelebung des Islam. Ihre erste spektakuläre Äußerung war die «islamische Revolution» im Iran (1978/79).
Säkularisierung	Trennung von Religion und Gesellschaft bzw. Staat, so daß die religiöse Überzeugung zur Privatsache des einzelnen wird.
Scharia	traditionelles islamisches Recht, das ursprünglich alle wesentlichen Lebensbereiche der Muslims regelte.

Schia arab. wörtlich «Gruppe», «Partei»; Glaubensrichtung im Islam, die in der Auseinandersetzung um die rechtmäßige Nachfolge Muhammads für dessen Cousin und Schwiegersohn Ali ibn Abi Talib Partei ergriff, der dann vierter Kalif wurde. Die Schiiten stellen heute ungefähr zehn Prozent aller Muslims.

Sunna arab. «Brauch», «Gewohnheit»; meint ursprünglich die vorbildliche Handlungsweise Muhammads und seiner Gefährten, deren Überlieferung den Koran ergänzt. Kennzeichnung zugleich einer Glaubensrichtung, deren Anhänger, die Sunniten, etwa 90 Prozent aller Muslims stellen.

Sure Kapitel bzw. Abschnitt des Koran (dieser besteht aus 114 Suren).

Taklid im islamischen Recht kritiklose Übernahme zuvor getroffener Entscheidungen.

Ulama arab. Plural von alim «Gelehrter»; Bezeichnung für die muslimischen Rechtsgelehrten (vergleichbar den schiitischen Mullahs).

Umma arab. «Gemeinschaft» (aller Muslims); ursprünglich im arabisch-islamischen Kalifat realisiert, erhoben nach dessen Auflösung die Panislamisten die Wiederherstellung der umma zur Aufgabe.

Ta'sir islamische Strafart, in der der Richter nach eigenem Ermessen urteilt.

Wahhabismus im 18. Jahrhundert auf der Arabischen Halbinsel einsetzende puritanische Reformbewegung.

ISBN 3-327-00678-4

1. Auflage

Lizenz-Nr. 5
Printed in the German Democratic Republic
Lichtsatz: Druckerei Neues Deutschland
Druck und buchbinderische Weiterverarbeitung: Druckerei des Ministeriums
für Nationale Verteidigung (VEB)-Berlin-32323-8
Lektoren: Dr. Jörg Günther, Waltraud Sieg
Gesamtgestaltung: Martina Schwarz
Redaktionsschluß: 10. April 1989
LSV: 0529
Bestellnummer: 747 129 9
00680